ein Ullstein Buch

W0073048

ÜBER DAS BUCH:

Sie war einst das »Rosen-Resli« und wird heute als »schönste Großmutter Deutschlands« bezeichnet; sie war mit einem der Traumprinzen Hollywoods verheiratet und erlebte die amerikanische Filmmetropole in einer ihrer aufregendsten Epochen – heute ist sie eine gefragte Schauspielerin am Theater, im Film und im Fernsehen: Christine Kaufmann. Ihr Buch ist keine Autobiographie im üblichen Sinne, es ist die Zwischenbilanz einer ungewöhnlichen Frau mit einem jede Norm sprengenden Schicksal – einer Frau, die Außerordentliches erlebt, das Durchgestandene analysiert, verarbeitet und für sich zum Positiven gewendet hat. Christine Kaufmann erzählt von Erfolg, Ruhm und Niederlagen und gibt ein Beispiel dafür, wie wenig man für sein persönliches Glück braucht. Ihre Erinnerungen sind in erster Linie ein Buch von einer Frau für Frauen – jedem von uns aber halten sie einen Spiegel vor und zeigen uns in unseren Abhängigkeiten und Bedürfnissen. Das Buch macht Mut, dem Leben wieder eine Chance zu geben.

Für Günter und Meisy in Liebe

Christine Kaufmann

Normal müßte man sein

ein Ullstein Buch

ein Ullstein Buch
Nr. 22478
im Verlag Ullstein GmbH,
Frankfurt/M – Berlin

Ungekürzte Ausgabe
Mit 77 Fotos

Umschlagentwurf:
Wolfgang Heinzel
Foto: Kristina Jentzsch
Alle Rechte vorbehalten
Taschenbuchausgabe mit Genehmigung
des Albert Langen – Georg Müller
Verlags
© 1989 by Langen Müller in der
F. A. Herbig Verlagsbuchhandlung
GmbH, München
Printed in Germany 1991
Druck und Verarbeitung:
Ebner Ulm
ISBN 3 548 22478 4

Mai 1991

Bildnachweis s. S. 284

CIP-Titelaufnahme
der Deutschen Bibliothek

Kaufmann, Christine:
Normal müßte man sein / Christine
Kaufmann. – Ungekürzte Ausg. –
Frankfurt/M; Berlin: Ullstein, 1991
   (Ullstein-Buch; Nr. 22478)
   ISBN 3-548-22478-4
NE: GT

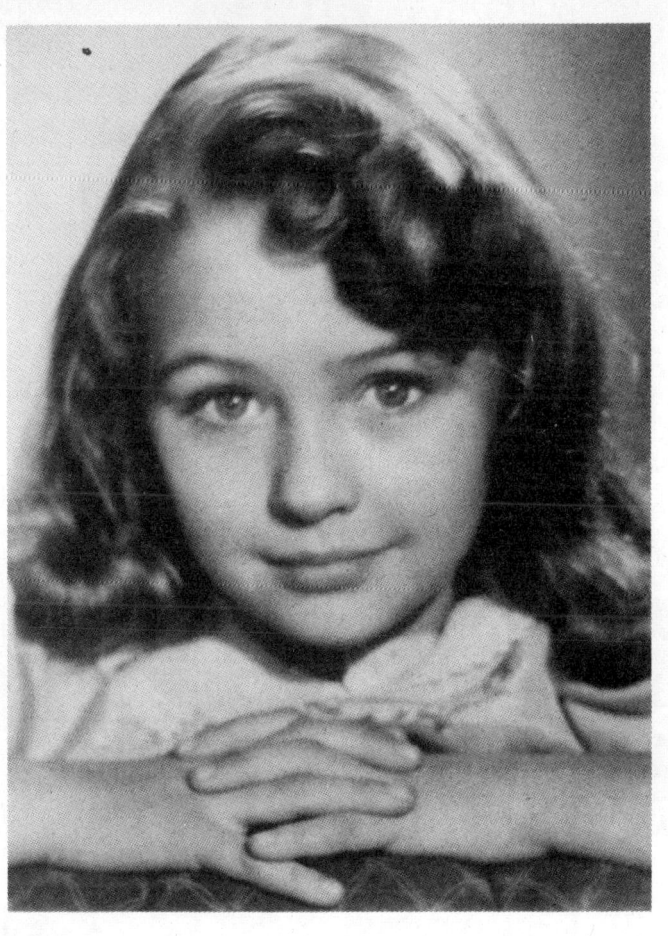

Inhalt

Kind und Kinderstar

8. Februar 1989

Vorgestern habe ich festgestellt, daß es genügt, gedankenverloren die Naht meines schwarzen Strumpfes geradezuschieben, um ein Tischgespräch gewichtiger Art (Arbeitsbedingungen, Filmfinanzierungen u. ä.) zum Erlahmen zu bringen.

»Das ist nicht fair«, sagt Kollege Peter Sattmann, »Frauen brauchen nur solche Kleinigkeiten zu tun, und schon lenken sie die gesamte Aufmerksamkeit auf sich.«

Mag sein, daß er recht hat; wahrscheinlich aber entsteht die Aufmerksamkeit nur dann, wenn das »gedankenverloren« vorangeht.

Die »sezierte« Weiblichkeit einzusetzen lernen Frauen normalerweise spätestens mit sechzehn auf dem Schulhof. Das Schulhofwissen geht mir ab, dafür weiß ich aber eine Menge über Bioelektrizität, und so bin ich denn oft privat »gedankenverloren«.

Die Strumpfnahtlektion erhielt ich in Berlin, als wir das Ende der Dreharbeiten zum Film *Der Geschichtenerzähler* nach einem Roman von Patricia Highsmith feierten.

Nach 37 Jahren Arbeit als Schauspielerin war dies der erste Film, in dem ich jede Sekunde spannend fand.

Die Frauenfigur: zerbrechlich, doch stark. Ein Mensch, keine Schablone. In ihr konnte ich meine Lebenserfahrungen einbringen.

Nicht zuletzt verdanke ich dies der Tatsache, daß der Regisseur Rainer Boldt ein Mann ist, der die weibliche Emanzipation auch für sich verwenden konnte. Er mag Frauen und hat keine Angst vor ihnen.

Obwohl ich schon öfter in Berlin war, fühlte ich mich zum ersten Mal integriert in diese Stadt. Wie ging das Lied noch mal? »Du bist verrückt, mein Kind, du mußt nach Berlin, wo die Verrückten sind, da gehörst du hin ...«

Die Zusammengehörigkeit mit dem Team ließ mich Geborgenheit empfinden, und außerdem hatte ich mich für einen Tag heftig verliebt.

Von dem Fest kam ich um elf Uhr vormittags nach Hause; das heißt in das Hotel Steigenberger. Dort erwartete mich ein Bündel von Nachrichten. Eine davon war der fast vergessene Fototermin mit Mathieu Carrière für »Harper's Bazaar«.

Geduscht und fast ungeschminkt tripple ich im »kleinen Schwarzen« – meinem Zylinder, der schon fast auf meinem Kopf angewachsen ist – in Mathieus Suite, wo sich das Fernsehteam bereits versammelt hat.

Wilfried, den ich in Hamburg fast mit dem Rad überfahren hätte, ist auch da: ein schöner deutscher Mann mit Lippen wie Rosenblätter.

Mathieu ist wie immer geistreich, gutaussehend, amüsiert und ernsthaft bei der Arbeit. Seit ich ihn vor zehn Jahren kennengelernt habe, sind wir in ein anhaltendes

Gespräch über »das Leben an sich« verwickelt. Das Gespräch hat oft ein Jahr Pause und wird dann in Paris, New York oder München fortgeführt; manchmal bügelt er, manchmal ich, manchmal spricht er mit meinen Töchtern, manchmal ich mit seiner Frau.

Affinitäten sind nicht an Ort oder Zeit gebunden. Er ist für mich ein Bruder. Die beste Position, die Männer in meinem Leben haben können.
Wir haben uns während des Berlinaufenthaltes immer kleine Zettel mit persönlichen Bemerkungen in den Türschlitz gesteckt. Sein letzter lautete: »Du bist immer noch die attraktivste Frau, mit der ich nicht geschlafen habe.«

Ich blieb, bis die Fotos entwickelt waren (Polaroid macht's möglich), schon etwas auf Kohlen, weil die Kostümbildnerin für den nächsten Film in meinem Zimmer auf mich wartete.
Im Wegeilen bemerkte ich noch, daß der englische Fotograf herzschmelzend aussah. Mmmmh...
Am Abend hatte ich noch eine Vorstellung am Theater in der Josefstadt in Wien.
Der Abflug verspätete sich. Im Abteil erster Klasse saßen die Passagiere in wohlsituierter Distanz. Mein Ticket wurde von der Produktion bezahlt.
Auf der Raucherseite zu meiner Rechten saß ein Mann mit einem äußerst interessanten Gesicht. Nicht nur das Gesicht, die ganze Person wie aus Stein gemeißelt. Ein älterer Mann, in dem sich zeigt, daß das Alter die Men-

schen immer entweder häßlich oder interessant werden läßt. Er ist letzteres und macht mich neugierig.

Bar jeder erotischen Intention frage ich ihn, wer er ist.

»Ich kenne Ihr Gesicht.«

»Ich Ihres auch.«

Wir tauschten die Namen zu den Gesichtern aus. Entdeckten gemeinsame Bekannte. Wir waren beide gleich exaltiert, er trinkend, ich nüchtern.

Dennoch meinte er: »Sie sind ziemlich verrückt.«

Ich entschied mich, ihm nicht meinen kleinen Vortrag darüber zu halten, wie ich mich durch meine kleinen Verrücktheiten vor den großen geschützt habe.

Immerhin bin ich weder Rauschgift noch sonst etwas verfallen. Vor allem nicht der Schauspielerkrankheit: Nichts mehr erleben können vor lauter Sorge, wie das, was man tut, nach außen wirkt. Wie in dem Schauspielerwitz: »Ich hab' dich gestern in der Straßenbahn gesehen!« – »Wie war ich?«

Ich frage mich höchstens, wie es *für* mich war.

Hinter dem Herrn sah ich durch das runde Fenster einen orientalisch anmutenden Himmel. Ich setzte mich hinter ihn, um den berauschenden Anblick mehr zu genießen. Über dem satten Rosa im blauen Nachthimmel ein runder, dunkler Mond, in dem nur eine schmale silberne Sichel glänzt.

Der Herr setzte sich neben mich und fand den Mond auch sehr schön. Wir meinten nicht den gleichen.

Ein Kuß auf meinen Hals traf mich just an der Stelle, die Gänsehautschauer auslöst. Wie viele Männer hatten diesen Punkt schon vergeblich gesucht!

Ich fand es toll, wollte jedoch nicht, daß es weiterging. Wieder siegte das Erleben über den Anstand, und mein Versuch, mich mit einem Kichern zu entziehen, gelang nicht so ganz.

Mit roten Wangen saß ich da, und er, durch die Tatsache ermutigt, einer Vierundvierzigjährigen mit einem einzigen Kuß Rosen auf die Wangen gezaubert zu haben, ging zu weiteren Attacken über.

Zwischendurch erhaschte ich die etwas entsetzten, aber diskreten Blicke der Stewardessen in unsere Richtung.

Die anderen Fluggäste – zwei Herren Marke »Schnecki und Wuffi« – ignorierten das Geschehen mit wohlerzogenem »Weghören«.

Wir landeten und fuhren getrennte Wege.

Ich dachte darüber nach, warum mir solche Sachen verdächtig oft passieren. Ich müßte eigentlich wissen, wie sich mein Verhalten auf andere auswirkt. Mich ängstigte aber schon immer das tote Leben: »Alles schön ruhig, damit der Unterschied nicht so groß ist, wenn man stirbt...«

Kürzlich las ich bei Adorno wieder einmal die Erklärung, warum gerade Frauen wie ich besonders viel erleben: »Phantasie wird entflammt von Frauen, denen Phantasie gerade abgeht. (Siehe Strumpfnaht.) Am farbigsten leuchtet der Nimbus derer, die ungebrochen nach außen gewandt, ganz nüchtern sind. Ihre Attraktion rührt her vom Mangel des Bewußtseins ihrer selbst, ja eines Selbst überhaupt.«

11

Für eine Schauspielerin scheint dies unmöglich, aber da das Schauspielen eine Kinderarbeit ist, zu der ich erst jetzt, nachdem ich das Leben gelernt habe, Zugang fand, ist das eines der vielen Dinge, bei denen ich »schief gewickelt« bin. Wie manche Afrikaner empfinde ich das Aufgenommenwerden als Raub einer Empfindung.

Ganz selten habe ich mich in Filmen betrachtet. Der Anblick löst entweder Panik oder Befremden aus. Ich wußte früh, daß es sehr wichtig für mein Erleben war, mich nicht in Narzißmus zu verlieren, denn in ihm steckt auch Unsicherheit. Es ist immer nur Geschmack und Ansichtssache, ob man gut gefunden wird oder nicht. Wenn ich mich nie anschaue, werde ich das Erleben von innen nicht verlieren: das Schauenkönnen, Anfassenkönnen – sich von dem, was passiert, überraschen zu lassen. Eine eitle Pute bin ich nur, was mein Innenleben angeht. Ich kann Stunden und Tage mit mir selbst verbringen und finde mich allein immer in »bester Gesellschaft«.

Bevor ich ins Theater fuhr, mußte ich noch zu einer gewissen Ursula, bei der ich mich vorübergehend einmieten wollte. Auf die Dauer macht mich das Alleinsein doch etwas schrullig. Es muß dosiert sein. Vor ihrer Wohnungstür überlegte ich, ob es sie wohl stören würde, daß ich Christine Kaufmann bin, denn am Telefon haben wir einander immer nur mit »Christine« und »Ursula« angesprochen. Es könnte aber auch gut sein, daß sie C. K. gar nicht kennt. Eine hübsche, zierliche Frau mit dunklen Brombeeraugen öffnete. Sie lächelte mich an und sagte: »Ach, du bist die Christine Kaufmann. Das macht aber nichts.«

Ja, dachte ich, die Beobachtungen in letzter Zeit haben mich nicht getäuscht. Ich bin dem entwachsen, was sich die Leute unter mir vorstellen. Christine Kaufmann und ich sind eine geworden.

Das war ein langer und interessanter Weg. Begonnen hat er am 11. Januar 1945.

Die Umstände meiner Geburt waren aus heutiger Sicht hochdramatisch, damals aber sicher nicht ungewöhnlich für eine Niederkunft vier Monate vor Kriegsende.

Ich bin in einem Stall in der Steiermark geboren. Weit oben auf einem Hügel. Meine Mutter war Französin, und meine Großmutter, die mich auf die Welt holte, auch.

Das Wasser für die Entbindung wurde mit Zeitungspapier erhitzt, die Windeln aus Stoffresten gefertigt.

Etwas dramatisiert wurde die Geburt durch die Tatsache, daß ich, von der Nabelschnur gewürgt und halb erstickt, in sehr unattraktiven Blau- und Rottönen verfärbt auf die Welt kam.

Meine Meme (Mémé = Omi auf französisch) deckte mich diskret vor den Blicken meiner Mutter ab, die verängstigt fragte, ob ich denn nicht normal sei.

»Normal schon, aber nicht schön.«

Die Umstände, welche zwei Französinnen auf die steirische Alm getrieben hatten, waren eine Folge des Zusammenspiels von Krieg und Liebe.

Während es sich bei mir wohl um eine Fronturlaubsfolge handelte, war mein Bruder Günther, der zwei Jahre vorher in Frankreich geboren wurde, ein Kind der Liebe.

Meine Eltern haben sich in einem Restaurant in Tours kennengelernt.
Die Zeit taucht die Erinnerungen in verschiedene Farben. Ich halte mich an die deckungsgleichen Berichte.
Meine Mutter war damals zweiundzwanzig, eine üppige Blondine mit Blavatzky-Augen. (Madame Blavatzky war eine russische Mystikerin, die bei Wutausbrüchen gegen ihre Eltern mit einem kurzen Blick auf die Vitrine alle Gläser darin platzen ließ.) Mit ihrer unglaublichen Vitalität und ihrem Charakter sah Mutter in den Widerständen die Verlockungen des Lebens.

Sie aß mit Meme zu Abend, als sie am Nebentisch einen Mann sah, dessen Anblick sie so verwirrte, daß sie beim Essen »mit der Gabel den Mund nicht mehr fand«.
Besagter Mann hatte schwarze Haare und blaue Augen mit unwiderstehlich langen Wimpern, eine schlanke Figur in einer deutschen Uniform.
Sie hatte sich in einen Feind verliebt.
Für ihre Landsleute ein verabscheuungswürdiges Verbrechen.

Sie war in einem Alter, in dem einen »der Hafer sticht«, ob Krieg oder nicht. Der romantische »verbotene« Fremde muß einen großen Reiz auf sie ausgeübt haben. Bei meiner Mutter spielte allerdings noch etwas eine Rolle, das sie daran hinderte, ihn nur als Feind anzusehen. Meme hatte in Saarbrücken studiert und sprach Deutsch; das Krankenhaus, in dem meine Mutter und Meme arbeiteten, hatte auch deutsche Ärzte und Schwestern. So ergaben sich Beziehungen durch das gemeinsame Reparieren von Kriegswunden.

Mein Bruder und ich waren allerdings davon überzeugt, wenn man unter Millionen Menschen zwei suchen müßte, die am wenigsten zusammenpassen, dann wären es unsere Eltern.
Aus den Fotos dieser Zeit läßt sich jedoch eine Anziehung der Gegensätze erahnen, bei der die Luft zwischen den beiden geflirrt haben muß.

Ich fragte meinen Vater, was er denn empfunden hatte, als er meine Mutter zum ersten Mal sah, und er meinte: »Tja, man könnte sagen, es war Liebe auf den ersten Blick.«
Sie sagt bis zum heutigen Tage: »Er war eine Sünde wert.«
Liebe auf den ersten Blick erduldet oft keinen zweiten; bei meinen Eltern verhinderte der Krieg ein näheres Kennenlernen, das den beiden wahrscheinlich gezeigt hätte, daß es neben der Liebe Lebensgewohnheiten gibt, die es so an sich haben, auch die größte Liebe zu überdauern.

Meine Eltern heirateten, und bald wurde Günther geboren, ein schöner, runder Junge; der erste seit drei Generationen auf der mütterlichen Seite.

War meine Mutter damals als Frau eines deutschen Offiziers noch relativ sicher, passierte meiner Meme etwas, das auch sie als Kollaborateurin abstempelte. Ich kannte meine Großmutter gut genug, um sicher zu sein, daß sie alles andere als ein Freund der Nazideutschen war. Aber sie hätte niemals ein Kind wegen der Gesinnung seines Vaters sterben lassen. Sie rettete dem Kind einer Frau, deren Liebhaber bei der SS war, das Leben. Man unterstellte ihr Dinge, die sie nach dem Krieg widerlegen konnte. Vorerst jedoch, bedingt durch die Ehe meiner Mutter, standen alle Zeichen gegen sie, und so brachte mein Vater seine Familie in jenes steirische Dorf, wo er sie einigermaßen in Sicherheit wähnte.

Es ist eine der Ironien des Schicksals, daß meine Mutter durch ihre hervorragendste Charaktereigenschaft, nämlich Bestimmungen als Anlaß zum Ungehorsam zu nehmen, sehr bald von der Gestapo aus dem Dorf geholt und (mit mir hochschwanger) vierundzwanzig Stunden verhört wurde. Der Grund dafür ist so typisch für sie, daß man ihn fast schon als komisch bezeichnen könnte: In der Steiermark gab es französische Kriegsgefangene. Es war der Bevölkerung streng verboten, mit ihnen in Kontakt zu treten. Das kümmerte Mutter jedoch wenig. Sie stellte ihnen nachts das Radio vors Fenster, damit sie Nachrichten über den Kriegsverlauf hören konnten. Eine »liebe Nachbarin« muß der Gestapo einen Wink gegeben haben, denn sie kreuzten bald mit ihrem schikken Wagen auf...
Meme blieb allein mit Günther und ihrer Angst zurück.

Sie war erstaunt, meine Mutter so schnell wiederzusehen. Das Kreuzverhör muß grotesk gewesen sein, denn die Männer ließen sie gehen, weil sie einsahen, daß »ein politischer Aktivist nicht so blöd und naiv sein konnte«.

Mutter hatte schon immer die Tendenz, nur ihre persönliche Sicht als real zu empfinden, und wenn sie jetzt über den Krieg erzählt, so ist es ein wenig, als hätte er nur stattgefunden, um sie in eine mißliche Lage zu bringen. Nicht daß sie dumm wäre – im Gegenteil, sie ist sehr klug, geradezu hellsichtig –, aber sie hat eine starke emotionelle Komponente in ihrer Denkweise, die sie daran hindert, auch andere Perspektiven anzuerkennen. Nirgendwo wurde für mich als Kind der Unterschied der Charaktere meiner Eltern deutlicher sichtbar als in ihren Beschreibungen des Krieges.
Man kommt kaum auf die Idee, daß es sich um ein und denselben Krieg handelt!
Mich faszinierte als Kind die Art, in der mein Vater ein aus meiner Sicht hochdramatisches Ereignis voller Feuer und Flammen beschrieb:
»Um X Uhr auf einem Erkundungsflug erschienen zu meiner Linken zwei Kampfflugzeuge des Typs XY in Höhe X und nahmen mein Flugzeug unter Beschuß. Die linke Seite erhielt ca. XX Schüsse, es stiegen sofort etwa 1 m hohe Flammen auf. Ich wendete das Flugzeug nach rechts, wo ein weiteres feindliches Flugzeug flog und mich von dieser Seite unter Beschuß nahm.
Mit einem Looping und Sturzflug auf eine Nebelbank entzog ich mich ihrer Sicht und landete mit dem nun

relativ hoch in Flammen stehenden Flugzeug auf dem landeseigenen Flughafen. Das Flugzeug hatte insgesamt 183 Einschüsse, ich blieb aber unverletzt.«

Wäre dies ein militärischer Bericht, so wäre die nüchterne Schilderung wohl angebracht gewesen. Dies war aber die Geschichte, wie mein Vater sie uns Kindern erzählte.
Nie hörte ich ein Wort, ob er Angst empfand, nach seiner Mutter rief oder sonst etwas über die Gefühle, die er in solch einer Situation hatte. Der Soldat war am Krieg beteiligt, aber ihn, den Menschen, gab es nicht.

Dieses »gefühllose Erleben« war aus meiner Perspektive sehr deutsch und stand in krassem Gegensatz zu der emotionalen Erzählweise meiner französischen Mutter.
Die Schwangerschaft mit mir empfand sie ebenfalls als unverschuldet. Lange Zeit sagte sie zu Meme: »Es ist nur ein Myom.« Meme rollte ihre schwarzen Augen gegen den Himmel und meinte: »Sicher, mit zwei Armen und zwei Beinen.«

Als der Krieg vorbei war und von meinem Vater keine Nachricht kam, fuhr meine Mutter mit Meme, meinem Bruder und mir nach Linz und erkundigte sich auf der französischen Kommandantur, ob sie wieder in die Heimat dürfe. Sie erfuhr, daß Mitglieder der Résistance mit Frauen, die sich mit Deutschen eingelassen hatten, hart ins Gericht gingen. Man riet ihr, vorerst nicht nach Frankreich zurückzukehren.

Meme wurde sofort als Sekretärin engagiert; meine Mutter erhielt auch einen Job, und sie bekamen eine Wohnung, in die sie mit meinem Bruder zogen. Sie waren zu beschäftigt, um sich um mich kümmern zu können, und gaben mich in ein Säuglingsheim.

Im Rahmen ihrer Tätigkeit für die französische Dienststelle wurde Meme nach Mauthausen geschickt. Am Abend dieses Tages kam sie zu meiner Mutter und sagte, sie müsse mitkommen, sie habe ihr etwas Schreckliches zu zeigen. Meine Mutter wird bis zum heutigen Tag blaß, wenn sie beschreibt, was sie dort gesehen und erfahren hat. Sie wußte nun, womit sie durch ihre leichtfertige Liebesheirat auf immer verbunden war.

»Wir werden nie mehr nach Hause gehn dürfen und in der Heimat für immer in Verbindung mit der deutschen Schuld stehen.« Dies war das Fazit meiner Großmutter.

Das Liebesverhältnis meiner Eltern bekam durch diese Erkenntnis einen ganz anderen Stellenwert; sie machte aus meinem Vater, dem schönen deutschen Helden, in den Augen meiner Mutter – wenn sie es auch nie aussprach – einen Mittäter aus Ignoranz.

Es ist sicher für jedes deutsche Nachkriegskind ein Problem gewesen, seine Eltern in die Geschehnisse des Krieges verwickelt zu wissen. Das war es auch für mich.

Meine Mutter war überzeugt gewesen, daß mein Vater gefallen war, da sie nach Kriegsende nichts von ihm hörte. Als er Monate später plötzlich vor der Tür stand, wußte sie nicht, was sie sagen sollte. Meine Meme ermahnte sie: »Benimm dich doch und umarme ihn, immerhin ist er dein Mann.«

Aber sie waren einander fremd geworden.

Mein Vater hatte nun nur den einen Wunsch, seine Tochter zu sehen, und ging in das Kinderheim, in dem ich seit einem halben Jahr behütet wurde. Er war sehr früh Waise geworden, und ich glaube, daß die Affinität zwischen uns aus dem früh empfundenen Gefühl der Verlassenheit stammt. Er war derjenige, der mich zur Familie holte.

Ich hätte ausgesehen »wie eine Prinzessin, mit geradem Rücken und großen blauen Augen«. Ernst und ein wenig traurig.

Die Schwestern wollten mich gar nicht hergeben, »so brav« war ich. Die gesamte Familie war nun vereint, und meine Eltern beschlossen, trotz aller offensichtlichen Inkompatibilitäten zusammenzubleiben, »bis die Kinder groß sind«.

Egal, wie viele Unstimmigkeiten meine Eltern auch hatten, sie waren jedenfalls keine Bedrohung für meinen Bruder und mich.

Im Gegenteil, das Leben war bunt und interessant, die Eltern keine vereinte Front und damit keine Macht, die unser Erleben gefährdete.

Die dominanten Figuren meiner Kindheit waren mein Bruder und Meme. An sie knüpfen sich die lebhaftesten, mit Geruch und Farbe behafteten Erinnerungen.

Von meinem Vater, der mich, wie er sagt, »großgebusselt« hat, bleibt ein Gefühl von Vertrauen und Geborgenheit; von meiner Mutter wilde, heftige und lustige Energie – zumindest bis zum *Rosen-Resli*.

Viele Szenen aus meiner frühen Kindheit sind leicht »abzuspulen«. Die Überbelastung meiner späteren Kindheit war noch nicht da.

Es war eine Kindheit, in der beide Eltern beschäftigt waren. Frei, ohne zu verwahrlosen, mit einem Bruder, der mich liebte und den ich liebte, zur Seite spürte ich nichts von jenem Druck der neurotisierenden Bürgerlichkeit, die es in einer »geordneteren« Gesellschaft eher gab als im Deutschland der Nachkriegszeit.

Die Kulissen meiner Erinnerungen sind abwechselnd nach Holz riechende Baracken und Lager; Behausungen mit Improvisationscharakter.

Mein Bruder und ich waren immer zusammen, und es war, als ob es mich ohne ihn gar nicht gegeben hätte.

Einmal wurde ich, wie damals üblich, in einer Eisenschüssel stehend vor dem glühenden Kanonenofen gewaschen; übermütig bewegte ich mich zu weit nach hinten und blieb mit einer Pobacke an dem heißen Ofen hängen.

Es spricht für die Fürsorglichkeit meiner Familie und speziell meiner Meme, daß ich mich nicht an den Schmerz, wohl aber an die Pflege erinnern kann. Vier Wochen lang konnte ich nur auf dem Bauch liegen, den Po gesalbt…

Überhaupt war meine Meme eine Bilderbuchoma, weil sie ehrlich und realistisch war. Von ihr gewaschen zu werden war immer ein Luxusvergnügen. Wie kann ich es beschreiben, ohne falsch verstanden zu werden? Sie hat einen ganz gewaschen mit ihren kleinen, festen Händen, ohne auch nur eine Stelle zu übergehen und damit das wortlose Signal zu geben, daß gewisse Körperteile »bäbä« sind.

Sie machte Eierkuchen ohne Eier, die so fein waren, daß man durchsehen konnte; und wenn etwas nicht paßte, wurde es direkt ausgesprochen – kein stiller Druck, der uns verunsichern konnte. Wurde etwas angestellt, so hatten mein Bruder und ich es beide getan oder keiner. Wenn unsere Eltern sich stritten, verkrochen wir uns kichernd unter der Bettdecke.

Mein Vater hatte irgendwann eine große Scheune, in der er Radiokästen herstellte. Der Geruch von Sägespänen in Verbindung mit den für mich riesigen kreisenden Sägen hatte etwas Magisches, Märchenhaftes an sich. Ich besuchte ihn gerne.

An einem Sommerabend (ich war drei) kam ich rein, die abgestellten Sägen drehten sich noch und glänzten im Abendlicht.

Mein Vater erzählte, daß er sah, wie ich den kleinen ausgestreckten Zeigefinger an die Säge hielt. Jede plötzliche Bewegung hätte die Hand gekostet. Er betete zu meinem Schutzengel. Ganz langsam zog ich die Hand zurück und lächelte ihn an.

Das »Fortbewegen« im Winter bedeutete für uns Kinder: fest, bis zur Bewegungslosigkeit eingepackt, auf dem Schlitten durch die Landschaft gezogen zu werden. Auf so einer Fahrt mit mir durch die Winterlandschaft fand mein Vater plötzlich den Schlitten so merkwürdig leicht. Er drehte sich um, die Pakete waren noch da, das Kind nicht. Er ging den Weg zurück und fand mich – nicht weinend, sondern wie ein Buddha im Schnee bewegungslos in Sitzhaltung zuversichtlich auf ihn wartend.

Als ich vier oder fünf war, zogen wir nach Bad Aibling in ein richtiges Haus, das ein Teil des IRO-Lagers war und von meinem Vater geleitet wurde. Diese Lager waren für Flüchtlinge gedacht. Dort waren hauptsächlich Russen und Polen, auf jeden Fall freundliche Menschen mit fremder Sprache, die mein Bruder und ich sehr interessant fanden. Französisch und Deutsch kannten wir schon, aber so was nicht. Die Popen mit ihren Bärten, wallenden Kleidern und hohen Mützen gefielen uns besonders.

Ich hatte, abgesehen von Puppen operieren, was ich als maskierte Assistentin meines Bruders liebend gerne tat, die Angewohnheit entwickelt, mich mit Stoffresten zu verkleiden und zu Radiomusik zu tanzen. Die Russen redeten meiner Mutter zu, mich doch ins Ballett zu bringen.

Wir zogen aus dem Lager wieder aus, diesmal in ein großes, aus schwarzem Holz gebautes Haus, das einsam in der schönen Chiemgauer Ebene lag. Von dort aus brachte mich meine Mutter ins Ballett. Ich bestand die Aufnahmeprüfung, und von nun an wurden Busfahrten nach München zu einer ständigen Einrichtung. Der Bus hielt einen kleinen Fußmarsch entfernt von unserem Haus.

Ich kann mich erinnern, daß wir in einen Schneesturm gerieten und ich beschützende Instinkte für meine Mutter hatte und sagte, sie solle doch hinter mir gehen, damit sie nicht soviel Schnee abkriegt!

Die Integration in die Ballettgruppe brachte mich der Welt außer Haus auf eine schöne Art und Weise näher, vor allem, weil die Arbeit dort athletisch und körperbetont war.

Ich liebte die Aufenthalte in München, denn auf dem Weg zum Ballettunterricht in der Oper gab es einen phantastisch schönen Gang, der wie das Eintreten in eine Märchenbuchseite war. Unser Kindertroß (im bunten Patchworklook der Nachkriegszeit) ging über eine Art Steg durch das Opernhaus, in das offensichtlich eine Bombe gefallen war. Unter uns noch Reihen von samtenen Stühlen in Reih und Glied, als wäre nie etwas geschehen. Die Logen und Ränge waren in ihrer seidigen Pracht teilweise noch erhalten, und dort, wo die Bombe die Mauern freigelegt hatte, wuchsen zwischen den Steinen Pflanzen und Blumen, deren Samen durch das Loch in der Decke hereingeflogen war und die je nach Jahreszeit einen sich stets verändernden Anblick boten.

Bald traten wir im Gärtnerplatztheater auf, ich in kleinen Rollen. Soweit ich mich daran erinnern kann, fielen mir meist entweder beim Tanzen die Hosen runter, oder ich konnte den Ton nicht treffen. Aber ich nehme an, daß es meine damals schon bestehende »Absence« war, die mir zu immer weiteren Rollen verhalf.

Eines war ich nicht, und das spürte ich gelegentlich bei Gleichaltrigen: ehrgeizig und begierig darauf, im Mittelpunkt zu stehen. Ich habe mir Gedanken gemacht, woher dies kommt, und glaube, daß ich für mich selbst immer so eindeutig der Mittelpunkt war, daß ich Zustimmung von anderen nicht brauchte.

Ich war immer mein Refugium – vielleicht auch, weil ich im älteren Bruder eine Pufferzone hatte.

Meine Mutter fing im Bavaria-Filmstudio Geiselgasteig als Maskenbildnerin zu arbeiten an, ich spielte manchmal kleine Rollen, zum Beispiel im *Weißen Rößl*.

Wir waren, um näher bei der Stadt zu sein, nach Neubiberg in eine Souterrainwohnung in einem Haus mit Garten gezogen. Hinter dem einstöckigen Haus stand eine große Trauerweide neben einer Regentonne. Wenn man sich unter die Weide setzte, kam man sich wie in einer Kathedrale vor, so hoch und feierlich sah es aus. Die feinen, langen Weidenruten ergaben für mich die schönsten Gebäude. Überhaupt fand ich das, was man Gott nennt, viel eher in der Natur als in einer beängstigenden Kirche. Keiner predigte hier von oben, daß man mit einer Sünde auf die Welt kam. Schutz und Geborgenheit lieferte meine Weidenkathedrale, deren Geruch und bewegliche Arme mich im Frühjahr mit Leben und Wärme umfingen.

Obwohl ich nur in winzigen Sekundenauftritten in Filmen mitgespielt hatte, nannten mich die anderen Schulkinder gerne »SAUspielerin«, das paßte unserem Lehrer gut in den Kram, der mit Stöcken zu schlagen pflegte. Meine Mutter ging zu ihm und drohte ihm ihrerseits Prügel an.

Die ungewöhnliche Art meiner Mutter, ihre Willenskraft und ihre Weigerung, sich jemals geschlagen zu geben, haben mich immer beeindruckt. Für mich hatte ihre Kraft aber auch etwas Erschreckendes. Ihre Emotionen waren so heftig. Auch wenn ich mich von ihr zu dem Zeitpunkt nicht unter Druck gesetzt fühlte, die Verschiedenheit unserer Charaktere war so groß, daß ich mich nicht an einen einzigen Moment des stillen, wortlosen Glücks mit ihr erinnern kann.

Für mich waren Stille und Abgeschiedenheit aufregend; mit meinem Bruder zu entdecken, daß Wiesen eßbar sind, Pflanzen süß oder sauer schmecken und im Frühling gelbe Pollen am Wangenflaum hängen bleiben.
Ich war introvertiert – Mutter extrovertiert.
Ich bekam irgendwann Angst vor ihrer Art des Seins, vor ihrem Fleisch. Von ihrer vitalen Art des Erlebens würde ich bald geschluckt werden wie von einem riesigen Wal, der auch im Meer des Wirtschaftswunders mitschwimmen will. Ich hatte oft das Gefühl, sie auch später vor dem unbedachten Urteil der »ehrgeizigen Mutter« verteidigen zu müssen. Ihr Ehrgeiz entsprach dem Zeitgeist.

An meine »Entdeckung« für die erste große Rolle kann ich mich gut erinnern. Ich saß in der Sonne im Bavaria-Filmstudio und spielte. Ein Mann mit vielen Haaren und einem Akzent, der mir aus dem IRO-Lager bekannt war (russisch), fragte mich, ob ich reiten könne. »Ja«, antwortete ich, obwohl es überhaupt nicht stimmte. Ich glaube, ich *wollte* gerne reiten.

Bald war der Termin für die Probeaufnahmen von *Salto mortale*, 1953. Vor mir stand ein älteres Mädchen mit einer Schleife im Pferdeschwanz, die riesig war. Die steife Schleife war so angespannt wie sie, und mir machte diese Anspannung angst. Ich verstand ja auch nicht, »worum es ging«. Sie, glaube ich, schon, daher die Anspannung.

Die Angst vorm Versagen sollte ich erst später kennenlernen. Es war allerdings nie die Angst vor den »anderen«, sondern vielmehr die Angst, von meiner Mutter verstoßen zu werden, eine Empfindung, die wahrscheinlich durch die Erinnerung an das »Weggegebenwerden« als Säugling in mir wachgerufen wurde.

Die Arbeit an dem Film *Salto mortale* machte mir großen Spaß. Sie erforderte hauptsächlich körperlichen Einsatz wie beispielsweise »voltieren«, das ich in einer halben Stunde lernte. Dieses Voltieren macht man, indem man das Pferd (Pony in meinem Fall) zu einer gewissen Geschwindigkeit antreibt, dann abspringt, im Rhythmus des Pferdes, sich festhaltend, mitläuft und dann wieder aufspringt. Dies wird in verschiedenen Zeitabständen durchgeführt, je nach Energie und Geschick. Wie jede

Anforderung an symbiotisches Können liebte ich es. Das Pony und ich wurden eins. Bis zum Tag der Premiere, an dem mich das Luder, durch die Blitzlichter erschreckt, in den Ellbogen biß.

Dann gab es noch eine Erfahrung mit dem Film *Salto mortale*: die Ohrfeige von Gert Fröbe. Er litt so darunter, mich schlagen zu müssen, daß er ganz grün im Gesicht war. Für mich war dies schon der Anfang einer sich später immer mehr ausbreitenden »Gefühlswucherung«: zu lernen, nicht normal zu reagieren und statt dessen für eine geforderte Reaktion belohnt zu werden.
Ich durfte, obwohl ich wußte, daß gleich eine riesige Hand kommen wird, die mir ins Gesicht schlägt, nicht zwinkern oder sonstwie anzeigen, daß etwas Unangenehmes passieren wird. Sofort spürte ich den Mißmut in der Luft, wenn ich auf die Bedrohung normal durch Zusammenzucken oder Ähnliches reagierte.
Ich war sehr brav und zuckte kaum. Es standen dann viele Erwachsene um mich herum und lobten mich, wenn ich mich abnormal, aber gefügig verhielt.

Man könnte nun sagen, das ist eben eine Arbeit wie Hausaufgaben, aber es stimmt nicht. Denn auf dem Weg zum normalen Erwachsenen spielen Gefühle und der Umgang damit bekanntlich eine große Rolle. Jetzt beginnt für das Schauspieler-Kind die einsame Aufgabe, immer wieder zu untersuchen, wann wo welche Gefühle angebracht, echt, erwünscht, erlaubt sind und wann nicht.

Als einmaliges Erlebnis wäre eine solche Ohrfeige sicher nichts Zerstörerisches, es sind diese vielen Erfahrungen, die auf die Dauer bei einem kleinen heranwachsenden Menschen merkwürdige Verformungen hervorrufen.

Ob schön oder nicht, ob gut oder nicht, eines ist gewiß: Die Form ist außerhalb der Norm.

Nicht bei diesem Film, aber nach dieser Zeit müssen viele Dinge passiert sein, denn es ist, als hätte etwas meine Erinnerung geschluckt. Ich glaube, es war der Kinderstar, der das Kind verschluckte, oder vielmehr die Umwelt, die nicht mehr auf das Kind reagierte.

Etwas Ähnliches kommt in einem rührenden Interview mit dem zwölfjährigen Michael Jackson zum Ausdruck, der auf die Frage einer Journalistin, ob er denn nicht gerne »the boy next door« gewesen wäre, antwortet: »Ich habe es ja probiert, ich wollte es sein, aber sie (die erwachsene Umwelt) haben sich so merkwürdig verhalten, daß ich immer befangener wurde. Jetzt fühle ich mich nur noch auf der Bühne frei.«

Ich bin schon mit den allerfeinsten Sieben durch mein Gedächtnis gegangen, ob denn nicht wenigstens ein Sandkorn an Erinnerungen vom Werdegang zum »Rosen-Resli« übriggeblieben ist. Nicht daß ich mit dieser Daseinsetappe Schwierigkeiten habe, nur ist da etwas an persönlicher Überforderung, das alle Erinnerungen gefressen hat.

Der Prozeß des »Berühmtwerdens« ist auf jeden Fall eine Entwurzelung.

Jede Zeit schafft sich ihr Symbol.

Das »Rosen-Resli« und ich sind beide deutsche Nach-kriegsprodukte. Wie Rambo und Sylvester Stallone.

Während der Dreharbeiten zum *Rosen-Resli* erfuhr die Beziehung zu meiner Mutter eine Wandlung, denn bis zu diesem Zeitpunkt hatte ich nie durch ihre Person direkte Bedrohung empfunden. Sehnsucht vielleicht, das schon. Es war und ist immer eine kleine Sehnsucht nach Ruhe, Wärme und stillem Glück in mir.

Sicher haben viele Kinder der Nachkriegszeit diesen Wunsch in sich vergraben, denn die meisten Frauen der Nachkriegswelt Europas, und speziell Deutschlands, wa-ren damit beschäftigt, aus Trümmern Wohnungen zu schaffen. Mich sollte der Zufall zum Teil einer Welt machen, die knallhart an Träumen arbeitet, mit ihnen Geld verdient, und in diesem Sinne wurde ich zu einem Kind, das auf dem Altar des Ruhmes geopfert wurde.

Ich war sehr artig und weinte und lachte, sagte Texte, wie es von mir verlangt wurde. Im Verrichten dieser merk-würdigen Arbeit, die ja im Gegensatz zum Tanzen nicht etwas war, das durch gestreckte Beine und körperlich angenehme Bewegungen zu Musik erledigt wurde, son-dern durch Produzieren und Weggeben von Gefühlen, bildete sich um mich eine unsichtbare Kruste, die mich vor diesen Forderungen und Wünschen wenigstens in-nerlich schützte.

Es gibt ein einziges Bild aus der Arbeitszeit, das sich in mir wie ein tiefer Schnitt eingegraben hat: Meine Mutter im Halbdunkel der Kulissen, und nach jeder Aufnahme sehe ich zu ihr hin. Selbst wenn es für den Regisseur gut war, konnte ich erst nach ihrer Absegnung zufrieden sein. Gelegentlich schüttelte sie mit lächelndem Mund verneinend den Kopf. Und das Gefühl des Versagens ließ mich in ein abgrundtiefes Loch der Einsamkeit und Angst versinken. Nicht gut genug zu sein und verlassen zu werden, ist für ein Kind lebensbedrohend. Und so war der aus diesem Film resultierende Jubel und Glanz nichts, was mir meine Versagensängste und das Gefühl der Verlassenheit nehmen konnte. Im Gegenteil.

Noch heute tut meine Mutter so, als wäre es eine Art Störung in meinem Hirn, daß diese jubelnden Menschen, die dann im Chor »Rosen-Resli« riefen und Autogramme verlangten, mich nicht glücklich gemacht haben. Ich kann ihre völlig andere Sicht der Dinge verstehen.

Hat auch nicht jeder die Erfahrung des kurzlebigen Ruhmes eines Kinderidols, so hat doch jeder eine Vorstellung vom Kindsein. Der Kinderstar ist die gefilmte Einstellung zum Kind.
Ich habe in meinem Leben immer mit großem Interesse mit anderen Kinderstars über diese Erfahrung gesprochen oder das jeweilige Resultat beobachtet.
Es gibt da ganz starke Parallelen. Ein Phänomen ist die Selbstzerstörungstendenz.

Nicht in der Kinderzeit, später; und sicher nicht bei allen, aber bei vielen. Der eigene Körper, von dem allein sich die Leistung abfordern läßt, ist das einzige Terrain, in dem man Macht hat. Dieses Terrain zu pflegen heißt, es für andere verwertbar zu halten. Es zu zerstören bedeutet, es für die Umwelt unverwertbar zu machen.

Es gibt doch diese Kinderwitze: »Look ma, no hands.« (Schau, Mami, keine Hände.) Oder: »Ich halte den Atem an, wenn ich das nicht bekomme.« Eine kindliche Form der Machtausübung!

Dies gilt sicher nicht nur für die Stars.

Oft ist es die Schönheit, die bei Frauen dem Liebsein als Forderung folgt. Erwachsensein hat auch etwas damit zu tun, frei über Verfügbarkeiten zu bestimmen. Die Zerstörung der Schönheit ist oft eine Fortsetzung des »Look ma, no hands«.

Man muß eine gewisse Reife erlangt haben, um nach einer frühen Ausbeutung natürlicher Ressourcen sagen zu können: Es ist mir egal, wer mit mir Geld verdient. Ich bin gesund, schön und begabt zum eigenen Vergnügen, und ich werde Entwicklungen durchmachen, egal, wie lange mir noch Ressourcen zur Verfügung stehen. In diesem Punkt unterscheiden sich Frauen sehr stark von Männern, da die erwachsene Frau außer als Dienerin erst in unserer Zeit wieder in einem kleinen Terrain Fuß gefaßt hat. Für einen weiblichen Kinderstar besteht da ein besonderer Zusammenhang, der mit Ausbeutung zu tun hat. Eine Frau muß sehr reif oder roh werden, um sich selber unemotional einzusetzen beziehungsweise an der Ausbeutung teilzunehmen.

1/2 Weihnachtsfoto 1945 (oben) und als Vierjährige, beide Male mit meinem Bruder Günther. Er war das ein und alles meiner Kindheit.

4 Als Sari in Emmerich Kálmáns Operette »Gräfin Mariza« am Münchner Gärtnerplatztheater, bevor ich zum Filmkind wurde ▷

3 Mit meiner schönen Mutter und meinem Bruder zur Zeit des »Rosen-Resli«, 1954

5 In meinem ersten Film »Salto mortale«, 1953, war ich, unter der Regie von Victor Tourjansky, die kleine Dascha, das Enkelkind des Zirkusclowns Mischa (Nikolai Kolin).

6   Die Filmrolle, die meine Jugend
prägte, war das Rosen-Resli in dem
gleichnamigen Film von Harald Reinl,
1954. In dem rührseligen Streifen
teilt die kleine Therese ihre Liebe
zwischen ihrer schwerkranken Pfle-
gemutter und ihren Rosen.

7 Ein Bild ohne Worte: In Landshut bei einer Premiere des Films »Der schweigende Engel«, 1954

8 Mit meinem Vater, von dem ich viel geerbt habe, 1955

Ich habe Romy Schneider nicht gut gekannt, aber es gab einige Begegnungen im Laufe der Zeit. In ihrem Buch »Ich, Romy« kommt sie auch auf das Thema Geld, nämlich daß alles weg war. Von Daddy Blatzheim in irgendwelche Fehlinvestitionen gesteckt. Und daß sie keine Erinnerungen hat. Sie beschreibt, wie ihre Mutter sie zum Lächeln auffordert . . .

Romy fügt sich in dieser Beschreibung und durch ihr tragisches Lebensende als ein weiteres Glied in die Kette der ausgebeuteten Kinderstars ein, zu denen auch eine andere Schauspielerin gehört: Elizabeth Taylor.

Am Anfang der Arbeit an diesem Buch sah ich sie in einem Fernsehporträt. Mit der für den guten amerikanischen Journalismus typischen Fähigkeit zu intelligenten und *gefühlten* Fragen wollte Phil Donahue wissen, ob sie sich denn als Kind nie ausgebeutet vorkam.

In ihren Augen sah ich dieses mir bekannte Verleugnen, wenn jemand in das »schmerzliche Schwarze« getroffen hat. »Nein, nein«, meinte sie, sie habe ja als eine der ersten ihre eigene Filmproduktion gegründet – mit anderen Worten: also bald an sich selbst verdient.

Die Wahrheit bei Kinderstars ist aber unterm Strich immer, daß die Eltern, das heißt, die Beschützer, das Kind zu einer isolierten emotionalen Arbeit anhalten, für die der Lohn etwas ist, was eigentlich nur von Erwachsenen als Lohn gewertet werden kann: Geld, Ruhm und gesellschaftliche Anerkennung – statt Geborgenheit und Integration in eine Gruppe, unter deren Schutz man zum

langsam heranwachsenden Menschen mit eigenen Wertvorstellungen wird.

In meiner Kinderstarzeit gab es in Deutschland kein
Gesetz, das die Eltern dazu zwang, einen Teil des vom
Kind verdienten Geldes auf ein Konto zu legen. In
Amerika dagegen gab es schon sehr bald nach den
Anfängen des Films ein solches Gesetz: »The Jackie
Coogan Law«. Jackie war ein Kinderdarsteller, dessen
Eltern das gesamte von ihm verdiente Geld verpulvert
hatten. Danach wurde in Amerika dafür gesorgt, daß so
etwas nicht mehr passierte.

Mit dem Geld vom *Rosen-Resli* breitete sich in beschei-
dener Weise das Wirtschaftswunder auch in unserer
Familie aus. Eine geräumige Wohnung, ein schöner
Mercedes, rundlich und schwarz, wenn auch aus zweiter
Hand, und damit wenigstens ein Luxus, den ich als
bereichernd empfand: das Reisen.

Es muß in dieser Zeit viele Premierenfeiern und andere
grandiose Luxuserlebnisse gegeben haben. Ich kann
mich an nichts erinnern, außer an ein Nichtsempfinden
beim Artigsein. Und an den langsamen Rückzug in meine
eigene Welt. Es war dickes Panzerglas zwischen mir und
dieser Erwachsenenwelt. Ich wurde für vieles unerreichbar.
Der einzige Mensch, der für mich innerhalb dieser
Glocke lebte, war mein Bruder. Wir haben uns manchmal darüber unterhalten, wie es für ihn war, vom »ein

und alles« seiner kleinen Schwester zum »Bruder von...« zu werden. Einmal wollte er bei einer Premierenfeier zu mir. Irgendwie hatte er sich verspätet. (Er muß damals zehn oder elf gewesen sein.) Die Abschirmer der Festlichkeit wollten ihn nicht durchlassen, und er sagte: »Aber ich bin doch der Bruder!« Der Bruder vom »Rosen-Resli«!

Auch ein traumatisches Erlebnis. Aber innerlich hat uns dies nicht entzweit. Er war immer noch meine Insel der Normalität, wo ich schwach sein konnte und geliebt wurde.

Meine Großmutter ging zurück in ihre Heimat und nahm meinen Bruder mit. Sie konnte die falschen Anschuldigungen widerlegen. Ich machte meinen zweiten »großen« Film: *Der schweigende Engel*.

Es ist so verrückt, ich kann in meinem Gedächtnis wühlen und wühlen, es kommen keine amüsanten oder gar witzigen Anekdoten aus dieser Zeit zutage. Die lustigen Erinnerungen kommen erst später, mit der Phase der ersten, auf dem Verlassen der Kindheit basierenden deutschen Mißerfolge. Da zeigte sich die Stärke meiner Mutter, die ich während der Karrierephase als Bedrohung empfand, weil ich hinter jeder Liebkosung ängstlich die Forderung nach Leistung mutmaßte.

Typisch dafür ist eine Geschichte; eine kleine Bleikugel an Erfahrung, in der sich die ganze Diskrepanz zwischen dem Schein des Nachkriegskinderidols und dem Sein des angstvollen Kindes zeigt.

Meine Haare mußten für das *Rosen-Resli* blond gebleicht

werden. Ein gutes deutsches Kind muß wohl blond sein. Durch diese helle Haarpracht sah meine blasse Haut mit den nahe an der Oberfläche liegenden Blutgefäßen besonders kränklich aus. Ich wurde, weil ich wie viele Kinder der damaligen Zeit zu Anämie neigte, mit anderen Mädchen zur Erholung in ein sehr schön gelegenes Heim geschickt. Offensichtlich, im Gegensatz zu mir, die Töchter reicher Eltern. Ich habe mich nie wieder im Leben so einsam gefühlt wie unter diesen Wirtschaftswundersprößlingen, die scheinbar alle den Kopf voller gerüschter Unterhosen hatten und ohne eine einzige Sorge waren.

Das Haus war ein prachtvolles bayerisches Landhaus mit mehreren Etagen. Blumen auf den Balkons und eine Sicht über ewige Berge, die bei mir bis zum heutigen Tag depressive Momente auslösen. Ich weinte mich jeden Abend in den Schlaf, so gräßlich empfand ich diese Mädchen. Sie waren so unbeschwert. Das war mir völlig unverständlich nach all meinen Erfahrungen. Daß jemand sich als so hübsch, so jung, so wunderbar fühlen konnte!

Endlich kamen mich meine Eltern besuchen. Ich kann mich daran so genau erinnern – wie undankbar von mir, nicht an den Ruhm, nur an das Leid!

Ich sagte ihnen, wie furchtbar ich die Mädchen fand, ich wollte nur nach Hause. Meine Eltern forderten mich auf, nach oben zu gehen und meine Sachen zu packen. Als ich wieder nach unten kam, waren sie fort. Ich dachte, sie würden im Auto auf mich warten, aber als ich rauslief, fuhr es gerade weg. Ich lief ihm nach, aber es hielt nicht an. Der Anblick des sich entfernenden Autos zerfloß vor meinen Augen.

Ich weiß, daß sie mein »Bestes« im Sinne hatten. Ich sollte mich an der frischen Luft im Luxus erholen; aber ich habe so mein Vertrauen in Menschen verloren, die mir sagen, sie lieben mich. Bis zu dem Zeitpunkt, an dem ich mein eigenes Kind bekam.

Mit dem Einbruch der »Idolzeit« und der Realität des Mißerfolges fangen nicht nur meine Erinnerungen wieder an, sondern auch die bereichernde Erfahrung der Kinderarbeit. Der Blick hinter die Kulissen der Erwachsenenwelt. Die Erwachsenen verhielten sich in meiner Gegenwart ein wenig so, als wäre ich nicht nur klein, sondern auch blind und taub.

Während ein normales Kind durch Schule und »Elternfront« das zu sehen bekommt, was ihm da als Rolle vorgespielt wird, sah ich durch die gespielten Rollen die Realität der Erwachsenen, die in der Tat saukomisch war, vor allem in den fünfziger Jahren. Wir hatten zwar auch den obligatorischen Mercedes, eine große Wohnung in München, und ab dem Moment meiner Integration in das Filmgeschäft verbindet sich »Essen« nur noch mit Hotelsälen und Luxusmahlen. So richtig reich und zugehörig zum »ruhigen Geld« waren wir aber nicht. Selbst als kleines Kind empfand ich diesen Unterschied sehr wohl, und so war es auch als »Arbeitskollege«.

Unter den vielen Kollegen aus der Zeit sind Gert Fröbe

und Heinz Erhardt eigentlich die einzigen, die sich mir gegenüber wie zu einem Menschen verhielten. Gert Fröbe war mir nicht nur wegen der Ohrfeige im Gedächtnis geblieben, sondern weil mit ihm die Arbeit kein vom Leben getrennter Vorgang war. Ich habe mit ihm auch als Sechzehnjährige in *Via mala* gespielt, und seine Art, sich mit mir zu unterhalten, änderte sich nie. Er hörte zu und antwortete, überlegte und zeigte seine eigenen Gefühle zum Thema und zur Situation.

Dasselbe traf auf Heinz Erhardt zu, mit dem ich auch mehrere Filme machte. Er war ja nicht nur ein genialer Schauspieler, sondern ein zärtlicher, behutsamer Mensch, was für mich als Kind ein seltenes Erlebnis war. Er hat mir einen lettischen Satz beigebracht, den ich bis zu diesem Tag weiß.

Wir waren bei Außenaufnahmen auf dem Land. Die Drehpausen sind und waren immer lang, und in ihnen baute sich die Kommunikation zwischen Darstellern, Team usw. auf oder eben nicht. Meist wurde ich von den Kollegen so behandelt, wie Menschen eben behandelt werden, die allein durch ihre Putzigkeit anderen »die Schau stehlen«. Das war bei Heinz Erhardt nicht so. Er war selber putzig.

Der größte Unterschied im Leben von heute zu damals ist übrigens die Luft. Die Außenaufnahmen in den fünfziger Jahren fanden in einer bleifreien Luft statt, die in ihrer leichten Transparenz Menschen und Gegenstände verband. In dieser wohlriechenden Luft also verbrachten der große runde Heinz Erhardt und ich viel Zeit zwischen den Pausen, und ich denke im nachhinein, daß es auch ihm Spaß gemacht haben muß, das Kind mit den traurigen Augen zum Lachen zu bringen.

Er hatte etwas von einem gigantischen Luftballon, so groß und leicht war er. Mit seinem immer etwas verschmitzten Gesicht, neben dem stets eine kleine, ausdrucksfähige Hand zu schweben schien, sagte er mir einmal, daß er mir in seiner Muttersprache Lettisch »dies und das und noch etwas« beibringen und daß ich es nie vergessen würde. Es ging nämlich so: »schiss än tass än wääätlas.«

Er hat recht gehabt.

Anders waren die »Divas«. Ich habe den Eindruck, daß damals die Dreharbeiten im Ausland noch viel mehr als heute der Anlaß für außereheliche Beziehungen waren. Selbst wenn ich mich an Namen erinnern könnte, würde ich sie nicht nennen, aber in der kurzen Zeit zwischen 1956 und 1958 habe ich immer wieder mit wechselnder Besetzung das gleiche Spiel beobachtet, und da wie erwähnt die Schauspieler sich verhielten, als ob man nicht nur Kind, sondern auch blind und taub sei, konnte ich wunderbar hinter die Fassaden der Partnerstrukturen blicken.

Das romantische »weibliche Interesse« (die Hauptdarstellerin) erscheint kurz vor Beginn der Dreharbeiten mit einem Ehemann, der Geld, Erfolg und Sicherheit ausstrahlt, am Drehort. Der Wagen immer sehr lang, die Frauen fast immer blond.

»Man« blieb damenhaft. Zwischen den Einstellungen

unter Sonnenschirmen das schwer geschminkte Gesicht vor den Sonnenstrahlen geschützt, wurden mit perlendem Lachen diverse Galanterien des »männlichen Interesses« quittiert, obwohl mir diese recht doof vorkamen.

Dann wurden während der Szenen, bei denen ich etwas über Nabelhöhe dabeistand, plötzlich kleine Spannungen zwischen den Körpern fühlbar. Vor meinen Augen später auch die Blicke. Es dauerte oft nicht lang, und Uhrzeiten und Orte wurden verabredet. Das »weibliche« und das »männliche Interesse« waren terminlich zur Vereinigung festgelegt. Und am nächsten Tag, ebenso damenhaft wie makellos, erschienen die Ladys, deren hitziges Begehren am Tage zuvor meine Kinderwangen fast versengte, wieder zur Arbeit. Dazwischen war nachts auf den Fluren ein ewiges Öffnen und Schließen von Türen, Trippeln von kleinen, zierlichen Frauenfüßen, akzentuiert durch schwere Männertritte, zu vernehmen.

Es ist ziemlich klar, daß mir dadurch die Vorstellung romantischer Liebe nie so richtig in den Sinn kam. Auf jeden Fall nicht, wenn Sex im Spiel war.

In der Zeit nach dem *Rosen-Resli* und dem *Schweigenden Engel* hörte der Druck von seiten meiner Mutter auf, und ich erlebte sie wieder mehr als die lustig-lebhafte Person, die sie war, und im Rahmen meiner Entidolisierung normalisierte sich unsere Beziehung. So war das rasante Auf und Ab in den Fluren nichts, was auf meine diesbezüglichen Fragen betretenes Schweigen bei meiner Mutter auslöste, sondern sie war immer aufklärend und ehrlich. Die Menschen sind nun mal so! Schein und Sein nicht identisch. Schwul sein war auch nichts, was sie mit Verurteilung quittierte. Ich konnte alle Aspekte des Lebens betrachten, die den Kindern in der Schule verborgen bleiben.

Mit dem von mir verdienten Geld waren Urlaube möglich, und bei solch einem Urlaub in Italien merkte ich plötzlich, daß ich kein Kind mehr war.
Ich bin nicht unter Kindern aufgewachsen, habe also nicht erlebt, was Mädchen und Buben so untereinander treiben. Das Wachstum meines Körpers hatte sich gewissermaßen von mir unbeobachtet vollzogen.
Mein Bruder, der jetzt wieder aus Frankreich zurück war, meine Mutter und ich waren, wie es sich gehörte, nach Italien ans Meer gefahren.
Mein Bruder und ich »surften« mit Gummimatratzen, und wie immer, wenn ich mich nicht beobachtet und beurteilt fühlte, brach die ganze verdrängte Vehemenz meiner Erlebnisfähigkeit durch. Wir waren nie nur eine Stunde im Wasser, sondern fünf. Ich lernte in zwei Wochen nicht nur Banalitäten auf italienisch, sondern die ganze Sprache. Mein Bruder und ich entdeckten, daß Eidechsen ihren Schwanz abwerfen, wenn man sie anfaßt. Ich sammelte an die zwanzig Stück und warf den zitternden Haufen auf meine in der Sonne liegende große blonde Mutter und vergnügte mich an ihrem Schrei.

Italienisch hatte mir ein knuspriger italienischer Gott mit

gelocktem Haar und blauen Augen beigebracht. Wir saßen oft im Schirmpinienwald, und noch heute verbindet sich mit dem Geruch von Pinien und Meer für mich eine starke erotische Spannung.

Das Ende meiner Kindheit war auch das Ende meiner Karriere als Kinderstar. Ich hatte schon gelernt, daß man Erfolg und Mißerfolg gleichermaßen hinnehmen muß; das eine oder das andere hatte nicht immer damit zu tun, ob man selbst gut oder schlecht gewesen war.

Von den absoluten Hauptrollen rutschte ich in normale Kinderrollen ab, und irgendwie, auch wenn es nicht zu benennen war, züngelte eine Schadenfreude der Erwachsenen spürbar.

Eine angenehme Integration in die Arbeit mit den anderen bleibt mir am deutlichsten bei *Die Stimme der Sehnsucht*, einem Film mit Rudolf Schock und Waltraut Haas, in Erinnerung.

Wieder wurden Außenaufnahmen in Italien gedreht, in der Nähe von Neapel, einem Ort mit unvorstellbar sauberem Wasser, so klar und blauschattiert, wie man es ähnlich jetzt von den Seychellen kennt. Die Außenaufnahmen in Italien hatten eine eigenartige Atmosphäre.

Wir Deutschen, das kriegte ich in dem Alter schon mit, waren als Sieger dort unten. Es war etwas, wenn nicht direkt Herrisches, so doch Triumphierendes in der Art, wie man in die Hotels einzog, das Essen bestellte und sich den Italienern gegenüber verhielt.

Vielleicht fiel mir dieses Verhalten so besonders auf, weil

ich mich zum ersten Mal verliebt hatte – in einen »Eingeborenen«.

Unser Team hatte ein Fischerdorf »besetzt« (das kann man schon so beschreiben), und mit dem für den damaligen Filmesprit typischen fordernden Elan wurde das ganze Dorfleben der Filmarbeit unterworfen.
Der Hauptplatz war der Ort, an dem kleine Fischerboote ihren Fang abluden und wo die Fische später auch verkauft wurden. Filmarbeit fängt früh an. Fischerarbeit noch früher. Und so ergab es sich, daß wir den Fischern noch beim Ausladen zusahen. Unter ihnen war ein junger, vielleicht siebzehnjähriger Fischer mit zerrissenem Hemd, vollen Lippen und einem wunderbar verächtlichen Lächeln.
Nicht nur hatte er, was sich später als meine erotische Lieblingskombination herausstellen sollte (schwarzes Haar, blaue Augen und gerade Schultern), sondern auch die Erotik des Desinteresses. Mir fehlte damals noch ein Zahn! Das Loch, das ein Milchzahn hinterlassen hatte, wurde mit einem künstlichen Zahn gefüllt.
Dieser Kunstzahn ging dauernd verloren, weil ich ihn weglegte und vergaß. Meine Mutter, wie hätte es anders sein können, fand ihn immer wieder. Es war zwar kein Vorderzahn, aber schlimm genug für diese Romanze.

Minuten, die wie Stunden waren, sah ich ihn an, wie er sich bewegte in seiner wunderbaren Verachtung dem Wirtschaftwunderteam gegenüber. Und wenn er mich ansah, wurde ich rot wie Blut. Diese Verbindung meines Farbwechsels mit seinem Erscheinen wurde bald in Zusammenhang gebracht.

Alle fanden es süß und belustigend, daß es ein abgerissener italienischer Fischer war. Dieses unpassende Verlieben!

Da wir bald wieder abreisten, habe ich nie mehr von ihm erfahren als seinen Vornamen: Angelo.

In Deutschland tröpfelten die Filmangebote so vor sich hin. Mein Busen wuchs und wuchs.

Wie viele Mädchen schämte ich mich irgendwie.

Mit dem Wachstum erhöhte sich auch wieder dieses lästige Interesse an mir, das mich abhielt, in aller Normalität in München mit meinem Bruder meinen Anteil an der deutschen James-Dean-Fassung des Erlebens mit existentialistischem Einschlag zu genießen.

Die Jugend der fünfziger Jahre distanzierte sich sehr von der Leichtlebigkeit der Erwachsenen. Für die Menschen, die den Krieg überlebt hatten, muß das Wirtschaftswunder wie ein jahrelang anhaltendes Föhnwetter gewesen sein.

Wir Jungen diskutierten Schopenhauer und Nietzsche, was uns aber nicht abhielt, in Walt-Disney-Filme zu gehen und bei *Bambi* in unsere schwarzen Existentialistenpullover zu weinen.

Sexualität spielte in meinem Leben noch keine Rolle. Wer keinen so wunderbaren großen beschützenden

Bruder wie ich gehabt hat, kann sich schwerlich vorstellen, daß sich für ein Mädchen dadurch eine wesentlich andere Beziehung zum Mann entwickelt als bei jenen mit Papafixierung.

Mein Bruder und ich gingen stundenlang an der Isar spazieren und besprachen das Leben an sich. Der Unterschied zwischen meinem Bruder und dem mich angeblich liebenden Rest der Welt lag darin, daß die anderen es sagten und ich fühlte, daß er es tat.

Als ich dreizehn war, drehte ich in Italien mit an dem Film *Der veruntreute Himmel*. Das war, glaube ich, eine der kleinsten Rollen meiner Laufbahn. Denselben üppig werdenden Körper, der meine Kinderkarriere beendete, betrachtete meine Mutter nun als Startkapital für eine neue Karriere ihrer Tochter.

Drei Dinge haben die Weichen für meine Wesensart gestellt, die mich, gemessen am Zeitgeist, zur Außenseiterin gemacht hat: Erstens war das Ziel, »jemand zu sein«, für mich sinn- und wertlos.

Zweitens: Durch die frühe Einsicht in die eigentlichen Forderungen »im Namen der Liebe« waren die genormten, von der Allgemeinheit akzeptierten Formen für mich grotesk und lächerlich.

Drittens habe ich durch den frühen »Verkauf« meiner Person und die Angst, mich, das heißt mein inneres Selbst, zu verlieren, bestimmte Abwehrmechanismen entwickelt. Alle normalen Kommunikationen mit der Außenwelt über den Körper haben nicht stattgefunden.

Kokettieren war mir fremd. Ich war ein bißchen wie ein neugieriger Zombie.

Das Aufwachsen außerhalb der Norm bis zu meinem dreizehnten Lebensjahr hat viele Vorteile gebracht. Was ich gelernt habe, wie zum Beispiel fünf Sprachen und die Kenntnis gewisser Realitäten des Lebens, hätte ich in keiner Schule gelernt. Im Gegenteil, durch die Arbeit konnte ich mich relativ schnell nahezu gegen alle narziß-tischen Zwänge der Eltern wehren und mich von ihnen lösen.

Die Arbeitswelt bot sogar einen gewissen Schutz, denn durch die Arbeit entwickelte sich bei mir ein Selbstwert-gefühl, das nichts mit hübsch aussehen oder niedlich sein zu tun hatte. Ich lernte, daß sich mit Disziplin Dinge verwirklichen lassen – daß man mit einem vernünftigen Aufwand Ziele erreichen kann.

Die Wunden meiner Seele sind nicht darauf zurückzu-führen, daß meine Mutter an meiner Karriere arbeitete.

Das Ende meiner Kindheit war auch das Ende meiner Bindung an das Deutschsein, das ebenso unecht war wie das Blond meiner Haare.

Meine Freunde, vor allem mein Bruder, sollten mir bleiben.

Wie bei jedem Kind war der Anfang der Pubertät der Anfang einer Revolte, die sich in meinem Fall aber in der Kulisse des Rom des Dolce vita abspielen sollte.

Ciao, ciao, bambina …

1957–1962

Einige der Außenaufnahmen für den Film *Der verun-treute Himmel* wurden in der Stadt Rom und auf dem Vatikan-Areal gedreht. Dort fand eine Beerdigungsszene statt.

In diesem Film spielte ich »ein Kind«. Durch eine absichtliche Einengung meines Körpers (Busen in zu kleine Körbchen, Füße in zu kleine Schuhe) war mir das Backfischstadium äußerlich kaum anzumerken. Mir wurde durch die Einengung vor allem schlecht. Das Bild, das ich von mir selbst als Zwölfjährige hatte, setzte sich so zusammen: eine Ansammlung von Dampfnudeln verschiedenen Umfangs, winzige, verquollene Augen und ganz oben schnell sprießende Zuckerwatte statt Haare.

Mein Kinderkörper hatte mir lange Zeit so viel Schutz gewährt nach der kurzen Phase als Kinderidol, daß ich mich jetzt von seinem unkontrollierten Wachstum fast verraten fühlte.

Meine Mutter, die wie eine Löwin darum kämpfte, das »Rosen-Resli« nicht ins Normale versickern zu lassen, sah hier in Rom (praktisch die »Vorstufe zu Hollywood«) die Möglichkeit, für die Fortsetzung meiner Karriere zu sorgen. Diese Etappe war nun nicht erschreckend, sondern spannend, interessant und aufregend.

Bevor ich mich zu den angenehmen Aspekten der Arbeit vortasten konnte, mußte ich noch eine banale, aber nicht unerhebliche Hürde nehmen: mein Selbstwertgefühl, was mein Äußeres betraf. Meine Mutter hatte mich immer wieder auf meine Mängel aufmerksam gemacht. Viele, viele Jahre später fiel mir ein, sie zu fragen, warum sie das getan hatte.

»Ich wollte nicht, daß du eitel wirst.«

Einleuchtend.

Nur gibt es zwischen Eitelkeit und dem Gefühl, ein weiblicher Quasimodo zu sein, doch noch Unterschiede. Im Spiegel sah ich nur Mängel. Das damals geltende Schönheitsideal war Brigitte Bardot. Blond, schmalhüftig, langbeinig, braunäugig, mit breiten aufgeworfenen Lippen. Das Gegenteil von mir.

Es ist sicher ein wesentlicher Bestandteil des Frauwerdens, sein Äußeres zu bestimmen und sich entsprechend zu plazieren. Bei der Filmarbeit wird nach Makellosigkeit gestrebt, und ich entzog mich dem Gefühl, fehlerhafte Ware zu sein, indem ich mich innerlich immer weniger an dem Leben, das ich bei der Arbeit zu führen hatte, beteiligte.

Ich wäre so gerne unsichtbar gewesen.

Wir waren in einer kleinen Pension in der Nähe der Via Veneto untergebracht, meine Mutter war gerade auf Agentursuche unterwegs, und ich entschloß mich zu einem Vorstoß allein in die rumorende Stadt.

Für ein zwölfjähriges Mädchen ist es wohl immer ein Wagnis, sich in einer fremden Stadt allein auf die Straße zu begeben. Der Unterschied zu München war schon akustisch überwältigend.

Ich trat in eine vollkommen andere Farbenwelt – von Rosa, Ocker und Rostfarben; Geräusche, brüllend und betäubend, begleiteten mich durch die flirrende Luft.

Die Hits des Sommers, »Ciao, ciao bambina« und »Volare«, tönten aus jeder Werkstätte und vermischten sich mit rhythmischen Handwerkergeräuschen, die Menschen riefen einander laut zu. Wie ein orientalischer Basar! Schon um zehn Uhr morgens schien die Sonne so intensiv, wie ich es in München nie erlebt hatte. Die großen Kastanienbäume verströmten süßlichen Duft. Mir fiel bald auf, daß sich hier Mädchen, die nur wenig älter waren als ich, mit Mopeds selbstbewußt und zielstrebig (kein bißchen artig) ihren Weg durch den Verkehr bahnten. Während ich von den Eindrücken überwältigt zum Zeitungsstand trippelte (zu kleine Schuhe), hörte ich wilde männliche Schreie, die ich trotz meiner Italienischkenntnisse nicht recht deuten konnte. Dann hielt ein kleines Auto an, und ein Italiener rief mir zu: »Ciao, bella!«

Mich meint er?

Sicher nimmt er mich auf den Arm.

Als meine Mutter zurückkam, erzählte ich ihr, was passiert war. Sie lachte und sagte, ich wär' doch auch ganz hübsch.

Wie, doch hübsch?

»Sì, sì, molto carina«, sagte die Agentin, bei der ich mich am nächsten Tag vorstellte. Ich bekam eine Rolle in einer italienisch-französischen Coproduktion. Alberto Sordi, Michèle Morgan und eine italienische Diva spielten »i ruoli principali«, die Hauptrollen.

Meine Liebe und Verehrung für ältere Frauen haben ihren Ursprung in dieser Zeit. Waren die deutschen Schauspielerinnen, die ich aus Nabelhöhe beobachtet hatte, immer entweder die Brave, die Böse oder die Komische, so waren die Französinnen und Italienerinnen weibliche Wesen, bei denen alle Eigenschaften zugleich vertreten waren. Sie entzogen sich jeder Entschlüsselung und Bewertung. In Italien war ich nur ein kleines Starlet wie viele andere. Kein Druck des Idols oder Exidols lähmte meine Aufnahmefähigkeit. Der Film hieß *Vacanze d'inverno* und wurde in Cortina d'Ampezzo gedreht. Bei der Abschlußfeier, die in einem der großen Hotels stattfand, machte meine Mutter mich bewundernd darauf aufmerksam, wie sich Michèle Morgan einen Platz im günstigsten Licht aussuchte. Das fand ich toll. Sie verwendete Licht wie Parfüm. Eine der großen Qualitäten meiner Mutter ist, daß sie keinen Neid kennt. Das ist bei Amazonen wohl so.

Nach diesem Film bekam ich eine etwas größere Rolle in der italienischen Produktion *Primo amore* (deutscher Titel: *Junge Leute von heute*) und – wie sollte es anders sein – meinen ersten Kuß, umrahmt von Beleuchtern und anderen Zuschauern. Zwar spürte ich den Kuß, doch es war, als ob eine Plastikfolie zwischen mir und meiner Empfindungsfähigkeit klebte. Der junge italienische Schauspieler war gnädig oder interessiert – auf jeden Fall lud er mich zum Abendessen ein, fuhr mit mir zum Strand, und ich erhielt einige Küsse ohne Foliengefühl.

Mütterlicherseits waren die Frauen seit Generationen Hebammen und Ärzte. Ich habe nie gehört, daß Kinder vom Storch kommen, sondern dadurch, daß sich zwei Menschen liebhaben. Ich wußte, daß man vom Küssen nicht schwanger wurde. Obwohl meine Mutter vor allem wollte, daß ich Geld verdiente, legte sie doch sehr viel Wert darauf, daß sich mein Ehrgeiz nur auf die Arbeit erstreckte. Mit jemand der Karriere wegen zu schlafen fand sie höchst verwerflich. Sie ließ mich zwar stundenlang arbeiten, schützte aber mein Recht auf Liebe.

Wenn ich den Erzählungen über die Männerwahl meiner weiblichen Vorfahren mütterlicherseits glauben darf, so suchten sie ihre Männer nur unter einem einzigen Aspekt aus: der Fähigkeit, ihre Herzen zu entflammen. Bedingungslose Liebe und auch Leid, wenn es sein muß!

Ich allerdings habe mit dieser Tradition gebrochen, da ich schon als Kind gesehen habe, wie die Folgen des »Und sie lebten glücklich bis an ihr Lebensende« aussahen. Zwar wäre mir nie die Idee gekommen, mich aus Berechnung mit jemand einzulassen, aber mir fehlte auch jede romantische Illusion.

Meine Karriere in Italien erlaubte es, eine zweite Wohnung in Rom zu nehmen. Deutschland war zwar das Wirtschaftswunderreich, aber Italien war luxuriös. Mein Empfinden, Quasimodo ähnlich zu sein, verging allmählich. Natürlich, es bedarf immer einer Person, der man gefällt, um sich selbst zu entdecken. Bei mir war es nicht ein Mann, der mit einem Kuß den Dornröschenschlaf beendete, sondern eine Frau. Es war auch kein Kuß.

Damals wie heute war es üblich, von jedem jungen Starlet Badebilder zu machen, um die Gazetten mit Frischfleisch zu füllen. Zu den bekanntesten Fotografen zählte eine Frau namens Chiara Samugheo, selber eine sehr schöne Frau mit einer tiefen Stimme. Wir fotografierten in Ostia, und sie sagte mir, ich solle mich ins knöcheltiefe Wasser legen. Sie fotografierte mich von oben. Ihre weiche, einschmeichelnde Art, Kommunikation zu ihr durch die Kamera zu fordern, nahm mir das Gefühl, nur häßlich zu sein, wie ein Löschblatt Tinte aufsaugt. Nicht daß ich mich plötzlich schön fand, aber ich konnte ihr Begehren erwidern. Ich war gut genug. Wurde nicht verstoßen, sondern angenommen. Es war für mich eine Einführung in die Welt der Erotik. Alles ist möglich. Nichts durch Gier beendet.

Die italienische Filmwelt bestand zum großen Teil aus jenen aberwitzigen Coproduktionen, bei denen sowohl vor als auch hinter der Kamera Dutzende Sprachen gesprochen wurden, was wunderbar ging, denn der Inhalt der Texte und die Aussagen erreichten gerade Kindergartenniveau. Es war alles so herrlich unernst.

Ob man sich versprach oder nicht, war völlig egal, denn alles wurde synchronisiert.

In den Jahren zwischen zwölf und fünfzehn drehte ich ununterbrochen irgendwelche Filme, in denen ich als junge Christin entweder von Löwen gefressen oder von Soldaten vergewaltigt wurde. Für beide Szenen genügte der gleiche Gesichtsausdruck; insofern war das, was ich für die Arbeit brauchte, hauptsächlich Disziplin – nicht um mich mit den Rollen ernsthaft auseinanderzusetzen, sondern um in schweren Togen und Perücken in der brütenden Hitze nicht umzufallen.

Eine der ersten größeren Rollen in so einem Film erhielt ich, weil die vorgesehene Darstellerin tatsächlich noch weniger spielen konnte als ich. So wurde also aus der vergewaltigten Christin die romantische Geliebte, die vom Helden Gerettete, die »Sie lebten glücklich bis an ihr Lebensende« von Steve Reeves.

Der Film hieß *Die letzten Tage von Pompeji* und wurde im Hochsommer in Spanien gedreht.

Steve Reeves war irgendwann Mr. Universum und spielte in der Zeit kraft seiner geölten Muskeln viele Rollen. Er war ein besonders netter Mensch, wirklich. Das hat mich sehr für die Amerikaner eingenommen: je größer die Rollen, desto kleiner die Staralüren. Das liegt sicher daran, daß in Amerika viele Schauspieler ihr Brot jahrelang als Kellner oder in ähnlichen Stellungen verdienen müssen und der Zufall entscheidet, ob sie ein Star werden oder nicht. In Deutschland, mit Theatertradition und Schauspielschulen, nehmen die Stars es gern als selbstverständliche Gerechtigkeit, wenn sie »oben« angekommen sind. Jedenfalls war dies in den fünfziger Jahren die Regel – wenn auch mit großen Ausnahmen, die die Regel bestätigen.

Wir drehten in der Nähe von Madrid. Während dieser Produktion entdeckte meine Mutter ihre Liebe zum Stierkampf, und ich glaube, es gab keinen Sonntag, an dem wir nicht in der Arena waren.

In diesen Filmen gab es traditionell neben der geschändeten Christin die Sexbombe. Das war hier eine riesige, schöne Blonde mit gigantischen Brüsten – einer Vargasfigur (100-58-96)! Angeblich war sie vor (und vielleicht auch nach) diesem Engagement ein gutbezahltes Callgirl in Paris. So wie sie aussah, muß sie viel Geld verdient haben.
Sie war besonders nett zu mir, und wir gingen oft zusammen schwimmen. Einmal war der Regieassistent dabei, und seine Begeisterung für sie war in seiner Badehose sehr deutlich zu erkennen. Ich fand das sehr komisch. Sie benahm sich cool und damenhaft. Mich mochte sie, weil ich wahrscheinlich die einzige war, die ihr keine Neid- und Konkurrenzgefühle entgegenbrachte. Wir wurden wirkliche Freundinnen.

Wie schon erwähnt war das am meisten geforderte Talent bei diesen Dreharbeiten die Erhaltung eines fotografierbaren Äußeren und nicht die Vielfalt der Darstellung, und wir Schauspieler in mehrschichtigen Togen und komplizierten Frisuren hatten alle Mühe, dies bei 50 Grad im Schatten auch durchzustehen.

Es gab damals mehr als heute gerade in der Filmwelt einen sehr großen Unterschied zwischen der Frau, die für ihren Lebensunterhalt außer Haus arbeitet, und jener, die es geschafft hat, ohne auch nur Tee kochen zu können, das juwelenbehängte Aushängeschild und Symbol des Erfolges und Reichtums ihres Mannes zu sein. Solche Frauen gibt es heutzutage kaum noch. Sogar eine Ivana Trump arbeitet. Also stellt man sich eine Art Ivana Trump in gleich »bescheidener« Aufmachung vor, die ohne ein Schweißperlchen auf der Stirn (oder sonstwo) pastellfarben auftritt, während die Schauspieler, der Ohnmacht nahe, zwischen den Szenen auf Stühlen Kräfte sammeln. Jeder kann sich denken, daß so eine Pastellige Unmut auslöst, wenn sie fordernd auf einen Stuhl blickt.

Meine blonde Kollegin sprach ebenso wie ich Französisch und Deutsch und sagte, als die französische Produzentengattin, auf unsere Stühle blickend, ankam, zu mir auf französisch: »Wenn diese Fotze denkt, daß ich für sie aufstehe, täuscht sie sich.« Meine Kollegin war aus Versehen in die falsche Sprache gerutscht.

»Wie bitte?« fragte die Gattin schrill.

Da war nun gar nichts zu machen, und ich mußte weglaufen, weil ich mein Lachen nicht mehr unterdrükken konnte.

Die Gattin erschien nie wieder am Drehort, aber die Freundin überlegte immer genau, ob sie gerade die richtige Sprache sprach.

In dem Film spielte auch Fernando Rey mit, ein spanischer Schauspieler, der vor allem durch seinen *Diskreten Charme der Bourgeoisie* weltberühmt wurde. Seine Spielweise in dem Togaschinken war kein bißchen anders als bei Buñuel, was wieder zeigt, daß der Regisseur beim Film in einer wahrhaft gotthaften Position ist.

In Spanien machte ich dann einen weiteren Film: *Ein Thron für Christine*, und ich fühlte mich plötzlich wieder so eingezwängt wie beim *Rosen-Resli*. Vorbei war die schöne Zeit, da ich getarnt durch Toga und Perücke mich mit diversen Kollegen vergnügt und ohne großen Druck durch anspruchslose Produktionen werkeln konnte. Plötzlich war er wieder da, dieser Überdruck, und meine Mutter war ganz schön biestig, wenn ich auch nur den geringsten Widerstand leistete. Auf der einen Seite war ich ja total gehorsam. Wie mein Vater ein richtiger kleiner Zinnsoldat.

Texte lernen, Emotionen aus sich winden. Schöne Kleider tragen. Das alles ist doch nicht so schwer. Ist es auch nicht. Nur fand ich es nicht interessant. Ich mochte die Arbeit dann nicht, wenn sie zwangsläufig zum Mittelpunkt wurde. Während der Arbeit konnte ich das nicht tun, was für mich das Wichtigste im Leben war: Dinge und Menschen beobachten und die Zusammenhänge zwischen Ereignissen erkennen. Ich träumte damals davon, Archäologie zu studieren.

»Die süße kleine Doofe, nun ist sie Filmstar und will Archäologie studieren.«

Das Posieren in Badeanzügen war zur Routine geworden. Der kindliche Rückzug in mich selbst verhinderte, daß ich mich zur jungen Frau entwickelte. Das heißt, körperlich war alles vorhanden, nur im Kopf war da nichts vom spielerischen, flirtiven Umgang mit Männern.

Während der spanischen Zeit entwickelten sich zwischen meiner Mutter und mir ziemliche Spannungen. Sie sprach immer öfter davon, daß ich keinen Charme hätte und mir überhaupt viel fehlen würde. Geist, Witz und Können. Wenn sie als Managerin nicht so geschickt gewesen wäre, dann wäre ich nicht in diesem Geschäft. Ich hatte mich aber so sehr in mich zurückgezogen, daß mir solche Vorwürfe nicht sonderlich viel ausmachten.

Während der Dreharbeiten zu *Ein Thron für Christine* – der Film wurde in Madrid und Mallorca gedreht – verliebte ich mich in mein »romantisches Interesse« – einen gewissen Angel Aranda. Plötzlich offenbarte sich der Zustand der Verliebtheit sozusagen als ein Terrain, das für andere tabu war. Nun hatte ich etwas, zu dem weder die Mutter noch der Regisseur Zugang hatten. Etwas, das mein war, mir gehörte, nicht zu fotografieren war und somit nicht kommerzialisierbar.
Dachte ich. Ich war verliebt in Angel als Insel der Freiheit.
Und als wir wieder in Madrid waren, sollte er mich ausführen. Wir gingen zu Premieren und wurden fotografiert, als Paar sozusagen. Ein wenig wohl auch im Hinblick auf den bald herauskommenden Film. Meine

Mutter ließ mich. Ich ging also mit Angel aus. In Madrid geht man nie vor 9 Uhr 30 abends essen, und er führte mich in eines jener schönen Gartenrestaurants, die nach schweren, süßlichen Blumen dufteten und etwas Orientalisches hätten, wenn die Spanier in ihrem Stolz nicht so aufrecht und streng wirkten.

Beim Abendessen erklärte mir Angel, er hätte mich zwar gern, aber meine Verliebtheit müsse wohl in diesen platonischen Gefilden bleiben, denn er sei anderweitig orientiert.

Mir war das Schwulsein zu vertraut, um etwa entsetzt oder bestürzt zu reagieren, und unsere Beziehung änderte sich eigentlich nicht. Das Komische war, daß ich merkte, wie ich Verliebtsein einfach ausknipsen konnte. Wie ein Licht. Mir fehlte die romantische Projektion in das »Sie lebten glücklich bis an ihr Lebensende ...«

Nach dem Spanienaufenthalt ging es wieder zurück nach Rom. Inzwischen war ich körperlich zur vollen Weiblichkeit erblüht, und diverse Italiener fingen an, mir den Hof zu machen.

Allerdings hatte ich aufgehört, Galanterien als Interesse an meiner Unterhaltung zu werten, und war bereit zur Erkundung der Sexualität.

Der arme Mann, der sich in mich verliebte, war nicht zu beneiden. Er war ein italienischer Sänger aus reichem Hause. Seine Mutter lebte in einem riesigen Palazzo voller Reichtümer und sah aus wie ein Geier.

Üppig, jung und blond, wäre ich wohl ein nettes zusätzliches Dekorationsstück gewesen für das bereits wohlgefüllte Haus, und ein somit gern gesehener Gast.

Er führte mich aus, und es war klar, daß er mich heiraten wollte. Nur war ich erst vierzehn!

Mein Busen war voll, ich war wild nach russischer Literatur und konnte eine Mayastatue von einer Inka unterscheiden. Nur hatte ich auch eine große, ungelebte Kindheit in mir, und diese, glaube ich, sollte sein sexuelles Begehren ziemlich ramponiert zurücklassen.

Eines Nachmittags, nach vielen durchschmusten Kinobesuchen, Strandfahrten und ähnlichem war es ihm gelungen, mich in sein Junggesellenheim zu führen und eine Attacke auf die Hauptspeise im Liebesbankett zu starten.

Im Gegensatz zum Küssen fand ich dies nun gar nicht toll. In einer Art medizinisch-analytischer Beobachtung des Vorgangs fand ich es auch wahnsinnig komisch, dieses Geächze und Gestöhne. Auf jeden Fall hat es mir gereicht, um danach derartiges für einige Jahre abzuwehren.

Es haben sich natürlich auch andere Jungs um mich bemüht, und ich küßte ja für mein Leben gern und suchte mir immer Verehrer mit großen, weichen Lippen aus. Ich war wohl auch ein wenig sadistisch, weil ich mich vom Gefühl nicht einfangen ließ und andere Zärtlichkeiten abwies.

Irgendwann kam wieder mein Bruder an meine Seite, und mit ihm als Beschützer genoß ich eine phantastische Freiheit. Das Rom der fünfziger Jahre war eine sprudelnde, sinnliche Stadt. Wir konnten ausgehen, solange wir wollten. Meine Mutter war gegen uns beide machtlos, und solange ich meine Arbeit erledigte, reizend.

Ich bekam damals wieder eine große Rolle in Deutschland angeboten: *Alle lieben Peter*. Obwohl ich mich immer noch ziemlich defekt fand, genoß ich die Integration in eine Gruppe von Gleichaltrigen, und speziell Peter Vogel hatte es mir angetan.

Peter nannte mich das »Neurosen-Resli«. Ich fand das aber lustig. Er sagte, mein Hintern sei der größte in ganz Deutschland. Durch solche Sachen war ich nicht wirklich zu beleidigen, zumal ich in dieser Zeit in meiner fast autistischen Art des Erlebens ohnehin nicht normal reagierte.

Es gab wichtigere Dinge, die mich belasteten, und es war mir egal, ob mein Hintern zu groß war. Nur wenn jemand – das passierte natürlich gelegentlich – sagte, er liebe mich so, befiel mich ein abgrundtiefer Haß und Ekel. Unkontrollierte oder humorlose Emotionen erschreckten mich, ich wurde entweder gemein oder geriet so in Panik, daß ich ganz hoch auf das Dach eines Hauses stieg und so lange dort blieb, bis meine Begleiter entschwanden. Ich hatte Angst davor, mich jemandem anzuvertrauen.

Meine erste Erfahrung mit der männlichen Sexualität weckte keine erotischen Gefühle in mir. Ich glaube, man

60

kann sich erst nach Sexualität sehnen, wenn man sich selber sehr gut kennt und den passenden Partner »er-fühlt«.

Ich habe immer Freundschaften mit Männern gehabt, und in der Clique meines Bruders gab es einen Jungen – ich war damals fünfzehn, er sechzehn –, der lange Zeit nachts durch das Fenster in mein Zimmer kletterte. Wir küßten uns, und dann mußte er mir Märchen und Ge-schichten erzählen. Was er ganz toll machte! Ich konnte mich noch nicht richtig verlieben, mir waren die erwach-senen Lächerlichkeiten zu früh vorgeführt worden.

Ich arbeitete mal in Italien, mal in Deutschland, aber die München-Aufenthalte wurden immer seltener. Ich fühlte mich mehr in Italien zu Hause.
Mein Bruder hatte angefangen zu fotografieren. Eines seiner ersten Bilder machte er von mir nach einem unserer endlosen Spaziergänge an der Isar. Ich trug einen schwarzen Hut. »Twen« brachte das Foto ganz groß. So startete auch mein Bruder sehr früh eine Kar-riere.

Wir waren zu dieser Zeit einmal zu einem Fest in einer Bogenhausener Villa eingeladen, und da war ein blon-der Junge; wir setzten uns in sein Auto und redeten, weil wir uns beide auf der Party langweilten. Wir unterhielten uns über »schwergewichtige« philosophische Themen. Ungefähr drei Stunden lang.
Als er mich nach Hause brachte – ziemlich spät – war bei uns die Hölle los. Ich war ganz verwirrt. Meine Mutter

schrie herum, ich würde in der Gosse enden. Man hatte uns auf der Party vermißt und zu Hause angerufen. Offenbar glaubte meine Mutter, daß ich es mit dem Jungen »getrieben« hatte.

Ich habe in meinem Leben drei Nervenzusammenbrüche erlebt. Dies war der erste.

Meine schreiende Mutter, für die ich, seitdem ich denken konnte, folgsam arbeitete, bezichtigte mich auf eine so ungerechte Art und Weise, daß ich plötzlich spürte, wie der in den Jahren des Schweigens und der Duldsamkeit aufgestaute Groll in mir hochstieg, und ich fing an zu schreien. Es war wohl das, was die Psychologen den »Urschrei« nennen. Ich konnte auch gar nicht mehr aufhören zu schreien. Mein Vater, der zwangsläufig kaum mehr an meinem Leben teilhatte und der mich kaum noch kannte, kam aus seinem Zimmer und meinte, man müßte mich in eine Nervenklinik bringen.

Alles, was sich an Mißtrauen und ohnmächtiger Wut gegen die Eltern in mir aufgestaut hatte, machte sich in immer lauteren Schreien Luft.

Ich kann mich erinnern, daß mein Bruder mich in mein Zimmer führte und mich wie ein Kind wiegte, bis ich mich beruhigt hatte. Er war so lieb und liebend – ich glaube, ohne ihn hätten sie mich tatsächlich in die Klapsmühle gesteckt.

Wenn ich als Erwachsene nicht gelernt hätte, die Hilflosigkeit der Eltern zu verstehen, hätte ich sie mein Leben lang verachtet.

Meine Mutter und ich haben lange Phasen des Hasses

durchlebt. Sie sagt, sie habe viele Fehler gemacht. Wer hat das nicht? Viele sind für mich schwer zu verstehen, aus anderen habe ich gelernt, daß Vertrauen zu seinen Kindern wohl die wichtigste Voraussetzung für ein harmonisches Zusammenleben ist. Ich habe meinen Eltern nichts vorzuwerfen außer: Sie hätten mich *einmal* fragen sollen, ob ich Schauspielerin sein möchte.

Ich beschäftigte mich schon früh mit dem Buddhismus. Seine Lehren gaben mir mehr Ruhe und inneren Frieden als der katholische Glauben, in dem ich erzogen worden war. Das Schönste war, eins zu sein mit den Dingen, und ich verbrachte viel Zeit damit, zwischen den Drehpausen so lange auf Steine und Blätter zu gucken, bis ich mich selbst vergaß, was allerdings sehr einfach war, denn zu diesem Zeitpunkt wußte ich noch wenig über mich. Für den Erwachsenen ist die Versenkung eine harte Übung.

In Italien drehte ich manchmal zwei Filme gleichzeitig. Langsam war ich den stereotypen Christin/Vergewaltigte-Rollen entwachsen. Mit Stewart Granger spielte ich 1961 in *Lo Spadaccino di Siena* (deutscher Titel: *Degenduell*).
Ich kann wirklich nicht sagen, ob ich Talent hatte oder nicht, auf jeden Fall war, was immer ich zu bieten hatte, genug, um beschäftigt zu werden.
Und wir hatten auch einen schönen weißen Mercedes.

Den besagten Verehrer mit dem »ramponierten Begehren« gab es immer noch. Er wurde immer verzweifelter,

denn ich zog es vor, mit meinem Bruder tanzen zu gehen und über Nietzsche zu diskutieren. Wenn er nachts unter meinem Balkon maunzte und nach mir rief, gossen mein Bruder und ich einen Eimer kaltes Wasser runter.
Dann war er still.

Wenn in der Treibhausatmosphäre Roms irgendwelche Jünglinge Bemerkungen über meine Üppigkeit machten, sprang mein Bruder aus dem Auto und verteidigte meine Ehre mit seinem erzürnten Blick.
Italiener reagieren auf solche wortlosen Drohungen. Ich stellte fest, daß man lästige Verfolger schnell loswerden kann, wenn man in eine Kirche geht.

Obwohl ich sehr schöne Verehrer hatte, konnte ich mich in keinen verlieben, mir waren damals die Italiener nicht cool genug.

Irgendwann fuhren wir zu Probeaufnahmen nach London für den Film *Exodus* von Otto Preminger. Er hatte eine wunderschöne Frau als Freundin. Eine Dunkelhaarige.
Ich hatte es so satt, immer noch als blonde Dampfnudel durchs Leben zu gehen. London war ein überwältigender Eindruck. Die Art der Kommunikation gefiel mir sehr. Die Männer waren so zurückhaltend und geheimnisvoll. Wäre ich nur einen Tag länger geblieben, ich hätte mich sicher verliebt.
Auch Cordula Trantow, eine junge, herbe Schauspielerin, war da. Sie gefiel mir sehr gut, sie war so ernsthaft.

9 Der brave Kinderstar bei einer Premiere in Bochum, 1954

10 Privataufnahme, 1954

11 Nach der Kommunion, 1955

12 Mit Heinz Erhardt und Elke Aberle, Vera Tschechowa, Susanne Cramer sowie Carsta Löck in Erich Engels' Filmschwank »Witwer mit fünf Töchtern«, 1957...

14 Als blonde Christin, die entweder gleich vergewaltigt oder von den Löwen gefressen wird, ca. 1959 ▷

13 ...und mit Peter Kraus in dem Film »Alle lieben Peter« von Wolfgang Becker, 1959

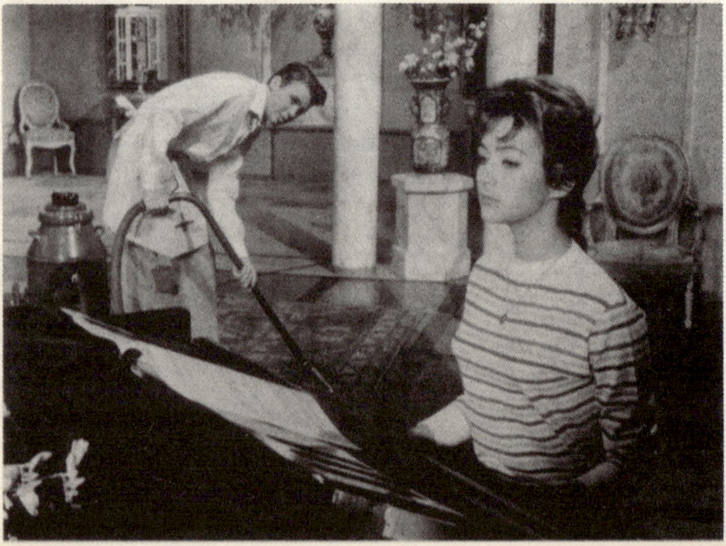

15/16 Mit meiner Mutter in Palma di Mallorca (links) und mit meinem Bruder im Swimmingpool der Villa Rosa in Madrid, 1959

17 Schnappschuß am Starnberger See, 1958

Aber weder sie noch ich bekamen die Rolle, sondern eine entzückende kleine Engländerin, Jill Haworth.

Die Probeaufnahmen brachten mir zwar nicht den Film *Exodus*, wohl aber weitere Probeaufnahmen für einen amerikanisch-deutschen Film mit dem Titel *Stadt ohne Mitleid*. Damals war ich nur noch selten in Deutschland. Für die Probeaufnahmen fuhr ich nach München.
Meine Mutter informierte mich, daß die Deutschen mich zwar nicht wollten, aber dafür die Amerikaner. Es sollten zwei Szenen gespielt werden: ein Tränenausbruch und eine Liebesszene im Bikini.
Seit meiner Kindheit hatte ich die Fähigkeit, vor der Kamera weinen zu können, sozusagen stellvertretend für die Gefühle, die ich in meinem eigenen Leben nicht empfand. Diese Szene war also nicht problematisch. Mir war es allerdings furchtbar peinlich, im Bikini Probeaufnahmen zu machen. Außerdem mochte ich den Probepartner nicht.
Der Regisseur, Gottfried Reinhardt, war sehr behutsam. Gemessen an der Tatsache, daß dies immerhin eine Hollywoodproduktion mit Kirk Douglas sein würde, war ich nicht besonders erpicht darauf, die Rolle zu bekommen. Meine Kinderängste vor der Ablehnung meiner Mutter waren völlig weg. Es muß die Hölle für sie gewesen sein. »Christine, das undankbare Kind.« Der Satz klang mir noch jahrelang in den Ohren.
Es waren zwischen uns zu viele Dinge vorgefallen, um ein normales, vertrauensvolles Verhältnis von Mutter und Tochter zu haben. So hatte sie zum Beispiel die

Briefe der einzigen Freundin, zu der ich in diesem Reiseberuf eine Beziehung entwickeln konnte, unterschlagen, und ich war traurig, daß sie mir nie antwortete. Eines Tages fand ich das Bündel Briefe. Meine Mutter mochte das Mädchen nicht.

Ich war, als wir *Stadt ohne Mitleid* drehten, völlig schizoid. Auf der einen Seite wach und lernbegierig, was das Leben anging, auf der anderen wie tot, vollkommen desinteressiert, was den Beruf betraf, der das Leben finanzierte, weil er mich an meine Mutter und ihre totale Kontrolle über mich band.

Die Zusammenarbeit mit den amerikanischen Kollegen war gut. Mir gefiel ihre Umgangsweise. Deutsche Kollegen erzählten herum, daß man mir die Rolle nur gegeben hätte, weil ich offensichtlich so »erfahren« in Liebesszenen sei. Bei dieser Arbeit fiel mir auf, wie stark sich der Selbsthaß der Deutschen in den Menschen, speziell Frauen, reflektiert, die sie im Ausland repräsentieren.

Die Amerikaner waren so nett und hilfsbereit. Wenn ich eine Szene verpatzte, wurde ich mit Humor und Nachsicht zu einer besseren Leistung angeregt. Kirk Douglas kam immer wieder zu mir und meinte, ich würde sehr sensibel spielen und reagieren.

Ich hatte zur Schauspielerei gar keine Beziehung. Es war das, was ich brav als Kind gelernt hatte, artig zu erledigen. Spaß machte es mir, in den Drehpausen mit den Kollegen zu pokern. Zwei der Soldaten, die mich in diesem Film vergewaltigten (schon wieder!), wurden später berühmt: der eine, Robert Blake, in Truman Capotes *In cold blood* (deutsch: *Kaltblütig*), und der andere, Richard Jaeckel, in einer Fernsehserie.

Kirk Douglas war sehr flirty, was mich zum Kichern brachte. Wir sollten uns später in Hollywood oft sehen.

Nach der Arbeit an diesem Film gingen wir wieder nach Italien, wo – wie schon gesagt – ich wesentlich lieber war als in Deutschland. Hier wurde man immer bekrittelt. Die Italiener waren selbst beim Kritisieren spielerischer; es war nichts so bierernst.

Bevor *Stadt ohne Mitleid* herauskam, gab es ein Angebot für einen Film mit Tony Curtis und Yul Brynner, der in Südamerika und Hollywood gedreht werden sollte: *Taras Bulba*.

Ich aufgeregt: Nach Südamerika! Reisen, mein Liebstes! Zuerst ging es nach London. Dort wurden die Probeaufnahmen gemacht.

Zwischen *Stadt ohne Mitleid* und *Taras Bulba* setzte ich das erste Zeichen meiner Ablösung von dem, was meine Mutter »erfolgreich« aus mir gemacht hatte, ich aber in Wirklichkeit nicht war. Ich ging zum Friseur und ließ mir das gehaßte Blondhaar in ein Prä-Punk-Schwarz umfärben.

Der Effekt auf meine Psyche muß erstaunlich gewesen sein, denn auf dem Nachhauseweg fühlte ich mich wie ein neuer Mensch. Ich glaube, es war das erste Mal, daß ich Gefallen und Interesse an mir registrierte und es mir

gefiel. Sonst war ich immer gehuscht, möglichst unsichtbar. Jetzt ging ich mit festem Schritt mit der neuen
Haarfarbe und einem neuen Selbstbewußtsein.

Die Blicke der Männer schmeichelten mir, sie waren wie
ein Streicheln. Ich fühlte, daß sie Anerkennung aus-
drückten. Ich war so glücklich, wie ich sonst nur beim
Tanzen mit meinem Bruder war. Jetzt spürte ich, daß
ich mir gehörte, Macht über mich hatte. Meine Mutter
guckte einigermaßen erstaunt, aber ich glaube, daß mein
triumphierendes Strahlen sie auch glücklich machte,
denn eines ist sicher: Sie hat mich nie absichtlich gepei-
nigt, sie war nur dem Geschmack und den Zielen ihrer
Zeit gefolgt.

Die Änderung der Haarfarbe war ein Signal für meine Art
und Weise, Dinge radikal und unerwartet zu ändern. Vor
Jahren hatte meine Mutter das erstemal gemerkt, daß ich
mich nicht unterwarf. Auch wenn ich folgsam war. Sie
hatte mich aus irgendeinem Grund geohrfeigt, und an-
statt zu zucken oder ängstlich zu reagieren fragte ich sie:
»Du glaubst doch wohl nicht, daß mir körperlicher
Schmerz was ausmacht?« Ich war zwölf oder dreizehn.
Das Resultat jahrelanger körperlicher Disziplin in der
Kinderarbeit hatte auch auf der privaten Haut Spuren
gezeigt. Ich war innerlich beinhart. Nicht ehrgeizig,
sondern unerreichbar. Absurderweise war es gerade
diese Erkaltung, die später oft Männer an den Rand
rasender Leidenschaft brachte.

Der Produktionsleiter des Films kam nach Rom; er war
der erste Mann, bei dessen Anblick mich ungezügelte

sexuelle Gier befiel. Mit fast siebzehn wohl auch das richtige Alter für das Erfühlen sexueller Affinitäten.

Wir lernten uns bei der Agentur kennen. Ein Termin wurde ausgemacht, und ein paar Tage später sollte ich nach London fliegen. Er war ein sehr cool aussehender Mann, mit dem köstlich verächtlichen Gesichtsausdruck von Angelo.

Wir gingen zusammen essen (wir aßen nicht sehr viel), landeten bald im Hotel, und es war ganz toll. Er war intelligent, gutaussehend und witzig. Wir paßten sinnlich sehr gut zusammen – ich liebte ihn nicht. Er gefiel mir, und es war eine leidenschaftliche Begegnung. Es bestand jedoch für mich kein Grund zur Annahme, daß dies jetzt ein »Sie lebten glücklich bis...« bedeutete.

Vielleicht hört es sich schockierend an, daß eine Sechzehnjährige sich einen Mann als Lustobjekt aussucht. Ich dachte weder an romantische Liebe noch an die Miete. In meinem Leben hatte ich kein einziges Beispiel für die Notwendigkeit oder Wahrhaftigkeit des 50-Jahre-Konzepts gesehen. Insofern war meine Art zu wählen eine Vorwegnahme einer späteren Einstellung zu Ehe und Familie.

Es war ein paar Monate vor meinem siebzehnten Geburtstag.

Inzwischen war ich Vegetarierin, in Valentino gekleidet und schon einen weiten Schritt weg vom folgsamen verängstigten »Rosen-Resli«, weit weg von deutscher Zucht, Ordnung und Ernsthaftigkeit.

Die Aussicht, allein nach Südamerika zu fliegen, machte

mir kein bißchen Angst. Mir standen in meinem Kopf ja fünf Sprachen zur Verfügung. Meine Mutter mußte bleiben. Sie hatte noch kein Visum.

Fliegen war damals so neu und luxuriös, daß keine Flugangst mein Vergnügen störte. In Buenos Aires wurde ich von einem zur Produktion gehörenden Mann abgeholt, und meine Wahrnehmung von der Stadt blieb sehr schemenhaft. Wenn man viele Städte gesehen hat, fangen sie an, einander im Eindruck zu überdecken, und Buenos Aires kam mir vor, als hätten sich Berlin und Madrid vermischt. Am nächsten Tag sollte ich nach Salta fliegen, wo in der Pampa der russische Hintergrund aufgebaut war, in dem der Film *Taras Bulba* spielte.

Der Flug beeindruckte mich mehr als das Madrid-Berlin-Gemisch Buenos Aires.

Das Flugzeug war winzig und so wacklig, daß der Urwald, den wir überflogen, in ständigem Wechsel von einer Totalen zur Großaufnahme zu sehen war. Eine Achterbahnfahrt über eine bezaubernde Urwaldlandschaft voller Lianen und exotischer Bäume.

Sehr bald wich die Freude des Schauens einem Brechreiz, und ich mußte mich übergeben. Dies tat ich so dezent wie möglich. Vor mir saßen zwei südamerikanische Geschäftsleute, die unbeeindruckt von meinem labilen Zustand zwinkerten und lächelten, was meine Übelkeit verstärkte. Männer!!

Grün und schwankend entstieg ich dem Flugzeug, wo ich die netten amerikanischen Abholer nur mit großer

Disziplin in stehendem Zustand begrüßte. Man brachte mich nach Salta ins Hotel.

Dieses Salta sah genauso aus, wie man Südamerika aus Filmen kennt: kleine, helle Häuser unter dem riesigen Horizont, der doppelt so hoch zu sein scheint wie der europäische. Noch war ich zu wacklig, um die Umgebung zu genießen und die Menschen wahrzunehmen.

Im Hotel packte ich meine Sachen aus. Die Valentinogewänder waren hier bestimmt nicht das richtige.

Ich stand gerade unter der Dusche, als es klopfte. Ins Badetuch gewickelt und mit nassem Haar öffnete ich. Der Mann vor der Tür stellte sich als Sheldon vor; ein witziger Presseagent aus New York, mit dem ich jahrelang befreundet blieb.

Er erzählte mir später, daß er völlig hingerissen war von der nassen »badenden Venus«. Ich versuchte indessen, ihn möglichst schnell loszuwerden, damit er nicht sah, wie fehlerhaft ich war. Ich fühlte mich lebendig, glücklich, allein und unkontrolliert.

Am ersten oder zweiten Tag wurde ich von Tony Curtis zum Essen eingeladen. Es waren noch ein mexikanischer Schauspieler und eine junge Frau dabei.

Das Haus, in dem Tony wohnte, lag sehr romantisch in der südamerikanischen Nacht. Es spielte eine Jazzversion von »Summertime« oder so was, und für uns Frauen lagen weiße Magnolien auf dem Tisch. Ich steckte mir meine ins Haar, und das Mädchen zerrupfte ihre.

Wenn man jemanden kennenlernt, der im eigenen Leben Bedeutung haben wird, so spürt man dies ganz deutlich. Für mich war es, als ob ich einem Teil von mir begegnet wäre. Er war mir völlig vertraut. Wir schliefen schon in der ersten Nacht miteinander. Als er mich nach Hause brachte, fiel mir auf, daß er der erste Mann war, bei dem das Wort Liebe keine Panik in mir auslöste. Er war zwanzig Jahre älter, der Unterschied für mich weder sichtbar noch bedeutend. Er war verheiratet. Nun, ich wollte ja auch nichts von ihm. Weder Ehe noch Karriere interessierten mich. Nur das Leben. Dieses Desinteresse an dem, was sonst für viele Frauen wichtig war, sollte Tony an mich binden.

Als Tony und ich im Morgengrauen die Straße zu meiner Wohnung entlanggingen, fiel mir ein Traum ein, den ich als Kind mehr als einmal geträumt hatte: Ich lief durch die Straßen einer hellen Stadt mit subtropischer Vegetation. Ich war dort daheim. Durch ein Tor ging ich in ein Haus. In dem Haus war mein Mann. Er hatte schwarze Haare und blaue Augen.
Damals hätte ich auf Elvis Presley getippt. Es sah nun mehr nach Tony Curtis aus!
Ich hatte sicher Glück. Denn er lebt noch.

Vorerst aber mußte er weg; uns blieben nur ein paar Tage. Tony flog nicht, er machte alle Reisen mit Schiff, Auto oder Bahn.
Ich nehme an, die Nachricht, daß diese kleine, unschuldig aussehende Schlampe aus Deutschland sofort mit dem verheirateten Star ins Bett gegangen war, hat sich wie ein Lauffeuer in dem gelangweilten Team verbreitet.

Die Dreharbeiten hatten begonnen. Die Kostüme waren für meine Figur äußerst vorteilhaft. Zudem hatte mir Tony so viele Komplimente gemacht – ich sei so aufmerksam, sensibel und hätte einen so schönen Hals –, daß ich mich immer wohler in meiner Haut fühlte.

Es ist eine amerikanische Umgangsart, Frauen Komplimente zu machen, die sie aufblühen lassen. Jeder gelöste Mensch ist auch angenehm anzusehen.

Ich entspannte mich mir selbst gegenüber.

Die beiden berühmten Fotografen Inge Morath und Ernst Haas sprachen bei den Dreharbeiten Englisch mit deutschem Akzent und waren soviel witziger und angenehmer als viele Deutsche, die in Deutschland lebten. Sie hatten sich hier eine neue Existenz geschaffen und trugen nun zur Lebendigkeit und Kreativität Amerikas bei.

Bei den Arbeiten lernte ich einen jungen Südamerikaner kennen, mit dem ich schnell ein Kumpelverhältnis schloß. Er fotografierte wie mein Bruder, und da ich öfter tagelang drehfrei hatte, fuhren wir mit seinem Moped durch die Anden. So erlebte ich wieder den mir angenehmsten Teil der Filmarbeit: Reisen und Kennenlernen anderer Länder und Menschen.

Oft fuhren wir einen halben Tag, nur um in einem ganz hoch gelegenen Dorfladen richtige Indios zu sehen. Einmal trafen wir dort eine Frau, auf einem riesigen Getreidesack sitzend, die ich nie vergessen werde. Ein vollkommen ebenmäßiges Gesicht von goldener Hautfarbe. Schmale dunkle Augen, die unverwandt und majestätisch ins Leere blickten. Sie war so unbewegt wie eine Statue. Lange Zöpfe unter dem Indianerhut, der Mund mit den schönen, scharfen Kanten verzog sich zu keinem konventionellen Lächeln. Es war, als existierten wir für sie gar nicht.

In Salta selbst lernte ich natürlich auch die anderen Argentinier kennen.

Wieder die »Rüschenunterhosenmädchen«, die mir auf meine Frage, warum sie so lange Haare auf den Beinen hätten, antworteten, die Indios hätten keine, deshalb ließen sie ihre als Zeichen des Unterschiedes nicht entfernen.

Meine Mutter kam bald nach, und es war sehr dicke Luft zwischen uns. Sie war so empfindsam, daß sie, ohne Tony gesehen zu haben, spürte, daß nun der Mann da war, der ihr das Kind wegnehmen würde.

Das Kind war für sie auch Beruf, und sie hatte sich ja meiner Karriere geopfert, und daß ich nicht mit Leib und Seele Schauspielerin war, blieb niemand weniger verborgen als ihr.

Mit sechzehn hatte ich schon fast zehn Jahre in diesem darstellenden Beruf gearbeitet. Ich wollte so dringend leben, aber ein Leben, das ich nicht durch ständig auf mich gerichtete Augen finanzieren mußte.

Geldverdienen ist mir tatsächlich auch nie beigebracht worden. Nie bekam ich es direkt ausgezahlt, meine Mutter verwaltete es. Sicher waren die Früchte der Arbeit um mich, aber es war nie etwas, wozu ich eine wirkliche Beziehung bekam. Real war für mich nur der kleine Teil des Lebens, in dem ich unbeobachtet sehen und fühlen konnte.

Sandy rief über Kurzwelle an. Ihn mochte meine Mutter gern.

Von Südamerika flogen wir nach Rom; ich glaube, ich mußte dort irgend etwas fertigdrehen. Dann ging es kurz vor Weihnachten nach New York.

Das New York von 1961 hatte überhaupt nichts mit dem New York von heute zu tun. Armut und Elend hatten noch nicht den Mittelstand und den gedankenlosen Glamour angefressen.

Im Hotel erwarteten mich Blumen von der Produktion und ein Goldarmband von Tony. Damit hatte ich allerdings nicht gerechnet, ich wußte ja, daß er verheiratet war, und hatte bestimmt nicht vor, seine Ehe zu zerstören.

Allerdings war für mich die Vorstellung einer Ehe etwas sehr Nebulöses. Die Eltern haben ja keine richtige Ehe geführt. Wir waren auch keine »richtige« Familie. Ein Kinderstar verhindert ein normales Familienleben, es sei denn, alle anderen sind auch in dem Beruf.

Es wurden Titelfotos von mir für »Look« gemacht, und in »Life« waren auch viele Bilder von mir.

Als wir in Hollywood ankamen, war für meine Mutter das Ziel ihrer Bestrebungen erreicht, und ich fühlte ganz deutlich, auch für mich war es ein Ort, in dem ich mein – wenn auch noch unbewußtes – Ziel erreichen würde: mit der Schauspielerei aufhören.

Als sechzehnjähriger europäischer Backfisch landete ich in Hollywood, es war Nacht. Ich konnte in dem neonbeleuchteten architektonischen Wirrwarr der Stadt zunächst nichts Besonderes entdecken.

»Hollywood« bedeutet nichts, wenn man diesen Beruf nicht liebt, und die Schauspielerei war für mich nur das zwangsläufige Beiwerk von spannenden Reisen.

Zwischen Mutter und mir entbrannte ein Kampf der Werte.

Jede der beiden Perspektiven ist eigentlich legitim. Sie hatte die Wertvorstellungen, die man logischerweise nach einem Krieg wohl hat: Geld und Ruhm. Dinge, die, wenn auch unbewußt, eine Phantasie von Unsterblichkeit beinhalten.

Ich wiederum hatte eine Kindheit hinter mir, die einem armen Kind der Biedermeierzeit entsprach: Arbeit und Leistung. Sicher, in einem wunderbaren, »sophisticated«, anspruchsvollen Rahmen, aber der wahre Lebensluxus ist die Geborgenheit. Nur aus ihr entwickelt sich eine realistische Lebenswahl.

Mutter und ich wurden im Château Marmont untergebracht. Als ich am nächsten Morgen durch den Park ging, konnte ich gar nicht verstehen, wie diese wunderschöne Vegetation in einer Luft gedeihen konnte, die so schrecklich war. Das war typisch für mich: Blumen und Pflanzen interessierten mich mehr als Interviewtermine.

Die Schönheit von Los Angeles hat etwas Geheimes.

Man entdeckt diese Schönheit nicht gleich, und sie offenbart sich auch nicht jedem.

Es gefiel mir, daß so viel Raum zwischen den Dingen zu sein schien. Selbst Milchholen dauerte eine Stunde.

Zwischen Begegnungen, Einkaufen, Interviews gab es immer endlose Fahrten und Spaziergänge, bei denen Zeit war, über das Vorgefallene nachzudenken.

Das kalifornische Wetter bekam mir gut. Ich wachte nicht mehr ganz so verquollen auf, und die Amerikaner waren sehr komplimentfreudig.

Menschen mit Komplexen sind unter gewissen Umständen interessant, und ich kann mir vorstellen, daß ich mit meinen geheimen Kinderängsten und Komplexen äußerst kurios war. Ich schämte mich wegen meiner großen Brüste (sie waren ja im Versuch, meine schwindende Kinderkarriere aufzuhalten, abgebunden worden). Wenn ein hechelnder Mann an mir herumtatschte, muß mein tief verwunderter Blick schwer zu interpretieren gewesen sein.

In dieser Zeit knüpfte ich, wie später noch oft, Freundschaften mit jüdischen Intellektuellen. Mich interessierte am meisten ihre unsentimentale Philosophie des Daseins.

In diesem Abschnitt meines Lebens zeigte sich am deutlichsten, daß mein Eigenleben nichts mehr mit meinem Karriereleben zu tun hatte. Mein echtes Ich war ein kleiner Mensch, der nach einem Sinn suchte hinter dem, was sich als Realität darstellte.

Ablauf und Atmosphäre der Dreharbeiten unterschieden sich kaum von den italienischen, auch sie waren im Gegensatz zur deutschen Arbeitsweise wesentlich lockerer. Ich wurde sehr verwöhnt und bekam viel Zuwendung von den Menschen, die mir auch später in der Arbeit am wichtigsten waren: Garderobiere und Maskenbildnerin. Ganz am Rande nur bekam ich mit, daß Yul Brynners Frau Doris geäußert hatte, daß ich zwar immer weiße Handschuhe trüge und überhaupt so artig aussähe, aber (sinngemäß) wohl ein verdorbenes Luder sei, denn ich hatte ja eine »affair« mit einem verheirateten Mann – Tony.

Mein Bruder besuchte mich während der Dreharbeiten zu *Taras Bulba*. Mit ihm lief ich stundenlang in Los Angeles spazieren, genau wie in München an der Isar. Einmal ungefähr drei Stunden von Westwood nach Hollywood. Nietzsche, glaube ich, war wieder das Thema.
Weniger philosophischen Vergnügungen gingen wir nach, als wir entdeckten, daß in den Supermärkten, in denen man Tag und Nacht einkaufen konnte, Musik spielte. Wir tanzten sämtliche Reihen auf und ab, unter Pirouetten füllte sich der Korb. Niemand guckte uns strafend an.
Günther vertrug sich ganz gut mit Tony und akzeptierte ihn eher als Mutter.

Zu einigen Außenaufnahmen fuhren wir in ein Schneegebiet in Kalifornien, zum Big Bear. Dort wurden wir in gemütlichen Hütten, den »lodges«, untergebracht. Wir besuchten Tony einmal zum Frühstück und sinnierten, warum die Eier so lange brauchten, bis sie gekocht waren. Günther erklärte den Zusammenhang zwischen Höhenlage und Kochzeit.

Tony lächelte und sagte: »Ah, Einstein.«

Günther lächelte zurück und sagte: »No, Zweistein.«

In dieser Zeit war mein Bruder wie fast alle unsterblich in Kim Novak verliebt und wollte sie gerne fotografieren. Tony und ich erlaubten uns, dem Achtzehnjährigen einen Streich zu spielen. Tony verstellte seine Stimme und rief bei Günther an: »Hier spricht Kim Novaks Sekretär, Miss Novak möchte gerne mit Ihnen sprechen.«

Mit einer schauspielerischen Leistung, die sicher alles, was ich vor der Kamera ablieferte, in den Schatten stellte, sprach ich in der Stimmlage von Kim eine ganze Weile mit Günther.

Plötzlich antwortete er nicht mehr; nach einem Augenblick der Stille hörte ich ihn mit einem sehr strengen Unterton »*Christine*« sagen ...

Tony, mein Bruder und ich waren eine sehr stimmige Gruppe, denn in Tony setzte sich die Kommunikationsart mit Männern fort, mit der ich durch Günther die besten Erfahrungen gemacht hatte. Er bedrängte mich nicht, gab mir Schutz, und wir hatten im Humor und auch in einer gewissen Verletzlichkeit eine starke Basis gefunden.

Während der Dreharbeiten gab ich Interviews.

Das alte Krokodil Louella Parsons ist mir noch in Erinnerung geblieben. Sie hatte ein unglaubliches Format. Sie war sehr interessiert, die kleine Schlampe aus Deutschland kennenzulernen. Ich habe sie wohl etwas aus der Bahn geworfen. Es herrschte eine total irritierte Stimmung.

Zwar hatte ich ein Verhältnis mit Tony, doch es gab auch einen Nebenbuhler. Aber ich tat nichts aus Berechnung.
In den Klatschspalten der Stadt galt ich längst als Femme fatale. Wie auch immer die klassische Definition lautet, soweit ich es beurteilen kann, gehören drei Dinge dazu: eine körperliche Attraktivität, die der Mode entspricht, eine Ähnlichkeit mit der Mutter des betreffenden Liebhabers und ein gewisses Desinteresse an seinen Liebesschwüren. Gerade letzteres traf und trifft auf mich besonders zu.
»Normales« interessiert mich nicht.
Das war vielleicht auch einer der Gründe, warum Tony und ich uns so sehr mochten. Er war kein Star für mich. Ich schätzte an ihm seine kreative Verrücktheit, und seine künstlerische Entwicklung in späterer Zeit bestätigt meine Sicht. Seine brillanten Assoziationen lassen ihn phantastische objets d'art schaffen. Auch Ölbilder, mit denen er Millionen verdient.
Als wir uns kennenlernten, waren wir wie gleichaltrige Kinder. Tony litt unter einem Mangel an Anerkennung, mir bedeutete die Welt, die ihm die Anerkennung versagte, nicht viel.

Die Geschichte, wie ich meinen Golden Globe Award erhielt, und vor allem das Erlebnis der Nominierung, beschreibt dies sehr genau. (Der Golden Globe ist der Kritikerpreis in Hollywood. Brandauer, der ihn 1986 erhielt, traf ich kürzlich auf der Straße. Ich sagte ihm, daß ich meinen Globe schon mit sechzehn Jahren bekommen hatte, worauf er humorvoll meinte, dann wäre er aber spät dran.)

Irgendwann während der Dreharbeiten sagte man mir, ich sei für den Golden Globe nominiert, und zwar für die Rolle in dem Film *Stadt ohne Mitleid*.

Einer der netten Presseagenten begleitete mich zur Nominierungsfeier. Ich trug wieder einmal eines der damals für mich obligaten hocheleganten Valentinokleider, lang und recht delikat.

Im großen Saal des Hotels nahe Downtown Los Angeles saßen die Nominierten an verschiedenen runden Tischen. Mein Begleiter und ich sprachen über philosophische Themen, was mich aber kaum von meiner aufsteigenden Panik ablenken konnte. Irgendwann, das war mir klar, würde ich aufstehen und mich vielen Menschen zeigen müssen. Dann würden sie unverbrämt sehen können, was mir meine Mutter – unbewußt – über mich beigebracht hatte: häßlich, blöd und verrückt.

In einem sehr damenhaften Ton (das hatte ich gelernt: Haltung zu bewahren) sagte ich zu meinem Begleiter, daß ich mich noch im *powder room* zurechtmachen wolle.

Ganz in der Nähe der Damentoilette fand ich den Ausgang, der auf eine Terrasse führte, von der aus ich in meinem langen Gewand affenartig auf einen hochgelegenen Lüftungsturm kletterte, auf den mir nur ein Akrobat hätte folgen können. Mir war die Nominierung scheißegal, die Hauptsache war, ich war in Sicherheit! Dort oben wartete ich, bis die ganze Sache drinnen vorbei war.

Weit unten konnte ich die elegant gekleidete Menge herausströmen sehen. Die Gefahr war vorbei. Bald erschien mein Begleiter auf der Terrasse und rief nach mir. Ich kletterte herunter. Er war mir nicht böse, sondern verstand mich. Wir lachten, als er sagte, das einzige, das ihn an meiner Abwesenheit gestört hätte, wäre gewesen, daß er durch die gaffende Menge gehen mußte.

Meine Beziehung zu Tony war – wie sich immer mehr herausstellte – nicht die Affäre eines älteren Lüstlings mit einem jungen Mädchen, sondern die Begegnung zweier Außenseiter, die einander Schutz gegen eine bedrohliche Umwelt gaben.

Ich mochte meinen Mann immer gern. Die vielen schrecklichen Dinge, die inzwischen vorgefallen sind und die wir überlebt haben, beweisen dies. Unsere Beziehung war nie sexuelle Leidenschaft. Dazu mochten wir uns zu sehr. Für mich sind Leidenschaft und ruhige Zuneigung widersprüchliche Gefühle. Er war für mich nie der ältere Mann. Eher der jüngere. Ich war aus einem bestimmten Grund reifer als er; das hat sehr viel mit der psychischen Situation des Schauspielers zu tun: Ich war ein Star, ohne es zu wollen, und ein »has-been«, also gleichzeitig auch ein Ex(kinder)-star, ohne darunter zu leiden.

Auch Auszeichnungen gaben mir nicht das Gefühl, mehr wert zu sein. Der Ablauf der Preisverleihung, die wenig später stattfand, hat einen Eindruck von mir in der Öffentlichkeit hinterlassen, der mir jetzt noch die Schamröte in die Ohren treibt.

Unentrinnbar war ich in dem großen, hellen Saal gefangen; bis zur letzten Sekunde hatte ich gehofft, den Preis doch nicht zu bekommen, solche Angst hatte ich, mich der Menge zu zeigen. Wie im Traum sah ich noch Marilyn Monroe in einem engen Kleid mit schönem, perligem Profi-Lächeln an mir vorbeischwingen.

Meine Angst hatte die Bilder jedoch wie mit Vaseline überschmiert. Als ich aufgerufen wurde, erklomm ich, einer Besinnungslosigkeit nahe, das Podest, erhielt den Preis und sagte »thank you«.

Als ich mich entfernen wollte, sagte jemand leise: »Aren't you going to say something more?« (Wollen Sie nicht ein bißchen mehr sagen?) Entrüstet antwortete ich: »Aber ich habe doch schon ›danke‹ gesagt!«

Jahre später erzählte mir Audrey Wilder lachend diese Geschichte. Das war es sicher, was meine Mutter mit »kein Charme« bezeichnete. Ich war jahrelang in der Öffentlichkeit tiefgefroren.

Nach Ende der Dreharbeiten zu *Taras Bulba* lebte ich, wie gesagt, wieder in Europa, flog aber für ein paar Tage zu Tony, der für mich und sich in Malibu ein Apartment gemietet hatte. Unsere Beziehung war immer sehr harmonisch, auch die Jahre später; es gab nicht einmal die Zankereien, die im Rahmen des Kennenlernens ganz normal sind. Das einzig Aufregende während des kurzen Aufenthalts war, daß ich bei einem Versuch, mich hausfraulich zu betätigen, das Geschirr mit Pulver in die Spülmaschine tat und dann alleine am Strand von Malibu spazierenging. Bei der Heimkehr sah ich schon von weitem einen dicken Schaumteppich aus dem Haus quellen, wie im Märchen zum Empfang ausgelegt. Ich hatte Waschpulver verwendet! Bis Tony nach Hause kam, hatte sich der Schaum verflüchtigt.

Bei der Abreise gab Tony mir vertrauensvoll 30000 Dollar, die ich in Europa einem Freund übergeben sollte für irgendeine Anlage.

Als ich in München ankam, freute ich mich sehr auf meinen Bruder und hatte eine riesige Tüte amerikanischer Schokoladensorten dabei, die es in Europa nicht gab. Während wir probierten und uns Geschichten über Vorgefallenes erzählten, klingelte es. Günther machte auf. Grinsend kam er ins Zimmer und fragte, ob ich nicht etwas vergessen hätte.

»Nein.«

»Nein?!«

Er holte den Kosmetikkoffer hervor. Der Taxifahrer hatte ihn gebracht. Es waren 30000 Dollar drin. Ich hatte ihn vergessen.

Wir waren dem Taxifahrer sehr dankbar und fragten uns, ob er so ehrlich oder einfach nicht neugierig war.

Durch den Hollywoodfilm war ich wieder »jemand«.

Die Aufmerksamkeit anderer schränkt jedoch das Leben und Erleben ein. Ich fühlte mich wieder eingezwängt, im Gegensatz zu Los Angeles, wo ich mit meinem Bruder sogar ungestört im Supermarkt tanzen konnte.

Ich drehte einen weiteren schlechten Film, bei dem ich mir nicht einmal minimale Mühe gab. Er hieß *Tunnel 28*, und die mangelnde Qualität hatte sicher auch mit meiner Darstellung zu tun.

Tony rief mich oft stundenlang aus Amerika an. Er war schon »mein neues Leben« und repräsentierte eine neue Welt, eine neue Lebensart. Wie in Hollywood rieten mir die Amerikaner auch hier davon ab, mich mit ihm einzulassen. Ich wäre zu gebildet und kultiviert für ihn. Aus deutscher Sicht war er eine Auszeichnung, ein »Hollywoodprinz«. Aus der amerikanischen Intellektuellenperspektive jemand, der im Gegensatz zu mir noch keinen Golden Globe gewonnen, keinen Nietzsche gelesen hatte und keine fünf Sprachen sprach. So what?

In Berlin hatte ich einige Freunde, vor allem eine junge Frau namens Christiane Höllger. Ich verehrte sie sehr. Sie war so klug.

Dann gab es noch einen Mann, den ich sehr lieb hatte. Nachts kletterte ich zum Fenster raus und besuchte ihn. Er hatte schon damals eine japanisch eingerichtete Wohnung und war ein »crossdresser«, trug gerne Frauenkleider. Ich schminkte ihn, und er las mir Konfuzius vor. Er war aber nicht homosexuell, was mich nicht gestört

hätte. Ich war damals fast ausschließlich mit Homosexuellen befreundet. Viele Jahre später sagte mein Freund
Günter Amendt zu mir, als ich ihm von einer neuen
Freundschaft dieser Art berichtete: »Christine, erzähl
mir bitte, wenn du einmal einen triffst, der nicht schwul
ist.«

Ich hatte also nur »Zwischenglieder der Gesellschaft« als
Freunde. Vor allem in der Bundesrepublik.

Als Tony mir nach Berlin folgte, füllten wir die Klatsch-
seiten. Ich wurde offiziell seine Freundin.

Nach Beendigung des Films reisten wir durch Europa.
Beim Reisen erkennt man schnell, ob man zusammen-
paßt. Obwohl ich dauernd übersetzen mußte (für Tony
und seinen Presseagenten), zeigte sich in dieser Zeit, daß
wir sehr gut zusammenpaßten.

Kunstbegeistert und mit einem ähnlichen Sinn für Humor ausgestattet, waren wir harmonisierend verrückt.

Wir flogen nach Madrid, um uns Bosch-Bilder im Prado
anzusehen. In Paris besuchten wir Tonys Freund, den
amerikanischen Maler John Levee und dessen Frau Marie
Claude. Ich bin mit beiden bis zum heutigen Tage
befreundet. Tony nicht.

Wir waren selbstverständlich das ideale Paar für alle
paparazzi und beobachteten einen Fotografen auf dem
Dach gegenüber unserem Hotel George V, der bei seiner Arbeit fast heruntergefallen wäre.

Meine Mutter besuchte uns auch. Ich habe alles verdrängt, was diese schlimme Zeit betrifft.

Als ich ihr in Berlin sagte, daß ich nicht mehr mit ihr zusammensein möchte, verlangte sie die Hälfte der Gage meiner letzten Filme. Als Abfindung sozusagen. Sie hatte ja auch gearbeitet.

Am Flughafen in Paris geschah etwas, das mir zeigte, welche Feindseligkeiten einen berühmten Menschen treffen können, auch wenn er gar nichts »getan« hat.

Tony brauchte immer länger als ich, um sich fertig zu machen. Also kamen wir etwas weniger als eine Stunde vor Abflug an. Wir waren zu dritt. First Class Air France.

Der Mann am Schalter sagte auf französisch zu seiner Kollegin: »Wir werden ihn das Flugzeug versäumen lassen.«

»Was haben Sie gesagt?« fragte ich auf französisch.

Er wurde rot, es war ihm peinlich, denn er hatte nicht mit einer mehrsprachigen Entourage des Stars gerechnet.

Ich erzählte Tony, der die Spannung spürte, was der Mann gesagt hatte.

Natürlich klappte danach alles reibungslos.

Als wir in New York ankamen, mußte ich mich weiter hinter Tony halten. Ich war wütend und fassungslos, daß er mich, seine Geliebte, nicht neben sich zeigen wollte. Ich wußte nicht: Mädchen unter achtzehn galten als »jailbirds«, für erwachsene Männer verpönt: intime Beziehungen waren nicht erlaubt.

Tony zahlte meiner Mutter noch die Hälfte der Gage für

den nächsten Film, was ihn dazu veranlaßte, noch jahrelang zu erzählen, er hätte mich gekauft.

Stimmt ja auch irgendwie. Ich fand das immer lustig. Er wußte ja nicht, was er da gekauft hatte. Eine Frau, von der er nie leidenschaftliche Hingabe erfahren würde. Ich war zu jung.

In Los Angeles wohnten wir vorerst in getrennten Wohnungen in einem Apartmenthaus, einer Tudorkopie in Westwood. Ein Nachbar von uns war der Autor Dalton Trumbo. Tony sprach immer voller Respekt von diesem Mann, der auf McCarthys »schwarzer Liste« gestanden hatte.

Mein Geliebter war beschäftigt und ich vollkommen glücklich, fast immer allein zu sein. Meine Wohnung war leer, sonnendurchflutet, und im Gegensatz zu meinem bisherigen Leben mußte ich mich hier nicht in mich selbst verkriechen.

Ob die Telefonistin oder die Verkäuferin im Supermarkt – alle behandelten mich wie ein normales außergewöhnliches Mädchen. In diesem Land konnte damals praktisch keiner Außenseiter sein, denn fast alle waren es.

Der Wechsel von der Isolation ins Alleinsein bekam mir sehr gut. Ich wurde optisch zu einem Ebenbild der Zeichnung, die ich als Dreizehnjährige von mir gemacht hatte: Ich trug einen langen Zopf, war schlank, und meine Brust ließ sich mit einer Hand umspannen.

Ich hatte eine deutsche Freundin, die mit einem amerikanischen Journalisten verheiratet war.

Was an Schönheit in einem Menschen steckt, kann nur
zwanglos an die Oberfläche gebracht werden.
Durch Tonys Zuwendung entdeckte ich plötzlich Kör-
perregionen, die ich stundenlang im Spiegel studierte
und die mir gefielen: der lange Hals, die breiten Schultern, das dichte Haar. Das war schon okay. Ich mußte
nicht mehr verschämt durchs Zimmer streichen. Wenn
wir allein waren, konnte ich Tony durch meine Wort-
spiele zum Lachen bringen.
In dieser Zeit fand meine erste Selbstfindung statt.

Wir drehten zusammen den abenteuerlich schlechten
Film *Monsieur Cognac*. Ich war nur noch an dem Leben
interessiert, das sich mir bot, nicht mehr an Leistung und
der Existenzberechtigung durch Leistung.
Eines Tages sagte mir Tony (ich war gerade einen Monat
achtzehn): »In einer Woche fliegen wir nach Las Vegas
und heiraten.« Kirk Douglas und seine Frau sollten
Trauzeugen sein.
Mit Kirk war Tony schon lange befreundet; seine Frau
Anne war wie ich Europäerin.
Ich hatte mir nie die Frage gestellt, was nun mit meiner
Zukunft passieren sollte. Etwas Geld hatte ich außerdem,
in Amerika lag ein Teil meiner Gagen auf einem Konto,
wie es gesetzlich vorgegeben war. Heiraten? Ja, warum
nicht. Tony war der Retter aus der Welt, in die sich so
viele hineinsehnten und ich nur hinaus. Er verehrte

mich, fand es toll, daß ich mehrere Sprachen sprach, so viel mehr wußte als Frauen, die viel älter waren als ich.

Joe, Tonys Privatsekretär, hatte mein Hochzeitskleid bei Valentino bestellt. Hellblau.

Schon der Flug hatte für mich etwas Unwirkliches. In die Hotelsuite kam dann der Minister – der Geistliche –, wie es in Amerika üblich ist. Bis zu einem gewissen Punkt war mir das alles ein wenig wie »Marx Brothers«. Doch als dieser fremde Mensch fragte, ob ich in Gesundheit und Krankheit meinen Mann lieben wolle, mußte ich zum erstenmal seit Jahren weinen. »Bis daß der Tod euch scheidet.« Ich bekam bei dem Gedanken Angst. Tony war meine Welt, wenn er sterben würde, wäre alles zu Ende.

Das war nur ein kurzes, ungeteiltes Gefühl. Es wurde schnell von dem weiteren, heiteren Verlauf dieser komischen Zeremonie verdrängt. Der Besitzer des Hotels gab mir 500 Dollar in Münzen, die ich verspielte.

Am nächsten Tag stand in der Zeitung: »Tony Curtis heiratet Teenager.«

Wir sahen uns an und fragten im Kanon: »Wo ist hier der Teenager?«

Als wenig später der Film *Monsieur Cognac* (in Amerika *Wild and wonderful*) herauskam, schrieb der Kritiker von »Newsweek« eine witzige schlechte Kritik, die mit dem geistreichen, aber leider nicht ewig gültigen Satz endete: »Miss Kaufmann und Tony Curtis haben nach unserer Information während der Dreharbeiten zu diesem Film geheiratet, und wenn ihre Ehe diesen Film übersteht, wird sie alles überdauern...«

Hollywood

1962–1968

Die riesigen Ausmaße von Los Angeles sind nur mit dem Wagen zu bewältigen. Das macht diese Stadt zu einem Ort, in dem das gesellschaftliche Leben eine existentielle Rolle spielt. In den sechziger Jahren auf eine andere Weise als jetzt. Vor allem in den frühen sechziger Jahren, die noch vom Zeitgeist der Nachkriegswelt geprägt waren.

Als Ehefrau eines weltberühmten Mannes den Wandel der Zeit in der Illusionsmetropole zu beobachten, bot mir vielschichtige Ansichten, die ich jedoch aus meiner damaligen Perspektive – der eines achtzehnjährigen Mädchens – in Erinnerung habe.

Ich hatte großes Glück und konnte für unseren Freundeskreis Menschen gewinnen, die meiner Meinung nach innerhalb dieser Stadt zu den interessantesten Repräsentanten ihrer Zeit gehörten.

Wenn man als Achtzehnjährige in einen etablierten Gesellschaftskreis kommen will, führt der Weg über die Ehefrauen. Da ich mein Leben lang ältere Frauen spannender fand als gleichaltrige, konnte ich sie mit ehrlicher Zuneigung umwerben. Hatte man erst mal die

Frauen, fielen einem die Männer von alleine zu. Ich umwarb niemand aus Berechnung, immer nur aus Zuneigung. Ältere Frauen fand ich damals mehr als angenehm. So lebensklug und wissend, wie ich später sein wollte, wenn ich »erwachsen« war.

Berechnung hätte auch nichts genutzt, nirgendwo sind Augen schärfer auf Entlarvung trainiert als in Hollywood. Was sich für den Außenstehenden mit dem Wort Hollywood verbindet, hat wie bei vielen Wörtern lediglich Symbolwert. Denn schon damals wohnten nur noch wenige der »wichtigen Leute« in Hollywood. Die gefragten Stadtviertel waren: Beverly Hills, Bel Air, Westwood, Brentwood Malibu Colony und Holmby Hills.

Da sich zufällige Begegnungen, die ein Straßenleben als Voraussetzung brauchen, kaum in der Weite der Stadt ergeben können, gibt es nur Gettos.

Vor allem in den frühen sechziger Jahren. In der Zeit bevor sich der Drogenkonsum als »weißer Faden« durch alle Gesellschaftsschichten geschlängelt hatte.

Im Getto der »Berühmten« relativiert sich der Ruhm. Wer »draußen« als der große Star bewundert wird, steht nicht selten innerhalb der Welt, die ihn erschaffen hat, in der Hackordnung ganz unten. Im Alltag von Beverly Hills war der Star nichts Besonderes; nach dem zehnten Besuch beim Metzger war auch ein Star nur noch ein normaler Kunde.

Ob beim Metzger oder bei den produktiven »Machern« – es zählte sehr schnell nur die Person.

Es gab in Hollywood einen Witz, eine zynische Analyse des Hollywood-Glücks: »Glück ist, ein Star zu sein und einen besten Freund zu haben, der es nicht geschafft hat.«

Das stimmte sicher für gewisse Kreise, aber nicht für die, die meiner Beobachtung nach das echte Hollywood ausmachten.

Der Zweite Weltkrieg hatte viele der besten und interessantesten Menschen aus Europa vertrieben. Sie hatten sich hier zusammengefunden.

Unser Freundeskreis bestand hauptsächlich aus Immigranten. Ich war, gemessen an gleichaltrigen Amerikanerinnen, sehr gebildet und naiv zugleich. Eine Mischung, die Türen öffnete, die Tony bis dahin verschlossen waren.

Während der Dreharbeiten zu dem unsäglichen Pudelfilm *Monsieur Cognac* hatte unser Kollege Pierre, ein klitzekleiner Franzose, uns zu Jean Renoir und seiner Frau Dido gebracht.

Ihr Haus: umgeben von einem Olivenhain, ein kleines Stückchen Südfrankreich in den Hügeln von Beverly Hills.

Jean war ein riesiger Mann, eine glatzköpfige Fassung seiner oft von Renoir gemalten Mutter. Seine Herzlichkeit nahm einem jede Angst. Viele seiner Sätze sind für immer in meinem Gedächtnis geblieben, und ich hatte oft das Gefühl, daß er durch die Liebe, die man für ihn empfinden mußte, unsterblich werden würde. Oft kommen mir jetzt noch seine Worte und seine Stimme als Kommentar zu gewissen Situationen in den Sinn.

Seine Frau Dido war eine kleine, hübsche Brasilianerin, die eine ganz andere Energie ausstrahlte. Zwischen den beiden bestand wie bei Tony und mir ein großer Altersunterschied. Bei den Paaren, die ich mochte, war das fast immer so. Manchmal war auch die Frau älter als der Mann, wie zum Beispiel Ruth Gordon. Sie war sechzehn Jahre älter, aber niemand hätte es ihr angesehen.

Einmal sagte Jean Renoir: »Wenn man jung ist, bereitet man sich auf das Leben vor, wenn man alt ist, aufs Sterben. Ich bereite mich aufs Sterben vor.«

Ich hörte bei älteren, intelligenten Menschen immer genau zu, denn ihr Wissen vermittelt uns oft die Möglichkeit, Erfahrungen zu gewinnen, ohne etwas selbst erleben zu müssen.

Mein Gefühl sagte mir, daß Jean nicht so bald sterben würde, und er lebte tatsächlich noch lange, nachdem ich von L.A. weggegangen war.

Joe, Tonys Sekretär, und ich wurden sehr schnell Freunde. Er war ein großer schlanker Mann mit irischen Farben und einer lustig operierten Nase.

Mit ihm war ich in gewisser Weise intimer als mit meinem Mann. Eben so intim, wie man nur mit Menschen sein kann, zu denen kein sexuelles Verhältnis besteht.

Joe kümmerte sich um alles. Wir teilten die Liebe für Innenarchitektur und die Abneigung gegen die Innenarchitektin, die das erste gemeinsame Haus von Tony und mir einrichtete. Sie mochte grau, schwarz und weiß; ich gelb, braun und eierschalenfarben. Das Wohnzimmer wurde gelb, das Schlafzimmer beige und blau und dazwischen viele schöne Antiquitäten in warmem, naturbraunem Holz. Joe und ich hatten uns durchgesetzt.

Das Haus lag am Coldwater Canyon, einer der breiten grünen Straßen, die im Sommer Schatten spenden und vor Smog schützen. Es bestand aus mehreren relativ kleinen Zimmern und war eher gemütlich als prachtvoll. Die große Qualität des Hauses war seine Lage, denn hinter dem Haus war ein Süßwasserreservoir. Dahinter wilde, gelbe Hügel, in denen sich sogar Rehe tummelten. Manchmal, wenn man Glück hatte, wagten sie sich in der Abenddämmerung ganz nah ans Haus und fraßen irgendwelche zarten Triebe. Skunks gab es auch, die gibt es überall in Kalifornien. Man bekommt sie allerdings nie zu sehen, dafür bleibt der Geruch haften.

Kurz nach unserer Hochzeit flogen wir nach London, wo ich einen Crashkurs für Russisch machte, denn Tony war zum Filmfestival in Moskau eingeladen.
Hier hatte ich ein nettes Erlebnis: Danny Kaye, Tony und ich standen auf einer Treppe, eine Frau raste mit funkelnden Augen, die beiden berühmten Männer nicht beachtend, auf mich zu. Meine Verwunderung legte sich, als sie mir Stift und Papier entgegenhielt und mich strahlend fragte: »Audrrräi Chäpurrn?«
»Njet, leider nicht.«
Verdrossen, in mir nur ein Imitat zu finden, ließ sie mich stehen und zog von dannen.
Im Hotelzimmer erlebten Tony und ich den ersten

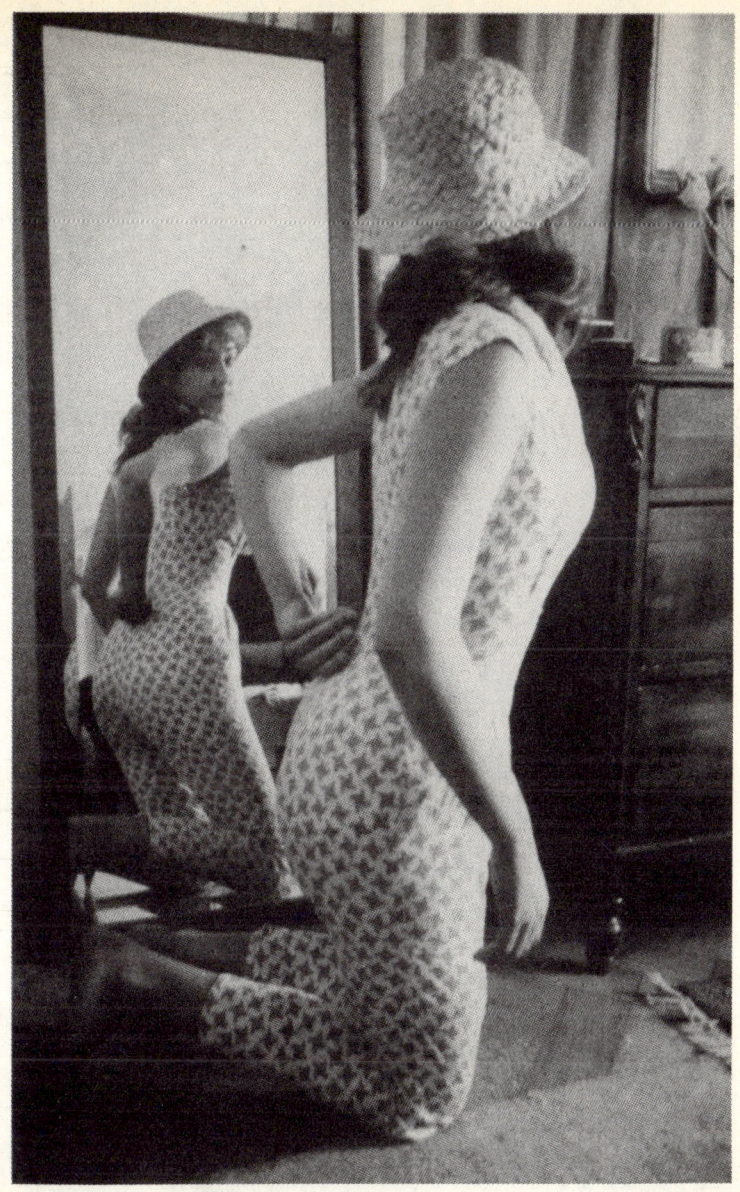

18 Als Backfisch – bzw. Dampfnudel – in unserer Münchner Wohnung, 1959

19 Mit Zully Moreno in dem spanischen Film »Ein Thron für Christine«, 1959...

21 Unter der Regie von Gottfried Reinhardt drehte ich 1961 den in internationaler Coproduktion entstandenen Film »Stadt ohne Mitleid«. Kirk Douglas spielte die männliche Hauptrolle. Einer meiner Partner war Gerhart Lippert. Für diesen Film erhielt ich den Golden Globe. ▷

20 ...und mit Don Murray in dem amerikanischen Film »Tunnel 28«, Regie: Robert Siodmak, 1962

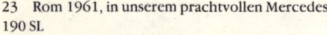

22   Mit meinem Bruder, 1959

24   Mit meinen Eltern in Straßburg, 1961   ▷

23   Rom 1961, in unserem prachtvollen Mercedes
190 SL

Härtetest unserer Ehe: Das Bett hatte ein Kuhle, in der wir unweigerlich im Schlaf um Platz kämpften. Wir blieben beide höflich.

Außerdem war Tony eifersüchtig, weil die Sowjets mir so oft die Hand küßten. Nach dieser Reise wußte er aber, daß es nie Anlaß zur Eifersucht gab, weil ich auf Flirtversuche gar nicht reagierte und er und Joe die einzigen Männer unter siebzig waren, die zu meiner Innenwelt vordrangen.

Während unseres Rußlandaufenthaltes hatte ein Perser uns bei einer Filmvorführung ins Ohr geraunt: »Persischer Kaviar ist besser als russischer. Ich beweise es Ihnen.«

Der Beweis waren zig Kilo Kaviar, die bei unserer Rückkehr nach L. A. ins Haus geschickt wurden.

Ich gab mein erstes großes Fest. (Ich sage das nicht egomanisch, sondern weil die Feste und Abendessen ausschließlich von mir geplant und dekoriert wurden.)

Es hatte sich herausgestellt, daß ich sehr gerne und gut koche. Wenige Jahre später waren die Essen bei den »Curtisses« eine Art gesellschaftlicher Glanzpunkt; sogar »Woman's Wear Daily« berichtete darüber.

Mein Gedächtnis ist zu schlecht und Joe leider schon tot, aber die Namen auf unserer Gästeliste waren oft wie ein »Who is who« in Hollywood.

Billy Wilder war auch auf diesem ersten Fest mit seiner Frau, die wie ein lebendig gewordenes van-Dongen-

Porträt aussah. Er machte mir die Komplimente, über die ich mich am meisten freute. Ich hätte hübsche Beine, würde aber immer rumlaufen, als wollte ich mich verstecken. Einige Jahre später sagte er mir, ich wäre intelligent, worauf ein kritischer Freund trocken und treffend meinte: »Das stimmt, aber sie macht nichts damit.«

Einige Menschen sind mir von diesem Fest noch in Erinnerung: Danny Kaye, (für mich) der Mann mit den elegantesten Bewegungen der Welt. Der Widerspruch zwischen seinen clownesken Intentionen und seiner elegant-erotischen Weise, sie zu vermitteln, war erstaunlich.
Lauren Bacall hatte eine unglaublich erotische Ausstrahlung, die mich faszinierte. Kräftige Beine und ein geschwungenes Becken, das sie selbstbewußt durch ihre Kleidung unterstrich. Sie war durchaus nicht unterkühlt, wie junge Schauspielerinnen oft meinen und sie so imitieren. Sie war hot and cool – eine spannende Mischung.
Ach ja, und Edward G. Robinson lag in unserem Bett, weil er (es war gerade eine Hitzewelle) eine Kreislaufschwäche hatte.

Mittlerweile hatte ich auch meine eigene Sekretärin, Helen, die mir lange eine Freundin war. Mit ihr fuhr ich in die Stadt. Wir waren bei einer Bekannten von mir, Francesca, die auf dem Robertson Boulevard ein Antiquitätengeschäft hatte.
Der Tag, an dem John F. Kennedy erschossen wurde, war

der Tag, an dem ich vom Arzt die Bestätigung meiner ersten Schwangerschaft bekam. Deswegen erinnere ich mich genau daran.

Zwei starke Gefühle.

Helen und ich waren öfter bei Francesca und tranken mittags ein wenig Wein, aßen Weißbrot und Käse. Helen telefonierte mit meinem Arzt und zwinkerte mir zu, das Testergebnis war positiv.

Ich bekam ein Kind. Ich wünschte mir eine Tochter. Tony einen Sohn. Er hatte schon zwei Töchter von seiner ersten Frau.

Die Schwangerschaft bedeutete für mich einen ganz eigenen Wert. Ich war ja ein achtzehnjähriges Kind, irgendwo stehengeblieben in meiner eigenen Welt, und hatte das Gefühl, daß in dieser eigenen Welt etwas wuchs, was vielleicht das erste war, mit dem ich Kind sein konnte.

Ich war auf meine eigene Art entrückt, während Helen und Francesca auf normale amerikanische Weise ihre Freude äußerlich zeigen konnten. Ein Toast wurde ausgesprochen, und im Radio spielte Musik. Als diese unterbrochen wurde und der Sprecher sagte, daß John F. Kennedy in Dallas angeschossen worden sei, spürte man sofort das Endgültige der Meldung, obwohl gesagt wurde, man hoffe, daß es sich um keine ernsthafte Verletzung handele.

Wir fuhren schnell nach Hause, um im Fernsehen die berühmten schreckensvollen Bilder zu sehen. Die allgemeine Panik, Jacquelines blutverschmiertes rosa Kleid bestätigten das Vorgefühl. Als der Tod gemeldet wurde, weinten alle. Auch unser herbes lesbisches Haushälter-paar. Die Trauer war, glaube ich, deshalb so groß, weil mit John F. Kennedy eine große, unrealistische Hoffnung gestorben war.

Meine Schwangerschaft machte mich sehr glücklich. Zu dieser Zeit war es Mode, Geister zu beschwören, und ich war ziemlich gut darin. Ich machte es nämlich allein und fand (durch was immer!) heraus, daß ich ein Mädchen bekommen würde. Mein Gynäkologe nannte mich »Prinzessin«, denn damals ging ich nie ohne Hut, Hand-schuhe und passende Tasche aus dem Haus. Als ich ihm von meiner Geisterprognose erzählte, lachte er. Ich bestellte bei Buccelatti in New York ein Amulett.
Dem Juwelier gab ich das Sternzeichen an, den Namen und ganz zuletzt das Datum: 19 July 64.
»But it's only January!«
»Ja, ich weiß, es ist erst Januar 1964 . . .«
Ich bestellte es trotzdem.

Meine Schwangerschaft machte nicht nur mich glück-lich, sondern amüsierte vor allem meine schwulen Freunde, weil ich so empfindlich wurde und mehr denn je körperlich ungewöhnliche Reaktionen zeigte.
Zum Beispiel gab es da eine Ehefrau mit Malerambitio-nen. Sie ging mir schon immer etwas auf die Nerven. Jetzt, als Schwangere, fiel ich jedoch in Ohnmacht, wenn sie mir zu nahe kam.
Es gab kaum eine Party, auf der sie fehlte.
Sie hatte bei ihrer eigenen Schwangerschaft, so erzählte

sie mir in grausigen Details, in der ersten Woche gleich dreißig Pfund zugenommen und das Übergewicht »nie wieder verloren«.

Meine Art, in Ohnmacht zu fallen, erheiterte Joe sehr, der das nun fast mehrmals täglich zu sehen bekam. Ich pflegte nämlich zu sagen, ganz damenhaft, ganz »Audrrräi Chäpurrn«: »Ich glaube, ich falle gleich in Ohnmacht«, um dann langsam in meinem Valentinogewand elegant zu Boden zu gleiten.

Die besagte malende Gattin hatte es nun wirklich auf mich abgesehen, und wenn ich sie erspähte, versuchte ich, möglichst rasch zu entkommen oder doch wenigstens im Sitzen von ihr überfallen zu werden.

Bald nachdem ich mit Alex schwanger war, flogen wir nach New York, wo wir im Hotel Pierre wohnten. Dort besuchte uns ein Freund, den ich schon seit meiner Backfischzeit kannte. Es war der Produzent Arthur Cohn, ein absolutes Unikum. Er ist ein sehr gläubiger Jude und wollte unbedingt, daß ich den jüdischen Glauben annehme, damit die Kinder auch jüdisch werden. Man kann nämlich nicht »halbjüdisch« sein, entweder man ist es oder man ist es nicht.

Bestimmend dafür ist das Glaubensbekenntnis der Mutter. Diese Möglichkeit matriarchalischer Macht beeindruckte mich, aber ich wollte meinem Kind die Freiheit lassen, selbst zu bestimmen, welcher Glaubensgemeinschaft es sich anschließen möchte.

Ich erfuhr, daß Ava Gardner sich auch in unserem Hotel

aufhielt, und schickte ihr als Zeichen meiner Verehrung einen Strauß pastellfarbener Blumen. Wenig später läutete das Telefon, und Tony kündigte mir ihre baldige Ankunft an.

Durch die Schwangerschaft bedingt, war ich damals gewohnt, früh zu Bett zu gehen. Wäre mir nicht ohnehin leicht schwindelig gewesen, so hätte es der Anblick dieser Frau geschafft. Sie kam wie ein Sommersturm in unsere Suite. Diese Frau war nicht nur schön, sie war elektrisierend. Immer wie ein Rassepferd vor dem Start.

Im Schlepptau hatte sie zwei kleine, süße, lustige Tunten. Im Mantel steckte eine Flasche Wodka, aus der Ava in Urmutterzügen trank.

Daß sie mit diesen Homosexuellen zusammen war, verstand ich gut, denn wenn jemand an ihrer Seite begehrlich war, würde sie nicht von der Stelle kommen mit dieser Art von Aussehen: Die vollen Lippen, die schmalen grünen Augen, das sah nach Sex aus, selbst wenn sie nur an die Einkaufsliste für morgen dachte!

Sie war entzückend zu mir, und ich brauchte wie immer eine Weile, um zu begreifen, warum. Natürlich!! Sie bekam nie Blumen von Frauen!

Wir gingen alle zusammen in eine Privatvorführung ihres Films *The Night of the Iguana*.

Ich verstand, wie sie ihre Schönheit mit Wodka zu zerstören suchte und gleichzeitig bei der Vorführung kommentierte, wann sie Tränensäcke hatte (»Ava, take those bags and go home...«), andererseits wußte sie

natürlich auch, daß sie an diese Schönheit als Verdienstquelle gefesselt war.

Die Amerikanerinnen haben immer schon mehr als die
Europäerinnen um die Vorteile und die Dramen der
Schönheit als Wirtschaftsfaktor gewußt.

Während ich mein Aussehen, das ich keineswegs mit
ihrem messen wollte oder konnte, zum Großteil durch
Diät und Disziplin erreicht hatte, war ihres ein Naturer-
eignis. Naturereignisse sind anderen Wandlungen unterworfen.

Sie vertraute mir später an, daß sie mit Tony und seiner
ersten Frau nichts anfangen konnte.

»Warum?«

Sie hätten immer so auf »glückliche Familie« gemacht.
Das konnte sie als Frau, die immer Begehrlichkeiten
auslöste, verständlicherweise nicht leiden. Außerdem
konnte sie die amerikanischen Mädchen nicht ausstehen, die immer sagten: »Ich bin erst sechzehn.«

In diesem Film spielte die Lolitadarstellerin eine Rolle.
Ich war neunzehn, aber Ava empfand mich von der
Ausstrahlung als älter, und sie raunte mir ins Ohr: »Du
wirst gut nach dreißig, das seh ich.«

So etwas von Ava Gardner zu hören, baut auf!

Von New York zurück, beschwor ich nicht nur luftige
Geister.

Henry Miller war bei uns oft zu Gast. Wir hatten uns auf
einer Party (wo sonst!) kennengelernt und entdeckt, daß
wir nicht nur beide Balzac-Fans waren, sondern speziell
die Geschichte »Peau d'Ane« (Eselshaut) mochten.

Nach dem Abendessen rief ich mit einer Freundin wieder mal auf dem Ouija-Brett die Geister. Plötzlich bekam ich einen herzlichen »soul kiss«. Henry sah mich grinsend an, hob die Hände entschuldigend hoch und sagte: »Ich konnte mir nicht helfen.« Wie ALF!!

Einen Tag vor der Geburt klingelte es an der Tür. Es war nachmittags. Ich öffnete, mein Bruder stand da. Wir hatten uns ewig nicht gesehen. Er war sehr süß, kniete sich hin und küßte meinen Bauch. Das machte mich glücklich. Jetzt waren meine Männer um mich versammelt.

Vor einiger Zeit hatte ich angefangen, ständig Möbel rumzuschieben, war sehr unruhig und konnte nicht still sitzen. Günther meinte, ich würde einen Rekord im Schwangerschaftsmarathon aufstellen, und hätte ich einen Zähler im Bauch, würde er mindestens 100 km pro Tag anzeigen.

Der nächste Tag war das von mir prognostizierte Geburtsdatum. Prompt fingen die Wehen an, und die Männer fuhren mich ins Krankenhaus. Eine Weile war es ganz gemütlich, der Bauch verwandelte sich rhythmisch in eine Kanonenkugel und wieder in einen Bauch. Plötzlich fingen die Schmerzen an. Ich wurde in den *labor room* gefahren und geriet in Panik, weil ich nicht darauf gefaßt war, daß es so weh tun würde.

Ich wollte nicht schreien, aber es tat so weh, und plötzlich, inmitten der Schmerzen, überfiel mich eine unendliche Trauer, weil ich niemanden hatte, nach dem ich hätte rufen mögen.

Schnell schob man mich in den Entbindungsraum. Ich war neunzehn und sehr durchtrainiert, und ich weinte vor Einsamkeit.

Ich muß sagen, was immer einem da in den Rücken gespritzt wird, es wirkte!

Innerhalb weniger Minuten gab es keinen Schmerz und keine Einsamkeit mehr, nur ferne Geräusche und einen gnädigen Schlaf!

Irgendwann tauchte ich aus der dunklen Nacht vorübergehend in ein helles Zimmer, zwei Männer waren da, Tony und Günther. Ich sagte Tony, es tut mir leid, daß es kein Junge ist. Mein Bruder weinte, ich küßte sein nasses Gesicht und schlief wieder ein. Nachts wachte ich auf und war allein.

Als ich Tony anrief, war er traurig.

»Warum?«

»Du hast nur deinen Bruder geküßt.«

»Es hat ja nur er geweint.«

Ich schlief wieder ein, wachte sehr früh auf und verlangte nach meinem Kind.

»Jetzt nicht, es schläft, und um acht Uhr ist Fütterung.«

Ich sprang auf und wollte zu meinem Kind.

Um den deutschen Sturm zu bändigen, rollten sie Alexandra rein und ließen uns allein.

Man hatte mir schon gesagt, daß sie besonders schön aussah. Wie ein Kaiserschnittbaby, gar nicht verdrückt.

Ich legte sie vor mich auf das Bett und mußte so weinen, daß ich gar nicht mehr aufhören konnte. Diese kleine rosa Teerose.

Wenn es für mich den Begriff »true love« gibt, dann nur in solch einem Gefühl. Es ist wie ein Stich, dieses Wissen, daß da jemand ist, den du für immer lieben wirst, bis daß der Tod euch trennt.

Und ich schwöre, als Alexandra die Augen zum erstenmal öffnete, wußte ich, daß hier eine ganz ungewöhnliche Person lag, von der ich viel lernen würde.

Ich war schon mit gepackten Koffern bereit, das Krankenhaus zu verlassen, aber es gab eine Pflichtzeit, die man abliegen mußte.

Jetzt waren bis auf meinen Bruder alle mindestens zwanzig Jahre älter als ich, was bedeutete, daß ich mich mit dem, was ich für mein Kind als richtig empfand, gegen ein ganzes Erziehungskonzept durchsetzen mußte.

Das fing ziemlich schnell an.

Ich stillte Alex natürlich, obwohl es noch gar nicht wieder Mode war und ich immer wie ein Kuhstall roch. Ich hatte so viel Milch, sie schoß ununterbrochen aus.

Natürlich hatten wir eine »Nanny«.

Das Baby schlief im ersten Stock. Als die Nanny Alex einfach hatte schreien lassen und mir erklärte, das wäre gut für Babys, sagte ich: »Das bezweifle ich, Sie können gehen.«

Es gab für mich nichts Schöneres, als mit meinem Baby mit den klugen Augen zusammenzusein. Soviel echte Liebe!

Wenn man etwas nicht bekommen hat, dann kriegt man es, indem man es gibt.

Zwanzig Jahre später traf ich in Lucca mit Alex auf Peter Zadek. Als wir einen Augenblick allein waren, fragte er: »Bilde ich mir das bloß ein, oder ist sie tatsächlich völlig normal?«

Es stimmt. Echte Liebe macht normal. Echte Liebe heißt vor allem Respekt. Ich respektierte sie von der ersten Sekunde an, und das war es, was mir meine erwachsene Umwelt ausreden wollte, nämlich das Nächstliegende: daß sie mir signalisieren würde, was sie braucht.

Nach sechs Wochen flogen wir nach Wien und wohnten im Hotel Imperial. Tony drehte den Film *The Great Race* mit Jack Lemmon und Natalie Wood.

Jack Lemmon ist, glaube ich, einer der wenigen Komiker, die auch im Leben humorvoll sind. Auf einem unserer Feste fiel mir ein völlig überflüssiger Zopf zu Boden; beide sahen wir erschrocken auf das braune Häufchen, und das Peinliche des Zwischenfalls überspielend, machte er eine kleine Nummer daraus: »Huhh, das ist ein Tier!!«

»Keine Angst«, sagte ich, auf sein Spiel eingehend, »es ist nur ein Zopf.«

In Wien gingen Tony, Jack, seine Frau und ich in ein sehr gutes ungarisches Lokal zum Essen.

In einem für Tony und mich typischen Einvernehmen reichten wir eine Schale mit höllisch scharfen Peperoni ohne ein Wort der Warnung an Jack weiter. Jack nahm eines von den Dingern, biß herzhaft hinein und stieß eine Art kontrollierten Tarzanschrei aus.

»Nein«, sagten wir mit vier unschuldigen blauen Augen, »wir haben nicht gefunden, daß sie besonders scharf sind.«

Geglaubt hat er es nicht.

Die Reise führte uns auch nach Paris, wo meine Mutter uns besuchte. Sie war so stolz auf ihr schönes Enkelchen und froh, daß ich glücklich war, daß sie die ganzen Zwistigkeiten vergaß. Ich auch.

Inzwischen hatte ich schon ungewöhnlich langes Haar, das zu einem Zopf gebunden war, und meine Mutter freute sich enorm über die Komplimente, die ich erhielt, als wir bei Christian Dior einkauften.

Bald flogen wir nach Los Angeles zurück und zogen in das neue Haus ein, das wir vor der Reise ausgesucht hatten. Es gehörte der Tänzerin Tamara Toumanova, einer Russin. Sie lebte in einer riesigen Villa allein mit ihrer Mutter.

Der Eindruck war so traurig und irgendwie auch typisch für eine Art Trostlosigkeit, wie sie gerade in Bel Air häufig anzutreffen war. Wie ein abgebrannter Feuerwerkskörper. Die Behausung eines ehemaligen »Stars«, ohne Kinder, ohne Familie, mit einem großen, unfüllbaren Haus, das bezeugt, wie irreal die Früchte des Ruhms sein können.

Mit der Einrichtung dieses Hauses etablierte ich mich auf jeden Fall als »hostess with the mostest«, als Dame des Hauses, die von all dem reichlich hat.

Befreit von jeder bevormundenden Innenarchitektin, hatte ich in Europa sehr schöne Antiquitäten gekauft und ließ eigens für die Vorhänge im Speisesaal in Portugal Teppiche weben. Alles in warmen Erdtönen. Als Ruth Gordon durch das Wohnzimmer ging, sagte sie mit ihrem spitzbübischen Lächeln: »Ah, Christina, this really suits you, but Tony still has to grow into it.« (Das paßt genau zu dir, aber Tony wird sich erst daran gewöhnen müssen.)

Ich war in der Zwischenzeit in die amerikanische »Vogue« gekommen, und Tony war sehr stolz, durch mich in diese Welt eingebunden zu werden. In George Cukors Augen war ich eine Respektsperson, weil ich auf einem unserer Dinners die Frau des berühmten Anwalts Melvin Belli respektvoll, aber bestimmt gebeten hatte, sich von dem Fest zu entfernen. Eine Tat, die jeder Gastgeber scheut. Sie war sehr betrunken und belästigte die Gäste mit nicht zu wiederholenden Schikanen. Das ist immer peinlich, auch wenn die Gäste weder spießig noch zimperlich sind. Es war ziemlich starker Tobak.
Tony hatte mich beiseite genommen und gefragt, »was zu tun« sei. Ich ging zu Melvin Belli, sagte ihm, daß seine Frau sich schlecht benehme, und bat ihn, mit ihr zu gehen. Er tat es und schickte mir am nächsten Tag Blumen.

Die Mutterschaft hatte mich, wenigstens was den Haushalt und das Kind anging, sehr »weltlich« gemacht.
Alexandra konnte schon mit einem Jahr sprechen und

gleich ganze Sätze. Ich hatte mich auch nie in der Babysprache mit ihr unterhalten (ich hätte mich gar nicht getraut). Ich war für sie so selbstverständlich, daß sie sich, wenn ich im Zimmer war, ohne sich umzudrehen, langsam hinsetzte, wissend, daß ich »vor dem Boden« da sein würde. Ihre Perspektive und ihr Blickwinkel faszinieren mich schon seit fünfundzwanzig Jahren. Sie brachte mir viel über logisches Denken bei.

Wenn ich abends mit Tony wegging, saß sie gerne mit ihrem Essen auf einem Tablett bei mir im Ankleidezimmer und sah mir beim Schminken zu.

Sie nahm ein bißchen Marmelade und schmierte sie sich auf die Wange. »Alex, you should not do that.« Darauf zeigte sie mit ihrem kleinen Zeigefinger auf das Rouge und auf meine Backe und meinte mit schelmischem Lächeln: »Why not, you do it.«

Mittlerweile war ich vehemente Health-Food-Anhängerin. Tony sah, obwohl schon über vierzig, phantastisch jung aus mit seiner samtig weichen Haut, die jeden Knaben in den Schatten stellte. Nicht daß es wichtig war, denn für Gleichaltrige interessierte ich mich nicht. Alexandra gab mir alles, was ich an Jungem brauchte: das Offene, Neugierige, Unverletzte.

In der Kindererziehung waren Tony und ich allerdings verschiedener Meinung. Ich glaube, da zeigte sich der Altersunterschied. Ich sah keinen Grund zum Zwingen. Hatte ich doch das Gezwungenwerden zu lange erlebt. Alex unterstützte mich. Zum Beispiel fand Tony, sie muß ihr »Breichen« aufessen. Er fütterte sie, bis der Teller leer war, und als wortlosen Kommentar erbrach sich Alex postwendend und war's zufrieden.

Tony behauptete, es ginge ihm deshalb so gut und er wäre niemals krank, weil ich, wenn es ihm schlecht ging, höchstens fragte, ob er »ein Glas Wasser« wolle.
Ansonsten war ich meinem Mann die perfekte Ehefrau. Ich glaube, er hatte keine Ahnung, wie dankbar ich war, nicht mehr für die Außenwelt funktionieren zu müssen. Für zwanzig Leute zu kochen war kein Problem. Ich las viel und lud interessante Menschen in unser Haus und war auf dieser Ebene völlig für ihn da. Im Gegensatz zu seinen anderen Beziehungen bemutterte ich ihn nie. Dafür hatte ich ja unser Kind. Bei Alex hatte ich Gefühle und Emotionen, die sonst für niemanden frei wurden. Die absolute Hingabe.

Für Sentimentalitäten war ich nie empfänglich, das beeindruckte Tony auch. Eines Abends kam er nach einem Telefonat zu mir und sagte, daß Doris Duke in Hawaii einen Bekannten überfahren habe.
Just in dem Moment weinte Alex im Nebenzimmer. Ich sprang auf, um nach ihr zu sehen, und im Vorbeigehen sagte ich: »Jetzt nicht, später.« Er fand es toll, daß ich radikal dem Leben zugewandt war.
Als Alex gefüttert war und in meinen Armen schlummerte, erzählte er mir, was geschehen war.
Doris Duke war so reich, daß sie sich Pfirsiche fürs Abendessen aus Hawaii einfliegen ließ. Biologische.

Ich nehme an, sie war nicht ganz nüchtern, als sie ihren Begleiter, einen entzückenden Innenarchitekten, aus Versehen mit ihrem Wagen niederfuhr.

Solche Sachen passieren bei den Reichen und Berühmten dauernd, wie die Berichte in »Vanity Fair« zeigen.

Als Alex etwas über ein Jahr war, wurde ich wieder schwanger. Wieder sagte das Tischchen, es wird ein Mädchen. Mein Arzt verbat sich meine Prognosen.

Wir trafen Walter Matthau auf dem Sunset, und er sagte: »Wann immer ich dich treffe, bist du schwanger.« Das stimmte. Ich war immer »mit Kind«.

Walter war auch privat ziemlich lustig, vor allem weil er so scharf auf seine lilienweiße Frau war und ständig an ihr rummachte, als ob sie sich gerade kennengelernt hätten.

Die schönsten Feste in Hollywood waren zweifellos die von George Cukor. Was immer es an gesellschaftlicher Sahne gab, bei George war sie zu finden.

Er war wie Tony ein ungarischer Jude, mit Witz und Feuer. Sein Haus lag in den Hollywood Hills. Er war in einer Art homosexuell, die es, soweit ich sehen kann, nicht mehr gibt.

Selbst auf die Gefahr hin, jetzt als verbohrt dazustehen, muß ich dies schreiben. Gerade in der homosexuellen Identität hat sich – wie in der der emanzipierten Frau – nicht viel zum Vorteil entwickelt.

George Cukor und der Fotograf George Hoyningen-Huene, mit dem ich auch befreundet war, repräsentierten eine sublime Form von Lebensgenuß. Homosexuell zu sein bedeutet vor allem das Bevorzugen einer Lebensstruktur, die, abseits der Familie, auf Ästhetik und – wenn man so will – auf einer feinstofflicheren Art von Kommunikation beruht.

Billy Wilder hatte gesagt, als Mann liebt man Frauen oder haßt sie, nur Schwule *mögen* Frauen.

In den Filmen von George sind die Frauen immer witzig und schön. Der Verfall des Frauenbildes wird natürlich auch im Film festgehalten. Obwohl sich der Trend in den achtziger Jahren wieder zur starken Frau entwickelt, war die Tendenz zum Mißbrauch der Frau in den sechziger Jahren analog zur sogenannten Emanzipation sehr deutlich erkennbar.

Auf den Fotos in Georges Haus waren die Spuren seiner sublimierten Frauenverehrung überall zu sehen.

Ob Greta Garbo oder Vivien Leigh, alle hatten ihn geliebt und sich in seinen Händen wohl gefühlt. George Hoyningen-Huene hatte viele der Bilder gemacht. Leider habe ich seine Fotos von mir nicht mehr. Er hat mich im Kimono fotografiert, seinen Augen war natürlich das leicht Mongolische in meinen Gesichtszügen nicht entgangen.

George Cukor hatte einen Speisesaal in Olivgrün, mit einem Licht, in dem jeder traumhaft aussah, und eine ungarische Köchin. Bei einer seiner opulenten Mahlzeiten wurde eine Nachspeise serviert, der man die 1000 Kalorien pro Löffelchen leicht ansah. Die Sorge um die

Taillenweite zeichnete sich in den Gesichtern der Anwe-
senden ab. Diese Blicke registrierend, sagte George:
»This is going to literally tear the fat off your bodies.«
(Dieses Dessert, meine Lieben, wird euch das Fett vom
Körper reißen.)

Nach dem Essen versammelte man sich in einem ovalen
Salon, dessen Wände mit rehbraunem Wildleder ausgeschlagen waren. Vor dem Kamin lagen weiße Kristalle, in
denen sich das Licht des Feuers brach. Gelegentlich kam
Kate Hepburn nach dem Essen, um Kaffee zu trinken.
Beim Essen war sie nie dabei, denn sie aß nur, »wenn sie
auch bequem sitzen konnte«.

Mit ihr und den beiden Georges konnte man die »Juwe-
len« dieses Landes entdecken, die natürlich für das
fremde Auge sichtbarer waren als für das »eingebo-
rene«. So fuhren wir in die Wüste, wo es einen Mann gab,
der große Steine in wunderschöne Formen schliff. Dort
hatte George auch seine Kristalle her.

Auf der Fahrt erzählte George Hoyningen-Huene von
seinen LSD-Erfahrungen mit Cary Grant und den Auto-
ren von *The Pillars of Wisdom*. Er meinte, obwohl er als
Fotograf »relativ gut« beobachten könne, läge die Erfahrung mit dieser Droge weit über allem, was er sich hätte
vorstellen können. Die Erzählungen über die Erlebnisse
mit bewußtseinserweiternden Drogen waren aus dem
Munde dieses gescheiten und berühmten Mannes Welten entfernt vom Hippiegesabber, das später Mode
wurde. Diese LSD-Erfahrungen wurden unter ärztlicher
Aufsicht gemacht.

Bei einer Einladung in Beverly Hills traf ich in einem

kleineren Zimmer des Hauses Judy Garland. Wie viele Frauen aus einer gewissen Zeit (die »fourties women«) war sie witzig und sensibel, weiblich und beinhart. Wir sprachen über die bizarren Aspekte des Kinderstardaseins. Sie erzählte mir, daß man auch ihr die Brüste flach gebunden hatte, damit sie kindlicher wirkte für den Film *The Wizard of Oz* (aus dem das Lied »Somewhere over the Rainbow« stammt). Während der Unterhaltung öffnete sie ihre große Handtasche und kramte gedankenverloren nach einem Tablettenröhrchen. Mit ihren großen braunen Augen sah sie mich an, dann noch kurz um sich, schluckte einige Tabletten und sagte: »Well, everybody says I'm addicted to pills so I might as well take them.« (Jeder sagt, ich sei tablettensüchtig, also kann ich sie auch ruhig nehmen.)

Humorvolle Distanz auch bei der Selbstzerstörung.

Sie war überaus faszinierend, denn irgendwie war sie schon verausgabt und ausgehöhlt, aber doch auch wieder stählern und souverän.

Im Laufe meines Aufenthaltes in Los Angeles entdeckte ich durch sehr gebildete Menschen die Schätze dieser Stadt. Mit Bob Willoughby, der die ersten Fotos von Tony, Alex und mir gemacht hatte, fuhr ich in einer abenteuerlichen Fahrt durch Downtown Los Angeles, in das man als normaler Prestigebewohner dieser Stadt nie kam – das Los Angeles, wie man es aus Krimis kennt.

Wir besuchten eine alte Frau, die ein kleines Holzhaus voller Tiffanylampen hatte. 1963 kaufte ich eine Lampe für 350 Dollar. Heute ist sie mehr als 10 000 wert.

Die Stadt bestand damals aus unvermischten, sozial bestimmten Gettos. Das machte manche Viertel sicher, andere gefährlich. Heute ist alles gefährlich, weil alles vermischt ist.

Billy Wilder war einer der ersten »Bonsai-Sammler«. In Santa Monica konnte man die kleinen Bäumchen im Japanerviertel kaufen. Die Leute dort sprachen kein oder nur wenig Englisch. Er war auch einer der ersten Filmleute, die Geld in ein Restaurant steckten: Le Bistro. Ein geschmackvoll eingerichteter Prominententreff exklusivster Art.

Er sagte damals, Amerika würde immer europäischer und Europa immer amerikanischer. Hat er recht behalten? Ich weiß es nicht. Im Bistro traf ich Romy, es war das erstemal, daß ich hier mit der deutschen Filmwelt konfrontiert wurde. Romy und ich hatten uns bei *Mädchen in Uniform* kennengelernt, obwohl von »kennen« eigentlich keine Rede sein kann.

Und nun eine Begegnung hier in L. A.

Ich blühte vor Glück. Sie sah mich lange an und sagte, daß sie mich so beneide. Sie hätte gerne Kinder und so ein Leben wie ich.

Im nachhinein denke ich, daß jeder Zufall nur ein unerkannter Zusammenhang ist.

Sicher hat uns die gleiche Energie nach Hollywood gespült. Ich hatte die Gelegenheit zu leben ergriffen. Sie war bestimmt nie so rücksichtslos wie ich. Romy war auch die einzige Schauspielerin, der ich diesen Satz abnahm – viele andere hatten mir (mit dem Lächeln der

Zufriedenheit über eine ausgeschaltete Konkurrentin) Ähnliches gesagt: »Wie schön für dich, schwanger zu sein und nicht mehr im Film zu arbeiten.«
Sie hat es ernst gemeint.

Mein Arzt sagte, Allegra werde am 20. Juli zur Welt kommen, meine »Geister« sagten am 11.! Sie kam am 11.
Der Unterschied zwischen beiden Geburten war fast symbolisch für die Änderung in meinem Leben.
Während der Schwangerschaft mit Allegra waren auch Dinge vorgefallen, die selbst in meinem Puppenhaus den Wechsel der Zeit durch die Ritzen dringen ließen. Tony machte gerade einen Film mit Sharon Tate. Es gab bei der Arbeit einen Mann, von dem er immer erzählte, wie gescheit und witzig er sei und daß ich ihn unbedingt einladen müßte. Eines Nachmittags, ich war im letzten Schwangerschaftsmonat, rief Tony mir beim Nachhausekommen zu, ich solle runterkommen, es wäre ein Gast da.
Ich kann mich genau erinnern, daß mich eine beängstigende Vorahnung befiel, als ich mit meinem Kugelbauch die Treppe hinunterging.
Die Änderung würde sich nicht mehr aufhalten lassen. Durch den langen Speisesaal ging ich in das Frühstückszimmer, das einer Laube ähnelte, und als ich den Mann sah, den Tony mir unbedingt vorstellen wollte, dachte ich: *Oh, nein!*
Nicht daß ich mich verliebt hatte, nur – er war ein Gegenüber.

Er war etwas jünger als Tony, doch das war es nicht. Es gibt Menschen – wenn auch nicht viele –, die einen neuen Zeitabschnitt signalisieren. Das war es.

Es hatte sich zwischen Tony und mir immer mehr herausgestellt, daß wir für eine echte Beziehung doch zu verschieden waren. Oder geworden waren. Ich war jetzt einundzwanzig und sah viele Dinge anders als mit sechzehn.
Dieser Mann wurde ein Freund des Hauses, er erzählte mir später, daß er sich bei den Dinners immer grün geärgert habe, weil ich so früh nach oben zu den Kindern ging.

Allegras Geburt war ein unglaubliches Erlebnis. An dem Abend war in der Klinik furchtbar viel los, und im Gegensatz zur ersten Geburt war ich nicht mehr fügsam, sondern kaum noch zu bändigen. Meine Schmerzen ließen mich etwas Seltsames erleben: Im Kreißsaal stieg ich plötzlich an die Decke und konnte von oben sehen, wie ich schreiend unten lag. Als Allegra herauskam, zoomte ich mich zurück. Ich hatte die Geburt von oben gesehen. Mein kleiner schwarzer Teufel schrie alle Schwestern zusammen. »Gute Lungen hat sie«, meinte eine. So wie die Geburt, war meine Beziehung zu Allegra – von einer weniger feinen, mehr emotionalen Art als zu Alex.
Alex war gerade zwei Jahre alt; als sie Allegra in meinen Armen sah, durchzuckte sie sichtbarer Schmerz, und sie schrie: »Schmeiß das weg!« Sie war so eifersüchtig, daß

ich die beiden nicht alleine lassen konnte, weil Alex das Baby sonst biß.

Die Aufmerksamkeit für die beiden Kinder, die Kraft und die Liebe mußte ich praktisch Tony entziehen. Ich nehme an, daß mein Mann zu dieser Zeit angefangen hat, mit anderen Frauen zu schlafen, und ich kann es ihm nicht verdenken. Er war sehr diskret, denn ich habe nichts mitgekriegt.

Wir fuhren wieder nach Europa. Ich stillte Allegra, bis sie die ersten Zähne bekam.

Während unseres Rom-Aufenthaltes entdeckte ich plötzlich, daß Männer mir den Hof machten.

Das »Verliebtsein« in den anderen Mann, das weder ausgesprochen noch wirklich gefühlt war, löste eine Allergie aus; ich konnte kaum mehr atmen. Das wurde so schlimm, daß ich eines Nachts in eine römische Klinik eingeliefert wurde, wo mir ein Arzt mit einem Drahtinstrument ein Loch in die Nasenschleimhaut bohrte. Warum, weiß ich bis zum heutigen Tage nicht. Der Schmerz und die Verzweiflung über meinen Zustand ließen mich auf einmal Haß und Wut gegen meinen Mann empfinden. Er war doch zwanzig Jahre älter und mußte mehr über das Leben wissen. Warum half er mir nicht? Doch er hatte schon vergessen, wie es war, zwanzig zu sein.

Ich bekam einen Nervenzusammenbruch (unkontrolliertes Schreien), klagte ihn an, nur an sich zu denken.

Ich war auf 49 Kilo abgemagert, ich konnte nichts mehr

schmecken und aß deshalb fast nichts. Stillte aber noch. Zwang mich, wenigstens so viel Nahrung aufzunehmen, daß ich genügend Milch hatte.

Wir fuhren nach St. Moritz, um dort meine Allergie auszukurieren. Leider war es eine Allergie mit psychischer Ursache.

An den Abenden im Palace trafen wir Alfred Hitchcock, der mir erzählte, daß er in diesem Hotel, wenn er auf dem Balkon saß und den Eisläufern zusah, den Anfang eines Films erträumte: Ein Mann sieht eine Figur auf dem Eis. Es zeigt sich, daß die Figur immer die gleichen Schleifen dreht. Es ist eine Zahl. 42, glaube ich. – »Das war alles«, sagte er, mehr war ihm noch nicht eingefallen.

Nach der Rückkehr in unser römisches Haus auf der Appia Antica wußte ich, daß ich schleunigst meinen Arzt in L. A. aufsuchen mußte, wenn ich nicht elendiglich zugrunde gehen wollte. Joe flog mit mir und den Mädchen zurück. Schon im Flugzeug hörte meine Atemnot auf, und ich erkannte, daß die Ehe mit Tony mich krank machte. Es quälte mich, daß ich nicht wußte, warum.

In Los Angeles erwartete mich unser drittes Haus. Das größte. Eine Art Palazzo mit sechs oder sieben Zimmern allein für das Personal.

Ich traf mich mit besagtem Mann (J. C.). Unser Gespräch machte mir klar, daß meine Märchenehe zu

Ende war. Ich empfand zu dem neuen Mann eine tiefe innerliche Beziehung.

Nach meiner Gesundung fuhr ich ohne Kinder noch einmal kurz nach Europa. Zwischen Tony und mir löste sich alles auf. Wir retteten uns in die Konvention, und nach meiner Rückkehr schaffte ich es noch eine Weile, meiner Rolle als »Dame der Gesellschaft« gerecht zu werden.

Das letzte Jahr meiner Ehe war eine lange Aneinanderreihung gesellschaftlicher Ereignisse; ein funktionierender Haushalt, der den einzelnen Familienmitgliedern Schutz gewährte.

Aber der Kernpunkt dieser Konstellation fehlte mir. Die innerliche Beziehung zu dem Mann, der auf jeden Fall die Basis des Unternehmens war.

Es stellte sich heraus, daß wir nicht streiten konnten. Es fehlten die Standpunkte. Ich hatte keinen; wußte nicht, wo ich stand. Auf die Dinners kamen immer mehr Gäste in meinem Alter, und sie hatten einen ganz anderen Lebensstil. Genüsse und Leidenschaften, die mich verwirrten.

Ich hatte angefangen, Kleider zu entwerfen und schneidern zu lassen, ebenso Häuser einzurichten.

Mein Geschmack war raffiniert, und es gab viele Frauen, die sich nach meinem Stil herrichteten. So schloß ich Freundschaft mit Carrie White, einer witzigen jungen Frau mit einem Frisiersalon in Beverly Hills. Bald waren in meinem Kopf nur noch Mode und Frisuren. Lauter oberflächlicher Quatsch. In dem riesigen Himmelbett lag ich nachts, und im Fernsehen zeigte man den Death Count von Vietnam.

Ich glaube, ohne die Lieder von Bob Dylan wäre ich noch verheiratet. Ich und Tausende anderer Frauen. Plötzlich beschrieb ein mir völlig unbekannter Mann Emotionen und Dränge, die meinen geheimsten Wünschen und Gefühlen entsprachen: »The Gates of Eden.« In den Fernsehnachrichten zeigte man, wie Frauen ihre Büstenhalter verbrannten.

Ich hatte immer den Eindruck, daß Menschen wie Holzstücke sind, die auf der Wasseroberfläche des Lebens treiben.

In der Jugend, bevor man sich formt, gibt es nichts, womit man gegen die Strömung angehen kann. Später (mit etwas Glück) lernt man, ein Schiff durch den Strom zu steuern. Die Richtung der Ströme können wir nicht beeinflussen.

Ich entdeckte etwas Erschreckendes: Ich war jung!! Etwas, das mir nie wirklich als Tatsache in den Sinn gekommen war. Als Kind in einer Erwachsenenwelt seinen Mann und eben nicht sein Kind zu stehen, hatte alle normalen Abspulungen des Lebens schief gewickelt. Bis zu dem Punkt hatte ich Gleichaltrige erfolgreich meiden können, aber diese Leute meines Alters (ich war 22) waren auf jeden Fall die Vorboten der neuen Norm. Wenn die Hippies Blumen in Gewehre steckten oder die Macht der Musik Politiker beunruhigte, so war dies eine Entwicklung, die aus all dem, was vorher war, resultierte.

Als Ehefrau eines reichen Mannes war ich außerstande, innerhalb dieses Reichtums wichtige Lebenserfahrung zu sammeln.

Der Zeitvertreib, der sich 1968 in Kalifornien bot, war irreal, geil und gefährlich.

Jeder Schutz bedeutet auch eine Einengung, und ich merkte, daß ich genau wie bei meiner Mutter von Werten umgeben war, bei denen ich nicht sicher war, daß sie auch meine waren. Es gab aber keine Diskussion, denn die Werte entwickeln sich aus Lebenserfahrung, und mein Mann, der Armut und Kampf schon hinter sich hatte, würde für mich als Begleiter meines bevorstehenden »walkabouts« nicht in Frage kommen.

»Walkabout« ist eine Bewährungsprobe, die die Aborigines von den heranwachsenden Jungen fordern: Sie müssen eine Zeitlang in der australischen Wüste allein, ohne Hilfe überleben und damit beweisen, daß sie alles, was sie darüber gelernt haben, auch anzuwenden verstehen. Haben sie das bewiesen, so werden sie als vollwertiges Mitglied ihrer Gesellschaft gewertet und akzeptiert.

Tuesday Weld war eine gleichaltrige amerikanische Schauspielerin – Hippie und Emanzipationsvorläuferin. Ich traf sie nicht oft, aber sie hat mich mit dem, was sie gesagt hat, sehr berührt. Wir saßen im Garten, der nach Magnolien und Luxus duftete, und ich erzählte ihr, daß ich mich nicht mehr wohl fühlte. Sie sagte, daß ich als Zweiundzwanzigjährige das Leben einer vierzigjährigen Matrone von Beverly Hills führte.

»Get the fuck out of here.«

Leicht gesagt.

Ich hatte auch eine »beste Freundin«. Es war Veronique Peck. Ihr Mann ist Gregory Peck. Sie führten eine gute Ehe, und ich glaube, ihre Wesensverwandtschaft war die Grundlage dafür.
Veronique konnte ich auch ein wenig von meinen Schwierigkeiten anvertrauen. Sie verstand mich, ohne daß wir im Wesen einander ähnlich waren. Veronique ist die Tochter einer Russin und eines Korsen. Ihre Mutter war für mich eine geistige Mutter. Als ich sie kennenlernte, war es, als ob ich einen Einblick in meine Zukunft bekommen hätte, und sie sagte mir oft, daß ich viele Dinge so intuitiv tat wie sie.
Sie erzählte, wie sie Veroniques Vater auf einer Party in Paris getroffen habe. Sie war mit einer schnellen Bewegung seine Zähne entlanggefahren und hatte daraufhin beschlossen, daß er der Vater ihres Kindes werden sollte.
Veronique hat auch tatsächlich die wunderschönen Zähne ihres Vaters geerbt. Ich habe sie nach der Geburt von Alexandra kennengelernt.

Tony bekam einen sehr gut bezahlten Job in Las Vegas, und so war ich allein in dem großen Schloß, mit Kindermädchen, Koch und vielen Angestellten. Eine Freundin von mir brachte »Gras« (Marihuana) ins Haus. Ich wußte von meinem Mann und anderen, daß es nicht gefährlich ist, und ich bin der lebendige Beweis dafür, daß Marihuana nicht unbedingt süchtig, noch Appetit auf andere

Drogen macht. In dem riesigen Haus verkrochen sich meine Freundin Marie Claude und ich in mein getäfeltes Ankleidezimmer und rauchten den Joint. Das ist gar nicht so leicht, wenn man ständig husten muß.

Marie Claude und ich fragten einander, ob wir was spürten.

»Nein.«

»Ich auch nicht.«

Wir hatten uns großartige Veränderungen vorgestellt, was natürlich nicht passierte. Nur, nach einer halben Stunde rollten wir uns vor Lachen auf dem Boden. Das war es also. Zumindest ein totales Ventil zum unkontrollierten Kindsein.

Es war Mode, ein bißchen zu kiffen und tanzen zu gehen, und ich ging jeden Abend tanzen. Wenn ich jemals meine Kinder vernachlässigt habe, dann in dieser Zeit. Ich ging jeden Abend aus und schlief am nächsten Morgen bis elf. Bis dahin hatte ich mein ganzes Leben nur im Kinderrhythmus verbracht: Früh aufstehen und früh zu Bett.

Tagsüber habe ich nie geraucht. Mit meinen Kindern zusammenzusein, war für mich immer der rauschhafteste Zustand.

Aber tanzen gehen und sich körperlich austoben, das bot sich in den Sechzigern an wie nie zuvor. Ich lernte über Sharon Tate einen Mann namens Steve kennen, der mir Joe ersetzte. Steve war auch schwul und so Freund und Freundin zugleich. Wir unternahmen nächtliche Expeditionen ins Reich von *drugs and dance and rock 'n' roll*. Die gigantischen Ausmaße von Los

Angeles förderten die Subkultur, es gab nichts, was in seinem Wachstum schnell eingeengt oder behindert werden konnte.

Gleich zu Anfang meiner Stippvisite in der amerikanischen Hippieszene bemerkte ich mit einem Instinkt, der schon fast als sechster Sinn zu bezeichnen ist, daß ich besser daran tat, in dieser Szene nur Zaungast zu sein.

Man konnte sehr gut so tun, als ob man kräftig mitrauchte, ohne zu inhalieren.

Die langen Fahrten im nächtlichen Los Angeles waren unter dem Einfluß von Gras unendliche Fahrten in schillernde Unterwelten. Steve und ich fuhren in Lokale, wo wir die einzigen Weißen waren. Soulmusik kann man gar nicht verstehen, wenn man nicht erfahren hat, wie es an so einem Ort riecht.

Es war der Ausbruch aus jeder Art von reglementiertem Tanzen, die ganze Tanzfläche war nur ein einziger tanzender Körper. Die damalige Annäherung von Schwarz und Weiß machte es ungefährlich, in solche Lokale zu gehen.

Wir waren alle so naiv, daß wir glaubten, am Beginn einer neuen, lebensbejahenden Phase der Menschheit zu stehen und daß das Gefühl, das sich im gemeinsamen Tanzen manifestierte, auch andere Bereiche durchdringen würde.

Naßgeschwitzt und ungeschminkt war man ungeniert jung und voller Recht auf Dummheit.

Meistens traf man in einer Kaschemme jemanden, der noch einen anderen Ort wußte, der in der Hippiesprache, die immer einfacher wurde, »a real cool hang-out« hieß, ein richtiger »Superschuppen«. Von riesigen Tanzsälen am Meer zu kleinen, schmuddeligen Transvestitenlokalen war ich immer dabei – ein Auge berauscht, das andere nüchtern, bis es plötzlich ein Lokal gab, in dem sich alles fand, was in dieser Zeit »hip« war. Es war riesig. Die Jugend bildete das Zentrum und das Establishment die Garnitur. Alles rauschte in den riesigen Tanzsaal am Santa Monica; es war für Los Angeles auch eine neue Art der Zusammenführung, weil nicht mehr selektiert wurde, wer wen kennenlernte – dieser Ort war eine Art Marktplatz, auf dem sich unabhängig von Farbe und Status Leute trafen, »that wanted to have a good time«, die das Leben einfach genießen wollten.

In meinem Fall war es eine lange Zeit nur das Tanzen.

Ich lernte Dino Martin kennen, der sechzehn oder siebzehn war. Ein Kind in gewisser Hinsicht und wie alle Jugendlichen, die ich traf, viel selbstbewußter als ich, denn im Schulhof lernt man, sich unter Gleichaltrigen zu behaupten. Solche Erfahrungen fehlten mir. Er war blond, jung und hübsch und repräsentierte eine Welt, von der ich in meiner Eheisolation nichts geahnt hatte.

Wir fingen an, jeden Tag miteinander auszugehen, und jeder dachte, wir hätten ein sexuelles Verhältnis.

Eines Abends rief mich Tony aus Las Vegas an und sagte mit berechtigter Empörung: »Ich habe gehört, daß du jeden Tag mit Dino Martin ausgehst. Ich

möchte, daß du mein Haus verläßt und nichts mit-
nimmst.«

Ich antwortete, daß ich meine Kinder mitnehme und er
sich alles andere sonstwo hinstecken könne.

Jung, grausam und unwissend wie ich war, beschloß ich,
sofort auszuziehen und nur so viel Geld zu nehmen, wie
ich am Beginn unserer Ehe gehabt hatte. An Alimente
dachte ich überhaupt nicht.

In dem Jahr vor der Trennung hatte ich mich bei Bekannten schon vorsichtig erkundigt, was man so macht, wenn
man als Frau aus der Ehe gehen möchte. Die Frau
unseres Hausarztes, eine sehr erotische Frau in der Art
von Jeanne Moreau, hatte mir auf meine zaghaften Fragen geantwortet: »Willst du zu Tony gehen und fragen,
bitte, was ist *separate maintenance*?«

Das Haus einer französischen Freundin in Bel Air war für
die wildeste und dämlichste Zeit meines Lebens die
Unterkunft für meine Kinder und mich.

Das Haus lag an einem sehr schönen Canyon von Bel Air,
im Stil ähnlich wie mein Haus, und so entbehrten wir
keinerlei häuslichen Luxus.

Marihuana hat mich nicht süchtig gemacht, aber ein Medikament, das mir mein Arzt gegen den niedrigen Blutdruck
verschrieben hatte. Diesem Medikament – wenn auch
nicht nur ihm – habe ich es zu verdanken, daß die Erinnerungen an diese Monate reichlich durchlöchert sind.

Damals war es bei den Ärzten geradezu Mode, Tabletten
zu verschreiben, die einen abhängig machten. Ich weiß

25 Siebzehnjährig in meinem ersten Hollywood-Film: »Taras Bulba«, 1962, mit Tony Curtis. Wir heirateten 1963.

27 Moskau 1963: Mit Tony auf
einem Empfang des Filmfesti-
vals...

◁
26 Als junge Ehefrau zum ersten Mal in Moskau, 1963

28 ...und in einer Ausstellung

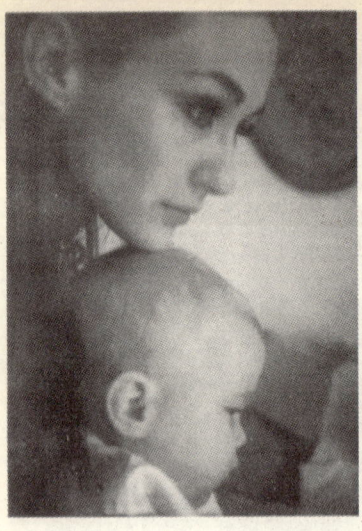

29/30 Die glücklichen Eltern mit Alexandra… …ein halbes Jahr alt, Januar/Februar 1965

32 Mit Alexandra und Tony in Südfrankreich,
1965 ▷

31 Mit Alexandra und Dido Renoir, Ende 1964

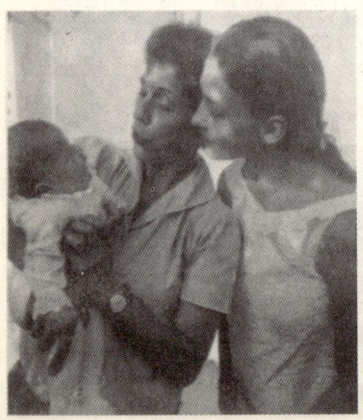

allerdings nicht, ob man damals noch nicht so genau über die Auswirkungen Bescheid wußte oder ob dies eine Art war, den Patienten an sich zu binden.

Ich kannte jedenfalls viele Haushalte, .in denen reiche Frauen sich in ihren Schlafzimmern auf seidenen Bettlaken in legalem Dämmerzustand der Sonne und dem Leben entzogen.

Es gab viele Paare, bei denen der Mann Aufputschmittel schluckte, um seine Leistungsfähigkeit bei der Arbeit zu steigern, während die Frau, um die Isolation zu ertragen, Beruhigungsmittel nahm.

Ich hatte weder Pläne noch Ziele für die Zukunft, da war nur der dringende Wunsch nach Leben.

Ich wollte mich von meinem Mann trennen, ohne daß er dabei litt. Was für eine Vorstellung!

Aber es war ja nicht so, daß ich einen reifen Gesprächspartner gehabt hätte.

Nach dem Auszug aus Tonys Haus fing ich mit anderen Männern Verhältnisse an, oder vielmehr gelegentlich mit jemandem zu schlafen – jedoch immer mit Bremse, weil ich hygienische Einwände hatte.

Mein Ruf wurde allerdings sehr schnell schlecht, und mir scheint nur deshalb, weil ich in der Sexualität rein männliche »Privilegien« nicht anerkannte.

Warren Beatty, der Bruder von Shirley McLaine, mit dem fast ganz Kalifornien geschlafen hat, sagte mir, ich hätte den Ruf, wohl mit Männern ins Bett zu gehen, mich darüber hinaus aber nicht um sie zu kümmern.

Mir machte der schlechte Ruf mehr Spaß als das schlechte Leben, und ich setzte die Tabletten ab, die mich nun wirklich durcheinanderbrachten. Ich fand einen Jungen, mit dem ich ohne »getting involved« die Umwelt schockieren und mich amüsieren konnte.

Er war zwei Meter groß, hatte einen silbernen Vorderzahn, und seine Haut war fast bläulich-schwarz. Wir hatten uns beim Tanzen kennengelernt. Kein Weißer konnte auch nur annähernd so gut tanzen oder lachen.

Es gab damals noch keine schwarze Bourgeoisie. Auch die Frauen waren viel lebendiger und echter als die Weißen. Viel realer, wenn man so will.

Es gab niemanden, der nicht dachte, wir hätten ein Verhältnis. Es traute sich aber auch keiner, Entsetzen zu zeigen.

Die Exzesse und die Dinge, die ich sah (vor Kindern Drogen nehmen, kreuz und quer lieben...), gefielen mir nicht, und ich geriet immer mehr in Panik. Ich mußte ganz schnell von dieser Achterbahn herunter.

Bedingt durch meine Kindheit konnte ich ohnehin nie richtige Gruppengefühle entwickeln.

Ich erkannte, daß diese »free love«-Leutchen im Grunde genommen Geschäftsleute waren, nur daß hier mit etwas Gefährlicherem gehandelt wurde als mit Staubsaugern oder Bibeln.

Meine Freunde aus der Zeit mit Tony machten sich Sorgen, es war offensichtlich für sie, daß es mir in bezug auf Lebensplanung und Finanzen an Weitsicht fehlte.

Es war beängstigend, wie Drogen die Persönlichkeit zerstörten, mehr noch als der Alkoholrausch.
Ich tanzte gern bis zur rhythmischen Ekstase, aber sobald die Musik aufhörte, war auch meine Ekstase vorbei.

Eines Nachts, als mein Tanzfreund mich nach Hause brachte, bat ich ihn, mich zu küssen: »Can I ask you something very personal, would you mind kissing me?«
»Hell, no«, kam die Antwort.
Seine riesigen Lippen machten mich neugierig. Ich war eine leidenschaftliche Küsserin, und es war ein unglaubliches Gefühl, diese großen, weichen Lippen zu küssen. Leider verlor ich damit einen Freund. Er hatte immer gesagt, er sei schwul. Was sich jetzt entwickelte, war furchtbar: Er wurde einfach besitzergreifend.
Ich wollte ihn aber nicht als sexuellen Freund, was ihn kränkte, und so löste ich die Beziehung. Nun wartete er nachts im Garten, wenn Steve mich nach Hause brachte. Steve war inzwischen schwer schlaftablettensüchtig geworden.

Ich entschied mich, nach Europa zurückzukehren. Mein Bruder kam. Er war ziemlich entsetzt über meinen Zustand.
Die vielen Möglichkeiten eines Wohnortwechsels, die ich in meiner Phantasie erwog, machten Entscheidungen fast unmöglich. Ich änderte dreimal am Tag meine Meinung.
Warum sollte ich denn dieses Paradies verlassen?
Es war so bunt, so lustig, so »high«.

Eben diese Lustigkeit machte meiner doch zum Teil sehr teutonischen Seele Angst.

Ich bekam Filmangebote und schlug sie aus.

Oh, jetzt mußte ich in eine Welt, in der ich mit echten Lebensbedingungen umgehen lernte.

Ich war zweiundzwanzig, hatte zwei Kinder und wußte nicht, wie man einen Scheck ausstellt.

Ich war die ideale Hausfrau, konnte Soufflés für dreißig Leute zubereiten, in mehreren Sprachen Small talk führen. Louis quinze von Louis seize unterscheiden. Ich wußte nicht, ob ich außerhalb einer beschützten Welt, in der jemand anderer dominiert, leben konnte.

Zuerst meine Mutter, dann mein Mann!

Ich ließ mir von Tonys Anwalt einen Anwalt empfehlen – das zeigt wohl ziemlich genau, was für einen Einblick in die Realitäten des Lebens ich hatte.

Es ist immer schwer zu sagen, »was« man bereut, so viel kommt in Frage. Ein Gemisch von Eindrücken und »was wäre, wenn«.

Mein Argument war, daß ich die Dinge des Lebens nie lernen würde, wenn ich mich weiter ernähren ließ. Ich mißachtete alle Ratschläge, ich wußte, daß ich diese Stadt und Szene dringend verlassen mußte.

Trotz aller Stupidität müssen meine Instinkte noch ganz gut gewesen sein, denn innerhalb einiger Monate starben viele aus meiner Clique eines unnatürlichen Todes.

Ich flog nach Europa, brachte meine Kinder zu meiner Mutter, die in Mallorca mehrere Häuser gebaut hatte, und fuhr – zum letzten Mal, wie sich herausstellen sollte – zu Steve nach London. Der Anlaß war die Hochzeit von Sharon Tate mit Roman Polanski. Ich wohnte mit Steve und Carrie White in ihrem Haus.

Ich kannte Sharon nicht sehr gut. Sie war gelegentlich unser Dinnergast gewesen. Sie war sehr süß, sehr hübsch und noch naiver als ich. Sie mochte, wie sie sagte, meine Augenbrauen und fand meine Entscheidung gegen Karriere und für meine Kinder genau das, was sie auch für sich selbst wollte.

Auf der Hochzeit von Sharon und Roman herrschte eine merkwürdige Atmosphäre.

Das Hochzeitsfest hatte etwas Irreales und erinnerte mich an den Film *Tanz der Vampire*. Einer der Rolling Stones saß in einer Ecke und lutschte irgendeine Droge. Alles was in der Szene einen Namen hatte, Pop und Adel, gab sich ein Stelldichein.

Nach der Hochzeit gab es ein großes Fest im Haus eines Arztes vom Typ »Dr. Feelgood« (so nannte man Ärzte, die »legale« Drogen verschrieben). Im Laufe des Abends entfernten sich mir die Leute, obwohl sie teilweise neben mir saßen.

Ein Friseur flocht meine Haare zu vielen kleinen Zöpfen. Ich wurde immer nüchterner. Steve war sehr »schlaftablettig«. Ich ging, mit dreißig Zöpfen auf einer Seite; eine Art ruhiger Panik hatte mich befallen. Ich rief mir ein Taxi und fand den »normalen« Fahrer beruhigend, holte meine Koffer und zog ins Hotel, mit der seltsamen Empfindung, etwas Schrecklichem entkommen zu sein.

Im Laufe der Jahre hatte ich oft das Gefühl, eine Art »Typhoid Mary« zu sein – eine Haushälterin im vorigen Jahrhundert, die die Menschen mit Typhus infizierte, die Krankheit selbst aber nie bekam. Überall, wo sie arbeitete, starben die Menschen wie die Fliegen, während sie selbst unbeschadet weiterzog.

Die Todesfälle in dieser Szene rissen nicht ab. Steve starb, weil er wohl eine Tablette zuviel erwischt hatte. Joe wurde tot aus einem Pool herausgefischt.
Was mit Sharon passiert ist, weiß jeder.

Meine Freundin Carrie White hatte sich diesem Sog, obwohl sie Kinder hatte, nicht entziehen können. Fiel tief ins Drogental. Wurde lesbisch und spritzte eine Mischung von Heroin und Kokain. Aber sie hat sich wieder gefangen.

Ich habe wie jeder Mensch viele Fehler gemacht, aber ich bin davon überzeugt, daß die Loslösung von einem Luxusleben, dem ich nicht gewachsen war, und die plötzliche Konfrontation mit einer harten Realität für mich notwendig, vielleicht sogar lebensrettend gewesen ist.

Willkommen daheim

1969–1972

In den ersten Wochen nach meiner Rückkehr in die Bundesrepublik wohnte ich mit meinen Töchtern in einer Pension am Tegernsee.

Dieses Haus war am Wochenende eine Art Wallfahrtsort für ältere Damen mit Hunden. Die Mädchen, gewohnt, offen auf alles zuzugehen, wanderten durch den großen Saal und fragten die Damen verschiedenes auf englisch. Die Reaktionen der Frauen waren für mich verblüffend: Mit zusammengepreßten Lippen und Schutzgebärden faßten die meisten nach ihren Hunden, als ob die Mädchen sie bedroht hätten. Ich saß am Fenster und beobachtete die Szene mit großem Erstaunen. Als die Kinder dann bei mir saßen, sagte eine der älteren Damen laut zu ihrer Nachbarin: »Die hat ja ein Negerkind!« Damit war Allegra gemeint. Willkommen daheim!

Mein Bruder holte uns von dort schnell weg. Eine Wohnung war bald gefunden am Artur-Kutscher-Platz in Schwabing. Im Freundeskreis meines Bruders begegnete ich jungen Menschen, die meine Kinder ebenso wunderbar fanden wie ich.

Ich versuchte das, was man ein »normales Leben« nennt, zu führen. Ich kann beim besten Willen nicht sagen, daß meine Erfolgsquote hoch war.

Schusselig bis zum Geht-nicht-mehr; Haare taillenlang; meine ganze Aufmachung war »California-like«, für die Münchner *shocking*.

Einmal ging ich im Minikleid ins »Franziskaner«. Spät abends, Haare offen. Alles drehte sich um und gaffte. So können nur Deutsche gucken. (Das hat sich allerdings geändert.) Ich verließ mit meinem Begleiter die gastliche Stätte fast im Rückwärtsgang.

Damals war ich noch mit meinem Amerikaner befreundet (J. C.). Er fand, daß ich lauter Fehler machte. Er hatte recht. Ich mußte lernen, dort zu leben, wo ich herkam. Alles andere war ein schöner Traum.

Ich lernte Elisabeth kennen, die Frau, die lange Zeit mein ein und alles war. Der wichtigste Mensch neben meinen Kindern. Obwohl kaum älter als ich, war sie mein Maßstab und auch meine Lehrerin.

Strenggenommen gehörte ich zu der Gattung von Nachkriegsfrauen, deren Dilemma heute ein T-Shirt-Motiv abgibt: Aus den Augen einer wunderschön geschminkten Frau kullern Tränen. Ihr roter Mund sagt (durch eine Sprechblase dargestellt): »Oh my God, I forgot to have children.« (O mein Gott, ich habe vergessen, Kinder zu kriegen.)

Lebenslustige Frauen, die ihr eigenes Geld verdienten und gelegentlich Haschisch rauchten, gab es genug, nur war ich die einzige Mutter in den Kreisen.

Das erste englische Kindermädchen wurde von einer sehr netten, hübschen Bayerin ersetzt. Renate blieb jahrelang bei uns und machte mehrere Umzüge mit. Ich wollte immer, daß die Mädchen andere Bezugspersonen außer mir hatten. Die Macht, die man als Mutter besitzt, erschreckte mich, und auf diese Weise konnte ich den Kindern immer die Möglichkeit geben, sich von mir weg zu entwickeln. Für mich waren sie nach wie vor die einzige Realität. Dann kam Elisabeth, dann der Bruder, und viel, viel weiter hinten kamen die Männer.

Die Kinder hatten immer eine hübsche Umgebung. Jeden Abend wurden Märchen erzählt, und sehr oft blieb ich trotz Verabredungen zu Hause, was Elisabeth gelegentlich kritisierte, aber verstand. Ausgehen bedeutete für mich mehr als nur tanzen. Ich war zum ersten Mal in meinem Leben unter Gleichaltrigen, und das einzige Problem bestand darin, daß ich Christine Kaufmann war. Das wenigstens fiel mir in Amerika nicht zur Last.
Ich war ja nichts als eine ganz normale Zweiundzwanzigjährige, die noch wenig Ahnung hatte, wie und wo sie sich in diesem Leben plazieren konnte.

Es stimmte gar nichts, außer meinen Instinkten bei der Kindererziehung bzw. -nichterziehung. Sich nach Richtlinien zu orientieren, ohne »antiautoritär« zu werden, war nicht nur ungewöhnlich, sondern stieß in Deutschland manchmal auf abenteuerliche Feindseligkeiten.
In der Nähe unserer Wohnung war ein Milchladen, in dem die Milch noch mit einer Pumpe befördert wurde.

In dem Geschäft entdeckte Allegra eine Süßigkeit, die sie unbedingt haben wollte. Ich erklärte ihr, daß sie das Bonbon nicht bekäme, zu Hause hätten wir Obst. Das löste natürlich einen Wutanfall aus. Ich kaufte weiter ein. Eine ältere Dame betrat den Laden, und ich beeilte mich mit dem Einkaufen. Innerhalb weniger Augenblicke kam sie ganz dicht an mich heran und sagte mit haßverzerrtem Gesicht: »Schlagen müßte man diese Kinder, schlagen.«

Allegra war gerade drei.

Obwohl ich ältere Menschen respektiere, rutschte mir ein Satz heraus, der sie zum Durchdrehen brachte: »Ich nehme an, man hat Sie als Kind zu oft geschlagen.«

Ein gekreischter Vortrag begleitete mich nach draußen.

Böse alte Menschen sind das Traurigste und Schrecklichste, was es gibt.

Die Boulevardpresse interessierte sich für mich, und es war kurios, daß gerade meine innige und respektvolle Beziehung zu den Kindern besonders hämisch kommentiert wurde.

Über die vielen Gemeinheiten zu schreiben lohnt sich nicht, wenn es auch sehr verführerisch wäre, mit gleicher Münze heimzuzahlen.

Die Medien sind auf eigenartige Weise der Schlüssel zur Welt. Die Boulevardpresse druckt oft nur das, was ein Rudiment von Anstand dem Durchschnittsbürger auszusprechen verbietet. Teilweise ist Journalismus auch ein nekrophiler Beruf, der in seiner niedrigsten Manifestation am liebsten über Leichen schreibt. Die können sich nicht mehr ändern oder wehren. Nur, ohne Journalisten wäre die Welt wahrscheinlich noch viel schlimmer. Auf jeden Fall ist die Medienwelt ein Lehrmeister in Sachen Realität.

Viele meiner interessantesten Bekannten arbeiten als Journalisten oder Redakteure. Trotzdem schmerzte es anfangs sehr, zu lesen, daß von langen Sätzen die Hälfte weggelassen wurde und sich der Öffentlichkeit ein Bild von mir darstellte, das überhaupt nicht stimmte, weil es nur ein wenig stimmte.

Während die Beziehung zu meinen Kindern eine große emotionale Stabilität hatte, war mein Gefühlsleben, was Männer betraf, sehr eigenartig. Vielleicht hing es damit zusammen, daß in der Familie meiner Mutter seit Generationen immer die Frauen die Beherrschenden gewesen waren.

Männer waren als Kumpel ganz toll, nur als Liebhaber gestattete ich ihnen keinen Anspruch.

Mein erster Freund war Tommy, ein Freund meines Bruders. Er war ein Jahr jünger als ich, die Presse betonte es.

Lächerlich.

Es war eine leidenschaftliche Beziehung; sie führte mich an die Grenzen meiner Gefühle, und ich merkte, daß ich große Angst davor hatte, mich vertrauensvoll hinzugeben. Es war sozusagen eine Beziehung mit gezückten Messern. Trotzdem half mir dies, in kleinen Schritten den Weg zu gehen, den man gehen muß, um zu lernen, was Gefühle sind. Auch wenn man dabei Schmerz empfindet.

Tommy war ein junger Geschäftsmann, und seine Interessen waren so ziemlich das Gegenteil von meinen. Er wußte sehr genau, wer er ist, und ging, soweit ich das beurteilen kann, seinen Weg ohne große Umwege.

Die Wohnung am Artur-Kutscher-Platz erwies sich als unerträglich laut, und wir zogen in eine Altbauwohnung in der Kaulbachstraße. Die Kinder gingen in den Kindergarten. Renate war weiterhin bei uns und begleitete die Kinder auch, wenn sie, wie vertraglich vereinbart, den Sommer bei Tony und seiner neuen Frau Leslie verbrachten.

Tony zahlte das Kindergeld nie pünktlich, und so mußte ich mehr arbeiten, als ich wollte. Die Trennungen waren für mich und Allegra besonders schrecklich. Zwischen uns war die emotionale Bindung, die die Nähe des anderen braucht, viel stärker als bei Alex, zu der ich immer eine Beziehung unabhängig von Zeit und Raum hatte.

Meine fade Schönheit war sehr zeitgemäß, Fotos von mir waren gefragt, und ich nützte sie als Einnahmequelle.
Ich war gerne schlank, das Gefühl, über einen verläßlichen Körper zu verfügen, war mir wichtig. Aber hübsch fand ich mich nur, wenn ich glücklich war,

oder nach der Liebe. Die schimmernde Lebendigkeit meines Gesichts gab mir ein Gefühl des Wohlbefindens.

Durch Elisabeth lernte ich den Diskjockey Theo kennen, mit dem ich seit damals befreundet bin. Er war der erste Nicht-Homosexuelle, mit dem ich eine platonische Beziehung einging, was offensichtlich für eine gewisse Presse eine groteske Vorstellung war und ihm den »Mad Magazin«-Preis einbrachte – nach dem Motto: Schläft eine Frau mit einem Mann, ist sie eine Hure, schläft sie nicht mit ihm, ist er der Depp.

Theo zog bei uns ein, die Wohnung war groß genug. Die Kinder liebten Theos Späße und verwendeten ihn als Demonstrationsobjekt für ihre kleinen Freundinnen: »Guck mal, was wir zu Hause haben!« Kichernd führten sie ihren Besuch zu Theos Schlafzimmer am anderen Ende der Wohnung und öffneten langsam die Tür.

Im Bett lag jemand, der haargenau aussah wie Woody Woodpecker!

Dann saßen sie zu dritt oder viert und schauten Theo an, bis ihr Gelächter ihn weckte. Dann kam immer ein komischer Satz von ihm, und sie liefen gackernd raus.

Im Parterre war ein Metzgerladen. Die Kinder gingen gern in Stöckelschuhen und voller Schminke nach unten, was natürlich Aufsehen erregte und mich als unordentliche Mutter abstempelte.

Meine Kindererziehung beziehungsweise Nichterziehung war möglicherweise etwas verrückt, aber vielleicht haben sich die Mädchen gerade dadurch ganz normal entwickelt. Nicht, daß alles erlaubt war – ich war nicht »antiautoritär«. Es gab auch mal einen Klaps auf den Po. Nie ins Gesicht. Es gab auch kein »Wir reden später darüber« oder dieses »Ich bespreche das mit deinem Vater«. Das sollten sie später allerdings bei ihrer Stiefmutter lernen.

Allegra wurde gelegentlich in ihr Zimmer verbannt, jedoch bei offener Tür. Sie sang dann Protestlieder à la Bob Dylan, die Theo und ich wahnsinnig komisch fanden. Sie hatte immer ein tolles Rhythmusgefühl und schlug mit den Händen oder Füßen den Takt zu »Die Mama ist doof, sie läßt mich keine Schokolade essen, und die Renate auch, taram taram bam bam...«

Eines Tages hörte ich einen Fall im Kinderzimmer, Allegra kam zu mir heraus und streckte ohne zu heulen die Zunge raus. Schwarzes Blut floß. Sie war vom Stuhl gefallen und hatte sich tief in die Zunge gebissen. Tommy und ich rasten in die Klinik; eine phantastische Ärztin nahm sie ganz schnell und bestimmt in ihre Arme, ein kurzer Schrei, und innerhalb weniger Sekunden war Allegra narkotisiert und bekam die Zunge genäht.

Ich weinte vor Sorge. Ganz munter brachte man sie mir zurück.

Meine Art des Mutterseins war merkwürdig kindlich, aber nicht infantil. Die Kinder waren mein Liebstes, aber ich respektierte auch Entwicklungen, die sie von mir entfernten. So war ich glücklich, wenn sie ihre Stiefmutter mochten oder gerne zu anderen Leuten gingen. Echte Mutterliebe ent-bindet.

In dieser Zeit lernte ich einen jungen Mann kennen, in den ich mich auf der Stelle verliebte. Das heißt, ich respektierte ihn, mochte die Dinge, die er sagte, und fand ihn wunderschön. Den Schnudel. Er hatte traumhaftes langes Haar und war ein paar Jahre jünger als ich. Mit der Beziehung zu ihm festigte sich mein Ruf als Skandalnudel: Hippie, Haare, Drogen!

Schnudel war viel zielgerichteter als ich und viel realistischer, was das Leben anging. Er war der erste und einzige Mann, dem ich mich unterwarf. Einer der Gründe war sicher die Tatsache, daß er hervorragende Qualitäten als »Vater« besaß.
Seine Mutter war eine bemerkenswerte Frau, die ihre Kinder intelligent und liberal erzogen hatte. Sie hatte ein Schlößchen in der Nähe von München, und so waren wir für eine Weile in eine Familie eingebunden, die Schutz bot und nicht repressiv war.

Meine Filmarbeit erledigte ich diszipliniert, aber völlig desinteressiert.
Schnudel verstand es, meinen Zerstörungstendenzen innerhalb der Beziehung verständnisvoll und klug zu begegnen. Jemanden zu lieben, dem ich mich anvertrauen mußte, hatte noch immer einen bedrohlichen Aspekt für mich. Ich witterte ständig Verrat. Das Kindheitstrauma: die Angst, »weggegeben«, verlassen zu werden von dem Menschen, den ich liebte.
Mit Schnudel machte ich große Reisen, wenn die Kinder bei Tony waren. Zunächst aber verreisten wir mit den

Kindern nach Ibiza. Mein Bruder machte Fotos, die in »Twen« erschienen. Barbusig eines. Es wurde sehr oft kopiert.

Meinen Bruder und Schnudel trennten Welten. Ich gehörte jetzt mehr zu Schnudel. Für meinen Bruder waren Drogenerfahrungen tabu. Er trank dafür, wie seine ganze Clique. Vom Lebensgefühl her tendierten sie mehr zu Hemingway, während für mich Hermann Hesse immer bestimmender wurde. Nur in meiner Definition als Frau war ich mir nicht sicher, wo ich stand oder hinwollte. Elisabeth sagte immer, ich wäre die Geisha mit dem gepackten Koffer. Treffender konnte man es nicht ausdrücken. Ich war zwar in einer Art Hippiegemeinde, konnte mich aber wie immer mit nichts identifizieren. Exzeßdrogen waren mir genauso eklig wie kotzende Trinker.

Ich bekam ein Angebot für einen amerikanischen Film, der in Madrid gedreht werden sollte.

Bis jetzt waren Schnudel und ich zwei Jahre lang täglich zusammengewesen. Ich habe mich nie mit ihm gelangweilt.

Nach Madrid flog ich mit Elisabeth. Sie war ein Teil unserer Gemeinschaft. Die Geborgenheit und Liebe, die ich bei Elisabeth, Schnudel und den Kindern fand, war die Grundlage meiner Existenz.

Schnudel kam nach, und wir mieteten ein Haus außerhalb von Madrid; seine Mutter besuchte uns zu Weihnachten mit den Kindern, die mittlerweile in München in die Schule gingen.

Das Haus lag in einer kargen, aber schönen Landschaft neben einer Truthahnfarm. In diesem Haus erlebte ich seltsame Dinge.

Der Film hieß *Der Mord in der Rue Morgue*, eine der zahllosen Edgar-Allan-Poe-Verfilmungen. Meine Partner waren Lilli Palmer und Jason Robarts jr., den ich als Ehemann von Lauren Bacall kennengelernt hatte. Jetzt war er mit einer anderen Frau verheiratet, einer jüngeren, aber weniger aufregenden Fassung der Vorgängerin.

Bei den Dreharbeiten passierte dauernd etwas: Meine Haare fingen an zu brennen, andere erlitten Verletzungen; eine große Rolle war mit einem zwergwüchsigen Mann besetzt, Michael Dunn, der gerne auf meinem Schoß einschlief. Er war merkwürdig aggressiv.

Als meine Kinder mich das erstemal besuchten, erklärte ich ihnen, daß es viele Arten von Menschen gibt und daß manche eben klein sind.

Allegra fragte den kleinen Schauspieler am nächsten Tag sofort: »Warum bist du denn nicht im Wald?«

O je, mein Versuch war schiefgelaufen, gerade das hatte ich vermeiden wollen!

Der Mann war aber nicht so spießig wie ich und lachte, bis ihm die Tränen kamen. Es wurde seine Lieblingsanekdote.

Das Spielen mit dem englischen Team machte mir zu meiner Überraschung Freude, und ich bekam für meine Arbeit sehr gute Kritiken in Amerika.

Die Familie flog nach München zurück, und ich blieb eine Weile allein in dem verwaisten Haus.

Eines Nachts wachte ich atemlos auf, weil jemand auf meiner Brust saß. Anders kann ich es nicht beschreiben. Ich bin kräftig und muskulös, aber es war mir unmöglich, mich aufzusetzen. Es war so dunkel, daß ich nichts sah.

Während der Dreharbeiten mußten ständig Angstzustände gespielt werden, und ich überlegte mit einer Klarheit, die man in solchen Situationen hat, ob ich den Zustand der Angst einfach mitgenommen hatte.

Trotz aller coolen Gedanken konnte ich gegen das Gewicht von oben nicht an ...

Mir ging das berühmte Bild »Der Alp« durch den Kopf.

Dann überlegte ich mir eine List: Ich rollte mich seitlich aus dem Bett und lief schnell aus dem Zimmer. Ich war völlig nüchtern.

Mir fehlt jede Erklärung.

Schnudel war einer der vielen, die sich zu diesem Zeitpunkt für indische Religionen interessierten, und so tat ich es auch. Versuchte mich brav in der Erleuchtung. Wenn ich dann so unter einem Baum saß, fielen mir aber höchstens Kartoffelsuppenrezepte ein. Die schöne Leere, die ich als Kind empfunden hatte, fühlte ich nicht. Wenn ich ganz ehrlich bin, verstand ich sehr oft nur Bahnhof. Aber er war ja auch so klug.

Ich folgte Schnudel nach Indien auf der Suche nach der Wahrheit. Seine Mutter versprach, sich um die Kinder zu kümmern. Irgendwo, dachte ich, müßte auch ich mal anfangen, nach mir zu suchen. Warum also nicht in Indien.

Bei jeder Reise lernt man sich selber besser kennen. Meine Entdeckung dort war, daß ich mich ganz gut durchsetzen konnte. Das begann gleich am ersten Tag an der indischen Grenze. Uns fehlten irgendwelche Papiere, und wir durften das Auto nicht ins Land bringen. In einer großartig theatralisch geschwungenen Rede brachte ich die Grenzbehörden dazu, ihre geliebten Vorschriften einer deutschen Frau zu opfern.

In Delhi bekamen wir sofort eine Salmonellose, die ein Arzt biologisch kurierte. Als die erforderlichen Papiere eingetroffen waren, fuhren wir nach Kaschmir. Das war die schönste Gegend, die ich bis dahin gesehen hatte. Die Landschaft ist sehr gebirgig, doch das Licht weicher als in Bayern. Der erste Eindruck war ein »Megablick«: Über ein riesiges Tal spannten sich drei Regenbogen. Rechts und links von der Straße sprangen Kaschmirziegen von Stein zu Stein. Auch ihnen steht ihr Fell besser als jeder Frau. In Shrinagar mieteten wir eines der typischen schwimmenden Häuser. Diese Barken riechen nach wunderbaren Hölzern und haben eine ganz eigene »Mutterleib«-Atmosphäre.

Auf dem Rückweg von Kaschmir nach Delhi wären wir beinahe von einem Erdrutsch zu Tal befördert worden.

Das Land war unglaublich schön; im Regen der Monsunzeit sahen die geschmeidigen Körper der Menschen atemberaubend aus.

Doch je mehr wir uns dem Reiseziel, dem Ashram, näherten, desto geringer wurde mein Interesse an den indischen Weisheiten. Die Elendsgestalten am Rande der

Straßen, die verwahrlosten Kinder, der Schmutz und der Gestank, die verkrüppelten Bettler und im krassen Gegensatz dazu die vornehmen Stadtviertel mit den Villen der reichen Leute – das alles mußte ich verarbeiten.

In Delhi ging ich mit einer Inderin auf den Markt, wir wurden von vielen wahnwitzig deformierten Menschen angebettelt: abgeschnittene Arme, riesige Elefantenbeine, schreckliche Hautkrankheiten. Ich fragte meine Begleiterin, wie ihre Religion diese Ungerechtigkeit erklärt. »Es ist eben ihr Karma!« Für die Antwort hätte ich ihr in den hübschen Hintern treten können.

Ich verstehe jedoch: Wenn man tagtäglich soviel Elend sieht, stumpft man wohl ab, braucht die Gleichgültigkeit als Schutzschild. Nicht alle können wie Mutter Theresa leben. Bei ihr wiederum ist mir ihre Einstellung zur Geburtenkontrolle um so unverständlicher. Körperliche Liebe ist doch für viele der einzige Luxus, das einzige Vergessen.

Auch unser Auto wurde Indien-müde. Es begann zu streiken und war nur zu starten, wenn es angeschoben wurde. Von mir. Wir boten einen merkwürdigen Anblick für die Inder. Damals trug ich meist ein luftiges Mikro-Minikleid. Das Auto, ein VW-Bus, war mit Seide ausgeschlagen und bis zum Dach bepackt. Wenn der Motor abstarb, sprang ich beherzt raus und schob den Wagen an. In Indien hat man immer das Gefühl, als ob gerade ein Fußballmatch zu Ende wäre, und so wurden wir und unser kurioses Gefährt von einer großen

Menge bestaunt und belacht. Die Menschen halfen selbstverständlich auch gerne.

In einem Städtchen sagten die Inder, es gäbe hier einen ganz tollen Guru. Er könne Blumen und Öl in seinen Handflächen entstehen lassen. Wir fuhren nachts zu seinem Haus. Schnudel ging zum hinteren Teil des Gebäudes und spähte in ein Fenster. Er signalisierte mir, still zu sein, und berichtete später, daß der »Holy Man« jemanden mit Stöcken geschlagen hatte.
Am nächsten Tag lernten wir ein paar »Jünger« kennen, hauptsächlich Amerikaner, die ihn wie einen Gott verehrten. Die Leute schienen ganz vernünftig zu sein. Ein Mädchen erzählte mir, sie sei seit Monaten hier und ganz begeistert von »Ihro Würden«. Er fuhr jeden Tag mit einem riesigen Cadillac zur Meditation und wieder zurück. Eines Abends versagte der Motor, und sie sagte, prustend vor Lachen: »Stell dir vor, da saß nun die Inkarnation Gottes, und sein Auto sprang nicht an!«
Trotzdem blieb sie seine treue Anhängerin.

Ohne den Guru gesehen zu haben, fuhren wir weiter, und unser Gefährt gab eines Abends den Geist völlig auf. Wir ließen es stehen und fuhren nach Madras, um uns auf dem Konsulat zu erkundigen, was zu machen sei.
Ein Lastwagen nahm uns einen Teil der Strecke auf der Ladefläche mit. Am Himmel waren ein blutroter Mond und eine ebenso rote Sonne zu sehen.
Nach der nunmehr über zwei Monate dauernden Reise war es mir gleichgültig, mit welchen Weisheiten die

indischen Gurus noch aufwarten konnten. Ich wollte heim zu meinen Kindern und nahm den nächsten Flug.

Von den Abenteuergeschichten, die ich ihnen erzählte, mochte Allegra die von einem chinesischen Vergewaltiger am liebsten. Daniel Schmid gab mir ihre Version so wieder: »Mama hat sich gewaschen, und ein kleiner Mann kam aus dem Schrank und sagte: ›Nur einen Kuß.‹« Putzig, nicht? Sie stimmte auch fast: Ich wurde ihn los, indem ich ihn ganz fest ansah und sagte, er solle gehen, ich hätte Angst. Er ging.
Einen Perser, der einen Versuch starten wollte, habe ich allerdings k. o. schlagen müssen.

Schnudel war in Indien geblieben, und ich machte einen großen Fehler, den ich sehr bedaure. Ich ließ mich auf eine vollkommen überflüssige Affäre mit einem jungen Mann ein. Schnudel beendete unsere Beziehung.
Ich zog mit meinen Kindern und dem neuen amerikanischen Kindermädchen, das ich engagiert hatte, nach Wien. Dort bewohnten wir ein schönes Haus auf einem Weinberg.

Den Umzugsturnus, den Tony und ich in unserer Ehe praktiziert hatten, behielt ich bei. Jedes zweite Jahr wurde umgezogen. Immer wieder weg von Deutschland. Ich konnte hier noch nicht heimisch werden.

Bevor wir nach Wien gingen, hatte ich in einem Nachtklub einen langhaarigen jungen Mann kennengelernt, den ich sehr witzig und originell fand. Wir tanzten, er nahm meinen Arm hoch, sog den Geruch meines Schweißes ein und meinte begeistert, ich hätte einen sehr kräftigen Duft. Nicht unkomisch. Er sagte, er würde nach Wien kommen und mit mir einen Film machen. Tatsächlich trudelte er nach einigen Monaten mit seiner Entourage ein, die meine Kinder und mich begeisterte. Es war Werner Schroeter. Magdalena Montezuma kam in einem Männeranzug und Zylinder. Sie sah furchterregend und faszinierend zugleich aus. Unter ihrer Aufmachung erkannten die Mädchen sofort ihre warmherzige Persönlichkeit und erkoren sie zu ihrer Favoritin.

Werners Assistentin war Ila von Hasberg. Ich hatte sie schon in einer Münchner Kommune kennengelernt, in der auch Rainer Werner Fassbinder lebte. Sie waren alle sehr komisch. Ein kleiner Clan, in dessen Wohnung die Müllsäcke von der Küche eine Linie zum Ausgang bildeten.

Wir spielten alle abwechselnd Männer oder Frauen. Candy Darling, ein Andy-Warhol-Star aus New York, war mit Abstand das weiblichste Wesen von uns allen. Ein sehr erfolgreicher Transvestit. Werner ließ ihn einen Anzug tragen, in dem er sehr schön aussah.

Es war erstaunlich, was die Kritik in Werners Filmen oft sah. Bis auf Magdalena waren die Schauspieler Marionetten an mehr oder weniger straff gezogenen Schnüren. Die Teamarbeit, die Integration in das moderne Gauklervölkchen war für mich ein Zugang zum Deutschsein. (Abgesehen von der Tatsache, daß man kein Geld verdiente.)

Werner ist sehr deutsch im Sinne von Hölderlin: »Der Mensch ist ein Bettler, wenn er denkt, und ein Gott, wenn er träumt.«

An seinen Träumen arbeiteten wir unverdrossen mit, die einen, weil sie so verewigt würden, und ich, weil ich aus diesen Träumen eine Realität zu formen versuchte.

Bei dieser Arbeit konnte ich mit meinen Kindern zusammensein. Sie spielten in einer Szene auf eigenen Wunsch mit: Alex kratzt sich seelenruhig, während ich Texte schreie, die ich nicht verstehe.

Werner bot mir eine Rolle in einem Theaterstück in Hamburg an. Ich hoffte, dadurch meine Ängste vor jeder Art von Öffentlichkeit endlich abbauen zu können, und sagte zu. Mein Bruder hatte mir vorgeschlagen, vor meiner Abreise nach Hamburg eine Kinderkollektion zu entwerfen, er wollte sie auf Teneriffa fotografieren.

Einige Monate vor unserem Umzug nach Hamburg hatte ich einen Schotten kennengelernt, Brian. Wir waren im gleichen Alter, und er war der erste Mann, bei dem ich sowohl begehrliche als auch kameradschaftliche Gefühle entwickelte. Wir verstanden uns sehr gut, und auch mein Bruder mochte ihn gern. Es gab nur leider nichts, womit ich meine Familie in Wien weiter finanzieren konnte. Außerdem mußten die Kinder zur Schule; Hamburg mit dem langen Engagement war einfach ideal. Die Beziehung hielt der Trennung nicht stand. Wir verloren einander etwas aus den Augen. Während der folgenden

Jahre habe ich ihn gelegentlich noch besucht. Eines Tages klang er am Telefon sehr seltsam, und ich brach den Kontakt ab. Als ich Jahre später Kitty Kino in Rom traf und sie nach ihm fragte, erzählte sie mir, er sei tot. Gestorben an Heroin. (Ich träume manchmal von ihm und frage ihn, wie das möglich war. Er antwortet nie.)

In Hamburg wohnten wir mit Werner und Magdalena in einem Hotel außerhalb der Stadt. Es lag sehr romantisch, und am Wochenende kamen Werners Freunde und Bekannte zu Besuch. Zwei davon sind immer noch Teil meiner Wahlverwandtschaft, die nun schon seit fast zwanzig Jahren besteht: Günter Amendt und Meisy.

Unter anderen gab es auch einen riesigen Transvestiten, der sich kaum von den normalen »Kaffee und Kuchen«-Damen unterschied, außer durch seine Körpergröße und dadurch, daß er Kinder toll fand. Alex und Allegra gingen auch völlig fasziniert mit der Zwei-Meter-Dame am Deich spazieren.

Im Hotel kochte Magdalena in voller Garbo-Schminke Blumenkohlsüppchen und erzählte den Mädchen das Märchen von der *Bettwurst*. Trotz der Umzüge und des sicher äußerlich nicht stabilen Lebens hatten die Kinder und ich feste Rituale. Eines war, wie schon gesagt, jeden Abend ein Märchen oder eine Geschichte. Auch jetzt, wo sie dem Kleinkinderalter entwachsen waren, hielten wir daran fest.

Im Malersaal des Hamburger Schauspielhauses spielten wir Lessings *Emilia Galotti*.

Die Reaktionen der Öffentlichkeit interessierten mich nicht sonderlich. Die einen schrieben über das »Rosen-Resli« (Springer), die anderen, daß es schön war, was ich da machte.

Ich indessen wollte nur meine schrecklichen Ängste verlieren. Das gelang.

Werners Bühnenbild war zwar nicht ganz das, was ich für meine Eigentherapie brauchte, denn zwischen Bühne und Publikum war ein schwarzer Gazevorhang, und man konnte vom hellen Rampenlicht aus absolut nichts sehen, aber es reichte zu wissen, daß das Publikum da war. Ich bekam regelmäßig tetanische Krämpfe vor dem Auftritt. Heinz Schubert sah im dunklen Schimmer der Hinterbühne so toll aus, daß mich sein Anblick ablenkte. Die Rolle der Mutter spielte Gisela Trowe, die ich seit meiner Kindheit kenne. Sie verkörpert für mich alles, was an diesem Beruf liebenswert ist: Sie ist ein wahrer Umschlagplatz der Gefühle, selbstsicher verwendet sie das Leben für die Bühne und die Bühne für das Leben. Besuchte man sie zu Hause, konnte man sicher sein, daß es wie bei einer Bette-Midler-Show bestes Entertainment gab. Die Kinder liebten sie.

Wir hatten durch Werner eine Frau kennengelernt, die uns einen Teil ihrer Wohnung überließ. Die Mädchen hatten ein großes Zimmer zum Hof, in dem ein wunderbarer Garten angelegt war. Mein Zimmer lag neben ihrem, und ich war überzeugt, in dieser Wahlfamilie wieder einige Stabilität gefunden zu haben. Die Frau, bei der wir wohnten, war natürlich viel lebensnaher als ich. Sie organisierte Schule, Fahrräder ... eigentlich alles.

Mit dem Sommer kam die Zeit, in der Alex und Allegra zu ihrem Vater sollten. Ich engagierte ein Mädchen, das mitflog. Als ich sie zum Flughafen begleitete, brach mir fast das Herz.
Es gibt Vorahnungen. Ich konnte mir nicht erklären, warum ich diesmal beim »Auf Wiedersehen« nicht aufhören konnte zu weinen.
Als das Mädchen einige Tage später mit der Erklärung zurückkam, Tony habe ein eigenes Mädchen eingestellt, verdrängte ich alle Zeichen der Warnung.

Der Regisseur Otto Jägersberg kam nach Hamburg, um mich für einen Fernsehfilm zu engagieren. Die Dreharbeiten fanden in der Nähe von Frankfurt statt. Ich absolvierte sie wie immer im Halbschlaf.
Eine junge, mollige, auf ihre Weise sehr hübsche Kollegin strahlte im Gegensatz zu mir sehr viel Kraft aus: Eva Mattes. Sie war wie viele Frauen dieses Typs eitel und beeindruckte mich mit ihrer Selbstliebe.

Karlheinz Böhms Frau Barbara besuchte uns bei den Dreharbeiten. Sie nahm mich beiseite und sagte mir, daß Tony die Kinder nach Los Angeles mitgenommen habe.
Vor Schmerz begann ich zu lachen.
Jetzt war es doch geschehen!

*»You don't know what you have
until you lose it«**

1973–1979

In dem Film *Satyricon* von Federico Fellini gibt es eine Szene, in der einem Debilen von einem Soldaten die Hand abgehackt wird. Der Schwachsinnige, in seiner Unfähigkeit, entsprechend zu reagieren, lächelt beifallheischend in die Menge.

Ich hatte den Film kurz nach meiner Rückkehr in die Bundesrepublik gesehen, und diese Szene löste einen seltsamen Schmerz aus. Mich verwirrte das Echo meiner Empfindung. Es war eine Einsicht in die Zukunft. Als mir die Kinder weggenommen wurden, ging es mir ebenso.

Die Ungeheuerlichkeit dieser Handlung, die kalkulierte Grausamkeit und die Unmenschlichkeit zwangen mich jedoch zur Konfrontation mit einer Wahrheit, die ich bis dahin vor mir selbst verschleiert hatte.

Mein Rationalisierungsprogramm formte sich sofort in Richtung »aufgeben«. Damit wollte ich eine Frage vermeiden, vor der sich viele Menschen, speziell Frauen drücken.

Die Frage nach dem Recht auf Glück.

* Textzeile von John Lennon

Glück ist nicht das, was einem zufällt, sondern das, was man festhalten kann.

Die einzige Einbindung in die Realitäten des Lebens war die Beziehung zu meinen Kindern. Meine Art der Erziehung war zur Entwicklung normaler Empfindungsfähigkeiten goldrichtig. Zwanzig Jahre verfrüht und gegen alle damals als richtig und normal geltenden Regeln.

Die Liebesbeziehung zu ihnen war aber auch das Mauseloch, in das ich mich vor der Welt verkriechen konnte.

Einer meiner besten Freunde, Franz Spelman, ein weiser jüdischer Herr aus München, sagte: »Nichts ist je so gut oder so schlecht, wie es scheint.«

Bevor sich jedoch für mich das Gute im Schlechten entdecken ließ, mußte ich erst einmal zugeben, daß mir »eine Hand abgehackt« worden war. Mehr als die Hand. Man hatte mir alles genommen, was für mich Leben bedeutete.

Die Gerichtsverhandlung in Los Angeles über das Sorgerecht für die Kinder war Monate nach ihrer »Entführung« angesetzt, und mir war klar, daß ein Kampf um sie nicht gut wäre.

Außerdem konnte ich Tonys Argumenten erst mal nichts entgegensetzen: Ein schönes Haus in Bel Air, Swimmingpool, nie Geldsorgen. Er hatte eine ständig verfügbare Frau im Hause. Die Ehefrau, die immer im Heim sein würde und nie für ihren Unterhalt außer Haus arbeiten müßte wie ich. Sie wäre dadurch die bessere Mutter als ich, die sie geboren, gestillt hatte.

Obwohl ich in mir ein winziges Stimmchen mit feministischen Gegenargumenten hörte, war mein Gefühl, rechtlos zu sein, zu stark, um zu kämpfen und diese Herausforderung anzunehmen. Ich war eine Nomadenmutter ohne Stamm.

Tony war 39, als unser erstes Kind zur Welt kam, ich 19. Diese zwanzig Jahre Welterfahrung fehlten mir. Er war ein Nomade, der sich seinen Stamm finanzieren konnte.

Werner Schroeter und Elisabeth waren die einzigen, denen ich meinen Schmerz je zeigte. Er war ein aktiver Freund und ermöglichte mir den Flug nach Los Angeles und den Aufenthalt dort, indem er kurzerhand einen Film in Kalifornien drehte. Darin spielte ich eine Rolle, sofern man das »spielen« nennen kann.

Ich sah meine Kinder das erste Mal seit der Trennung in der Halle des Château Marmont, wo Werner und ich wohnten.

Ich hatte mich schön gemacht für sie, mit frischen Blumen im Haar, und mir fest vorgenommen, nicht zu weinen, um sie mit meiner Trauer nicht zu belasten. Doch als ich sie sah und ihre Küsse spürte, das erste Mal der Sehnsucht nachgab, liefen mir die Tränen fast aus allen Poren.

Und sie, statt sich zu schämen, wie es Kinder normalerweise für ihre Mütter tun, umarmten, küßten und trösteten mich. Das Band war nicht gerissen.

Es wurde mir in diesem Augenblick bewußt, daß es nur eine Sache für mich gab, nur diese Quelle der Kraft. Meine bedingungslose Liebe zu ihnen. Die Kraft, die

Fähigkeit, meine Phantasie in faßbare Wirklichkeit umzusetzen. All dies entwickelte ich aus dem Geheimnis der Liebe.

Nichts ist für die Gesellschaft diffuser und daher verachteter als die Liebe. Liebe gab mir kein Recht.

Die Person, die sozusagen als »Mastermind« hinter der ganzen Sache steckte und die Fäden in der Hand hatte, war nicht mein Exmann, sondern seine Frau Leslie.
Als wir uns beim Termin zum Psychotest kennenlernten, fand ich sie nett. Ich wollte sie nett finden, denn Feindseligkeit würde den Kindern sicher schaden.

Drogenabhängigkeit, Alkoholismus oder Geisteskrankheit sind die einzigen Gründe, aus denen man einer Mutter nach amerikanischem Gesetz die Kinder wegnehmen kann. Trotzdem ist es in der Praxis so, daß das Sorgerecht meist der finanziell besser gesicherte Elternteil erhält.

Das Gespräch mit dem Psychologen verlief eigenartig; er war verständnisvoll mir gegenüber und rügte Leslie. Sie argumentierte nicht mit den erwähnten Gründen, die in meinem Fall ja nicht zutrafen, sondern mit der angeblichen Verwahrlosung der Kinder. Sie brachte eine Geschichte zur Sprache, die geradezu grotesk war, absolut lächerlich.
Vor Jahren machten Tony und Leslie Sommerferien auf Sardinien. Sie hatten für Alex und Allegra einen Flug

gebucht. Die Mädchen (sie waren damals fünf und sieben) mußten in Rom mehrere Stunden auf den Anschlußflug warten. Meine Mutter war gerade in München, und wir beschlossen, daß sie mit den Kindern nach Rom fliegen und sie ins Flugzeug bringen sollte. In Rom fuhr Mutter mit den Mädchen in die Stadt und kaufte ihnen neue Kleidchen, weil ihre weißen beim Spielen schmutzig geworden waren. Da die Koffer bereits eingecheckt waren, gab sie ihnen die schmutzigen in einer Tüte mit. Jahrelang wurde diese Geschichte bei den Curtisses erzählt, so, als hätte ich die Kinder mit schmutzigen Kleidern auf die Reise geschickt.

Das Bild, das sie von mir malten, war abenteuerlich. Und da paßten auch die schmutzigen Kleider ganz gut.

Der Psychologe versuchte, sich selbst ein Bild von mir zu machen. Er fragte viel und meinte dann, daß ich meine Kinder offensichtlich liebte.

»Ja, ich liebe sie, aber was nützt mir das schon?« Ich weinte. Meine Schwäche war mir peinlich.

Trotzdem war ich mir sicher, aus dieser Niederlage wieder herauszufinden. Irgendwie und irgendwann.

Ich würde gewinnen, vor allem gegen mich selbst.

Kurz bevor ich nach Amerika geflogen war, hatte ich in München Uri Geller kennengelernt. Als ich ihm von den Kindern erzählte, erwiderte er: »Aber du hast dadurch auch ein Stückchen Freiheit gewonnen.« Was natürlich stimmte. Jetzt bot sich mir die Chance, aus

33   In unserem Haus in Beverly Hills, 1964. Valentino macht's möglich!

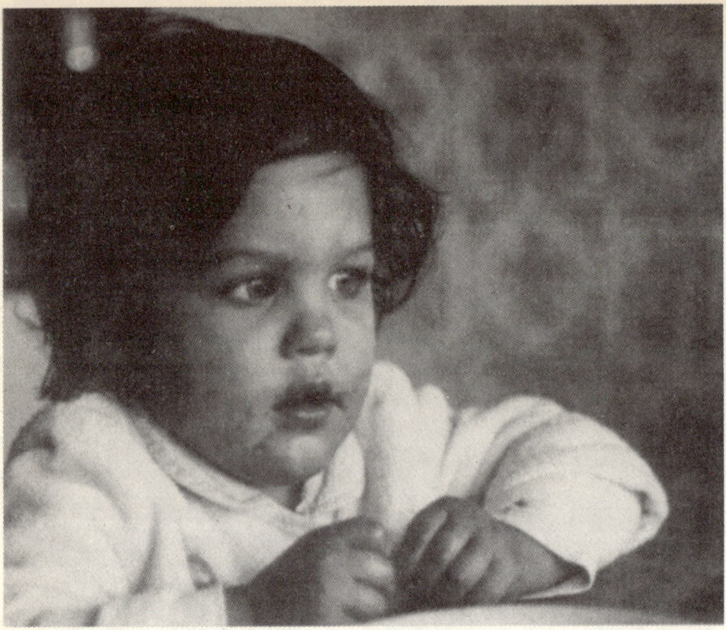

34 Meine zweite Tochter, Allegra, wurde im Sommer 1966 geboren.

35 Alexandra mit ihrer Großmutter auf Mallorca, 1969

36–38 Meine geliebten Töchter. Oben: Alexandra und Allegra, unten: zweimal Alexandra

39 Zurück aus Indien:
Mit Alexandra und Allegra

40 Zum ersten Mal selbst ein-
gerichtet: Beverly Hills, 1967.
Ich befand mich in meiner
»Audrrräi Chäpurrn«-Phase

der Traumwelt, in der ich mit meinen Kindern gelebt hatte, herauszukommen; ich mußte die neue Situation akzeptieren, mir eine andere, eigene Welt schaffen, in der ich leben und arbeiten konnte. Ich wußte, es würde schwer sein, aber ich mußte und wollte es schaffen.

Die Kinder, so versuchte ich mir einzureden, würden es gut haben, sie würden ein »richtiges Familienleben« kennenlernen und ich könnte ja die Sommerferien mit ihnen verbringen.

Es kam nicht ganz so.

Nach der Besprechung mit dem Psychologen ging Leslie zu ihrem Amischlitten und ich zu meinem Pickup-Truck, in dem mein schöner junger Begleiter auf mich wartete. Aus ihrem Blick konnte ich eine Menge herauslesen. Der Mann war ein Musiker, den ich beim Tanzen kennengelernt hatte. »Liebe« auf den ersten Blick. Ich wohnte jetzt bei ihm am Strand.

Ich hatte also ein Stückchen Freiheit gewonnen. Die Pflichten der Erziehung, den Rhythmus, in den ich eingebunden gewesen war, gab es nicht mehr. Vorerst bestanden keine Verbindungen mehr mit der normalen Welt. Die normale Welt, das war Tony mit seiner Frau; die verrückte Welt, das war ich.

Wenn ich mich richtig erinnere, hatte Werner beim ZDF gesagt, er wolle in Kalifornien einen Marilyn-Monroe-Film drehen. Jetzt hatte er drei Frauen in einem Haus in der kalifornischen Wüste zum Thema. Die Frauen waren

Magdalena Montezuma, Ila von Hasberg und ich. Der Film hieß wie der Ort: *Willow Springs*.

Während der Dreharbeiten bekam ich den ersten »Wundschmerz«. Langsam ließ dieses »Fröhlich, sonnig, sorglos, alles wird gut« nach. Werner und Ila nahmen sich viel Zeit für mich. Vor allem Ila, mit der ich das Zimmer teilte, gab mir die Möglichkeit, wenigstens gelegentlich zu zeigen, daß ich litt.

Die Dreharbeiten waren auch ein Kapitel für sich. Wie immer hatte Werner hier attraktive junge Männer engagiert, die sich durch die seltsame europäische Truppe verunsichert fühlten: Drei traumtänzerische Frauen. Eine davon kam gelegentlich als Mann daher. Der Regisseur mit wehenden blonden Haaren. Unverständliche Szenen. Keine festen Zeiten und kein Büfett.

In der Wüste wird man vor lauter Langeweile irgendwie fickrig, und trotz meiner Transusigkeit spürte ich die eigenartige Stimmung in dem großen Salon, in dem ich mit Magdalena auf irgend etwas wartete. Es war eine dieser endlosen Wartereien, die bei Dreharbeiten ständig entstehen, weil keiner »weiter« ruft.

Die beiden männlichen Arbeitskollegen strichen lustlos und angespannt aus dem großen Raum. Magdalena drehte sich zu mir. Ganz Garbo mit einem absoluten Steingesicht: »No, you can't always get what you want.« (Du kriegst nicht immer alles, was du dir in den Kopf setzt.)

Das war eine treffende Bemerkung zu den letzten Wochen, und niemand anderer hätte diese Situation besser kommentieren können in diesem Raum, durch den der Wüstenwind pfiff.

Magdalena ist das einzige weibliche Genie, das ich geküßt habe.

In Werners Filmen küßten sich immer alle, ganz langsam und mit abwesenden Blicken. Magdalena war eine der schönsten Frauen der Welt, obwohl sie nach modischen Maßstäben häßlich war.

Ich hatte damals noch keinen Führerschein, so fuhren Freunde mich zu Tonys Haus, um die Kinder abzuholen. Meine Freunde waren alle jung, und keiner hatte besonders viel Geld. Mit verbeulten Autos, großen, altmodischen »Schiffen«, holten wir die Mädchen. Eine ganze Wagenflotte stand mir zur Verfügung. Es schien, als wäre die Panzerknacker-Bande zu Besuch bei Dagobert Duck. Werner begleitete mich und sah, wie Tony oben hinter dem Vorhang hervorspähte, während Leslie mich unten sehr freundlich empfing.

Die Kinder waren wie immer warm und herzlich. Meine frühere Sekretärin Helen war jetzt Leslies Sekretärin; im Haus standen noch immer die Möbel, die ich während der Ehe mit Tony gekauft hatte.

Die Hunde erkannten mich, sprangen an mir hoch und leckten meine Hände. Helen begrüßte mich freundlich. Was hätte ich schon sagen oder tun sollen?

Ich brachte meine Kinder während der Besuchszeit in schöne, aber billige Viertel, in die sich eine Matrone aus Bel Air nie verirrt hätte. Damals war Sushi noch nicht

Mode, und so hatten wir bald ein japanisches Stammlokal, in dem man für wenig Geld exotische Kostbarkeiten essen konnte. Wir waren fast immer die einzigen »Kaukasier«, wie Asiaten die Weißen in Amerika nennen.

Danach gingen wir auf einen großen asiatischen Markt, wo es schöne, preisgünstige Dinge gab, an denen die Mädchen Spaß hatten. Zum Beispiel einen viereckig gepreßten weißen Puder in phantastisch bedruckten Blechschachteln, eine kleine Papiertüte, mit Holzschnitten bedruckt. Alles nur »Plunder« für Bel Air.

Auf dem Nachhauseweg saßen wir meist zu dritt im Fond eines »Panzerknackerwagens«, ich in der Mitte, in jeder Hand eine kleine, warme Kinderhand. Die Beziehung zwischen uns entwickelte jene seltsam romantischen Gefühle, die manche Mädchen für ihre oft abwesenden Väter hegen.

Werner war wieder nach Deutschland geflogen, ich blieb in L.A., um so lange wie möglich bei den Kindern zu sein. Durch eine Deutsche, die auch Christine hieß, war ich in den Stadtteil Redondo Beach gekommen. Dort wohnte ich mit dem Freund, den ich beim Tanzen kennengelernt hatte. Er vergötterte mich, für ihn sah ich aus wie die Jugendfassung seiner Mutter. Ich verzauberte unser kleines Holzhaus mit meinen innenarchitektonischen Künsten, aber nichts drang wirklich in mein Bewußtsein.

Er fand nie eine wartende Liebende vor, er mußte mich immer neu erobern. In diesen Monaten tat ich nichts, außer meinen Traum genießen: Der warme Strand, der liebende Mann, meine Kinder am Wochenende... ich hätte jahrelang so dahinträumen können. Die Zeit verging, und ich entwickelte mich keinen Millimeter.

Eines Tages rief Werner mich an und verkündete mir eine beschlossene Sache: Ich würde in Bochum unter seiner Regie die Salome von Oscar Wilde spielen.

Obwohl mein Leben sonnig und wonnig war, folgte ich seiner Anordnung; hier war vielleicht die Chance, ein neues Ziel zu entdecken.

Mein Freund war krank geworden, und ein Bekannter von Christine, ein Bankier aus New York, fuhr mich zum Flughafen. Ein großer Deutscher mit Nadelstreifenanzug und langem, goldblondem Haar. Auf dem Weg zum Flughafen stiegen wir noch mal am Strand aus, und ich sagte ihm, wie schwer mir der Abschied von hier fiel, ich aber instinktiv spürte, daß ich diesen Weg gehen mußte. Er sagte, es gebe nichts Schwereres als die Möglichkeit, sich frei zu entscheiden.

Wir waren beide barfuß ins Wasser gegangen. Er im Anzug, ich im Hippiekleid. Er wirbelte mich am Strand herum, und ich genoß den Sternenhimmel. Ich fühlte mich wie ein vertrauensvolles Kind. Er bat mich, nicht zu gehen.

Ich flog trotzdem. Vor dem Abflug sagte er mir noch, ich könne ihn unter »Troubadour« in L. A. erreichen.

Als ich bei meinem nächsten Aufenthalt dort den Kontaktmann anrief, hieß es, der »Erzengel Gabriel« (so

hatte meine Freundin Christine ihn genannt) habe sich entschieden, seine Bankkarriere aufzugeben und Taxifahrer zu werden. »Gott hat ihm das gesagt.«
Er wurde in Watts von einer verirrten Kugel tödlich getroffen.

Während des Fluges war mir sehr heiß, ich klagte der Stewardeß mein Leid. Sie erhörte mich und senkte die Temperatur, bis sich die anderen Passagiere über die Kälte beschwerten.

In München wohnte ich vorübergehend in meiner alten Wohnung am Artur-Kutscher-Platz, die mein Bruder übernommen hatte. Es schneite, und beim Einkaufen bemerkte ich, daß ich in Sandalen und ohne Strümpfe auf die Straße gegangen war, ohne die Kälte zu spüren. Zu Hause maß ich meine Temperatur. Ich hatte über vierzig Grad Fieber. Bald bekam ich auch einen Schwächeanfall. In der Nacht schwitzte ich das ganze Federbett naß und versuchte, meine Mutter zu rufen. Ich hatte jedoch weder zum Rufen noch für sonst etwas die Kraft. Ich lag da und spürte das Leben auslaufen. Da dachte ich, es wäre schön, jetzt zu sterben.
Mütter haben starke Instinkte. Plötzlich stand sie neben meinem Bett; sie rief den Arzt an. Nach den Spritzen stellte sich eine leichte Besserung ein, und ich dachte: Schade, so eine tolle Gelegenheit bietet sich bestimmt nicht so schnell wieder.

In Bochum stellte ich fest, daß ich trotz Spirale schwanger war. Ich hätte mir lieber den Bauch mit einem Küchenmesser aufgeschlitzt, als noch ein Kind zu bekommen. Die Mädchen hätten ein »Geschwisterchen« bestimmt als Verrat empfunden. Von Allegra weiß ich das sicher.

Mich wundert, daß Werner bei der Arbeit mit mir keine Engelsflügel gewachsen sind. Meine Stimme war für ein so großes Theater überhaupt nicht ausgebildet. Der Schmerz der Trennung von meinen Kindern gab mir aber die Kraft, wenigstens den Schlußmonolog der Salome einigermaßen auszudrücken.

Es war eine skandalöse Aufführung. Ich war fast nackt. »Rührender Dilettantismus« hieß es. Aber ein paar gute Kritiken bekam ich doch.

Das Stück wurde übrigens ein großer Publikumserfolg.

Ich wohnte mit Ila in einer kleinen Theaterwohnung und war relativ glücklich. Trotz allem Spaß und der Auseinandersetzung mit dem Publikum – eine ganz neue Erfahrung für mich – blieb da ein nagender Schmerz: Es war niemand da, dem ich Märchen erzählen konnte, kein Kinderatem neben mir, zu dessen Rhythmus ich beruhigt einschlafen konnte.

Für mich als unglückliche, desorientierte junge Frau gab es nur eine Sache, die sich anbot, mit der ich, wenn nicht vergessen, so doch betäuben konnte: Männer.

Es verliebten sich viele in mich, und ich benutzte sie. Nicht daß ich mit vielen Männern geschlafen hätte; ich behandelte sie nur nachher so, als ob sie mir etwas Schreckliches angetan hätten. Das hatten sie nicht. Sie hatten mich bloß an meinen Verlust erinnert und an die Tatsache, daß ich mit siebenundzwanzig noch ein hilfloses Kind war, das sich in dem neu erworbenen Revier sexueller Macht sinnlos und ineffektiv rächte.

Der »Stern« schrieb einen Bericht über mich, der wie eine Bombe einschlug. Darin erkannte ich mich wieder, und ich bin überzeugt, daß er mir Jahre an kostspieliger Psychoanalyse erspart hat. In diesem Bericht war mein Zustand ziemlich genau beschrieben: eine Puppe, die tanzen gelernt hat, sich an den Männern für die Einsamkeit rächt und eine Abtreibung hatte.

Eine Amerikanerin machte sich die Mühe, mir ein Telegramm zu schicken: Gut, daß Tony mir die Kinder weggenommen habe, und ein »Pfui« auf mich ...

Mein armer Bruder, entsetzt über das, was in diesem Bericht stand, rief mich an und meinte, wenn ich daraufhin nicht auswanderte, würde er es tun. Meine Mutter war außer sich, weil man sie als ehrgeizige Mutter bezeichnet hatte.

Es gab aber auch andere Reaktionen. Veruschka rief mich an und fragte, ob sie etwas für mich tun könne. Es tat sich eine kleine Welt von Menschen auf, die merkten, daß ich dringend Hilfe brauchte, obwohl ich es nicht zeigen konnte.

Oft wird behauptet, Freunde habe man nur, solange es einem gutgehe. Das stimmt nach meiner Erfahrung überhaupt nicht.

Mein Freund Theo war in dieser Zeit Diskjockey in

Frankfurt, ich fuhr oft mit dem Zug zu ihm. In Frankfurt lernte ich eine ganz andere Welt kennen, die nichts mit der Filmwelt zu tun hatte.

Dort konnte ich meine Wunden lecken.

In dieser Zeit festigte sich auch meine Freundschaft mit Günter Amendt, der mit mir liebevoll und kritisch meine Verworrenheit und Ziellosigkeit diskutierte.

Es war an der Zeit, schauspielerischen Ehrgeiz zu entwickeln. Ich mußte lernen, Hürden zu überwinden, mir ein Ziel setzen und arbeiten, um es zu erreichen.

Die Arbeit in Bochum dauerte eine Spielzeit lang, und ich zog zu einem vierzehnjährigen Jungen, der bei seinen Eltern wohnte und das Zimmer voller Schlangen hatte. Christoph Eichhorn. Er war mir ein ganz lieber Freund. Trotz oder wegen des Altersunterschiedes ein idealer Partner. Wir waren wie Geschwister, und er hat mir ein bißchen das Leben gerettet. Bei ihm konnte ich meine Ängste und Schmerzen abladen. Ich bin auch heute noch mit ihm befreundet, viele Einsichten über mich habe ich seiner Spiegelung zu verdanken. Wir fuhren oft zusammen nach Frankfurt; den Kreis, in dem wir verkehrten, beschrieb ein Journalist sehr gut so: »Christine Kaufmann ist umgeben von Transvestiten und solchen, die nicht wissen, was das ist.«

Theo und ich tanzten die Nächte durch.

Eine halbwegs hübsche, verzweifelte und mittellose junge Frau scheint alle Jagdinstinkte bei Männern zu mobilisieren, anders kann ich mir so viele Verehrer nicht erklären. Wie früher mit meinem Bruder lachte ich jetzt mit Theo über ihre verzweifelten Liebesbemühungen. Es gab da einen, der drei Stockwerke die Regenrinne hochkletterte, nachdem ich mich geweigert hatte, ihm auf sein Klingeln die Tür zu öffnen. »Ich bin schon im Nachthemd, Liebster!«

Oder einen, der mir gigantische Liliensträuße schickte und mich brav wochenlang von Bochum nach Frankfurt fuhr. Eine leidenschaftliche Nacht verbrachte ich mit ihm. Dann nie wieder. Ich blieb dabei höflich, freundlich und abwesend. Mein Freund Meisy sagte immer, meine Beziehungen seien ein gigantischer Rachefeldzug gegen die Männer. Es stimmte. Damals sah ich in jedem Liebhaber ein »Racheobjekt«. Heute habe ich starke Freundschaften mit Männern, mit echter Liebe und Zuneigung.

Nach *Salome* war es schwierig für mich, Rollen zu bekommen. Ich lebte aus dem Koffer, ging nach München, wo ich bei meinem lieben Freund Christian Breidert Unterschlupf fand. Er war Damenschneider und hatte die schärfste Zunge der Welt. Aber ein gutes Herz. Er ließ mich bei sich wohnen, als ich völlig ohne Geld dastand. Ich war zu dick, und mein Gesicht zeigte die Spuren des Schmerzes. Meine Agentur vermittelte mir mit Müh und Not eine Rolle in einem Krimi. Die Gage würde für einen Teil der Amerikareise reichen.

Ich bot »Playboy« an, Fotos von mir zu machen, die Klimt-Akten nachgestellt waren. Auf den Bildern sieht man die Kälte und Trauer sehr deutlich, aber auch das

Versprechen eines Augenblicks der Leidenschaft, die alles vergessen macht.

In den Wochen bei Christian riefen so viele Männer an, daß Christian schon einen Routineausdruck zur Ankündigung der Anrufer parat hatte: »Christine, Kundschaft!« Ich fand das lustig, aber auch peinlich. Männer kamen als Finanzquelle nicht in Frage.

Theo schlief oft bei mir, weil ich Angst hatte, nachts alleine zu sein. Durch ihn habe ich einen anderen Jungen kennengelernt, den ich auch sehr mochte. Zu ihm sagte ich: »Wenn wir miteinander schlafen, werde ich dich hinterher nicht mehr mögen, wenn du aber nur so bei mir schläfst, werde ich dich sehr mögen.« Ich mag ihn bis heute.

Endlich hatte ich das Geld für die nächste Amerikareise zusammen. Unter Werners Regie hatte ich noch eine kleine Szene gespielt und dabei seinen Assistenten kennengelernt. Den Achim. Er sah, daß es mir schlechtging, und begleitete mich nach New York, wo meine Kinder jetzt mit Tony wohnten. Tony war aus beruflichen Gründen wieder einmal umgezogen.

Achim und ich hatten keine Liebesbeziehung, er war einfach nett zu mir. In New York sah ich die Kinder nach einem Jahr wieder und mußte mich sehr bemühen, nicht zu weinen, was ich sogar schaffte. Ich litt wie ein Hund. Die Kinder baten mich, sie in der Schule zu besuchen. Meine Töchter waren so stolz auf mich. Die anderen Kinder kamen zu mir und faßten meine Haare an. Ich trug ein rosa Yves-Saint-Laurent-Jäckchen, und sie sagten: »Oh, that's your mami? She ist so young and beautiful!«

Wenigstens etwas, das ich meinen Kindern geben konnte.

Ich durfte auch zu Besuch in Tonys Haus. Leslies Mutter, eine kleine rundliche Frau, war sehr freundlich zu mir, und ich sah eine Spur von Bewunderung in ihren Augen. Vielleicht war es mein ehrliches Bemühen um das Glücklichsein meiner Kinder in der neuen Familie. Denn im Gegensatz zu ihrer Tochter war ich nicht tückisch. Verwirrt und ziellos, ja. Aber voll guter Bemühungen.

Mein Plan war, nun weiter nach Kalifornien zu fahren und dort für mich und die Kinder ein Haus für den Sommer zu mieten.

Sie waren mir gegenüber irgendwie verändert. Wenn ich sage, daß Liebe über alles triumphiert, so weiß ich, wovon ich spreche. Diese Wesen waren auf der Welt, weil ich sie geboren hatte. Sie waren nicht mir, sondern ich war ihnen gegenüber verpflichtet. Was auch immer passierte, ich würde alles tun, um ihnen zu zeigen, daß es eine Form von Liebe gibt, die beständig ist und keine Forderungen stellt. Ich wollte, daß sie für sich aus dieser Beständigkeit der Gefühle die Kraft für ihr Leben schöpften.

Kurz bevor ich mit Achim abfuhr, ließ mir Leslie mit ein paar Zeilen den Brief eines Psychiaters zukommen, in dem stand, daß Allegra sich immer verletze, wenn ich wegfuhr, und sich daher die Frage stelle, ob es nicht besser wäre, ich würde die Kinder – um ihrer selbst willen – nicht mehr sehen.

Ich war zerschmettert, zerstört. Natürlich bereit, mir diesen Schuh sofort anzuziehen. Ich bin ja blöd, häßlich und verrückt. Außerdem, so klang es aus ihren Zeilen, war ich ja nicht einmal eine anständig verheiratete Frau...

Achim und ich heirateten. Als seine Frau, so überlegten wir, wäre ich wenigstens nach außen hin »anständig«. Ungefähr zehn Minuten nach der Hochzeitszeremonie hatte ich den ersten vernünftigen Gedanken seit Jahren. Wieso soll ich mich als Ehefrau tarnen!

Ich verdiene mein eigenes Geld. Ich habe ein Recht, mein Leben auf meine eigene Art zu leben, und brauche nicht so zu tun, als gehörte ich zu diesem Heer abhängiger Frauen, mit denen ich rein gar nichts gemein hatte.

Wir fuhren nach San Francisco zu meiner Freundin Mae, einer Lehrerin. Eine der wunderbaren feministischen Frauen in Amerika, die für eine wirtschaftliche Gleichstellung der Frau kämpfen und für eine Beziehung zu Männern, die nicht auf Dienen und Tücke basiert, sondern auf Anziehung und Auseinandersetzung.

Mae sprach mit mir über meine Verknotungen. Sie lehrte mich, viele Dinge mit anderen Augen zu sehen. »Arbeite an dir!« sagte sie. »Du kannst es schaffen.«

Zuerst trennte ich mich von Achim. Es war überflüssig, etwas zu spielen, das nicht existierte. Ich war keine Ehehälfte. Ich war ganz. Auch allein.

Durch Mae fand ich ein phantastisches Haus in Santa Barbara. Es lag im exklusivsten Viertel der an sich schon exklusiven Stadt. Das Gästehaus einer riesigen Villa, die eine Millionärin ihren Kötern hinterlassen hatte. Solange noch ein Hund lebte, durfte das Haus nicht verkauft werden. Nur das Gästehaus wurde vermietet.

Für 130 Dollar.

Als die Mädchen im Sommer kamen, fanden sie ein wunderschönes Puppenhaus vor. Der Besitzer war ein Mann mit sehr gutem Geschmack. Im Garten gab es wildwachsende Rosenbüsche. Alex und Allegra waren begeistert. Mochte ich auch bei ihnen zu Hause als verrückt und unmöglich gelten, mit mir war das Leben jedenfalls spannend und interessant.

Sie lernten Eric kennen, der aus der Hand lesen und Geister beschwören konnte. Da waren ein schöner alter Mann und seine Frau, die Morgenroths. Ein Paar, das vor Hitler aus Deutschland geflohen war. In ihrem Haus gab es ein Zimmer mit echten Tapeten aus dem 18. Jahrhundert. Mr. Morgenroth fuhr ein schönes Motorrad, auf dem sich die Mädchen vorsichtig über die nach Blumen duftenden Wege fahren ließen. Es gab auch einen waschechten Indianer, der vor ihren Augen eine Schlange fing und tötete.

Wir hatten wenig Geld, gingen mit großen Handtaschen ins Restaurant, um das Klopapier mitzunehmen.

Ich lernte Justine kennen, ein richtiges Cowgirl mit dickem, blondem Haar. Wenn sie lachte, wackelte der ganze Canyon.

Wieder gab es jede Nacht Märchengeschichten, und Alex durfte meine Kleider anziehen und mit Goldsandalen auf der Straße laufen. Wir fuhren manchmal per Anhalter auf der Ladefläche von Lastwagen ans Meer und gingen am Nacktbadestrand schwimmen.

Einmal war ein Bekannter von Justine am Strand, der hatte einen ungewöhnlich großen Penis, was ich elegant übersah, wie man das an Nacktbadestränden eben so tut. Nicht die Mädchen. Sie stellten sich hinter ihn und gestikulierten wild, aber stumm, ich sollte doch mal hinsehen! Für sie war das nur etwas zum Lachen; für mich jedoch war es schwer, diesem kindlichen, unbefangenen Kommentar entsprechend zu reagieren. Ich trug am Strand immer einen großen Hut mit Schleier, der mir sehr gelegen kam, weil ich natürlich über ihre Gesichter lachen mußte.

Mae besuchte uns, und wir waren eine richtige Familie. Das machte es auch leichter, die Kinder für ein paar Tage in ihr anderes Zuhause, in das reiche, aber im Vergleich zum Strandleben öde Bel Air zu bringen. Alex und Allegra sollten während der Ferien zu einem Arzt, und ich würde sie bald wieder abholen.

Ich hatte ein mieses Gefühl.

Ankündigungen kommender Ereignisse sind wie ein Farbschleier in der Luft, dessen Farbe gewissermaßen fühlbar ist.

Als die Mädchen aus dem Haus kamen, waren ihre Haare ganz kurz geschnitten. Bürstenschnitt!

Puh, das tat weh. Es war wie eine Kastration. Alex'

knospende Jungmädchenschönheit war wie zerstört. Allegra war guter Dinge; ihr stand es. Aber Alex!

Leslie hatte ihnen die Haare schneiden lassen, weil es für den Sommer »bequemer« war. Ich fand es schrecklich. Das sah nach einem ganz gemeinen Racheakt aus.

Wir versuchten mit Tüchern und Bändern aus diesen Frisuren etwas zu machen. Obwohl ich mit den Kindern nicht über ihr »Zuhause« sprach, spürte ich eine schwelende Feindseligkeit. Ich sah, und das sagte ich ihnen, keinen Sinn darin, schlecht über Tony und seine Frau zu sprechen.

Ich wollte ihnen zeigen, daß es andere Werte gab als Reichtum, andere Wege, die zu Zielen führten, die Tony und Leslie fremd waren. Ich war auf meinem neuen Weg erst ein paar Schritte vorangekommen, und ich sprach mit ihnen offen über meine Fehler und Probleme. Alex sagte mir später einmal, daß ich von allen »Erziehern« die einzige war, bei der das, was sie sagte, immer identisch war mit dem, was sie tat.

Unsere Art, den Sommer zu verbringen, paßte den Curtisses nicht, und in den folgenden Jahren geschahen viele Dinge, über die ich nur eines sagen möchte: Grausamkeit und Boshaftigkeit rächen sich letztendlich immer an ihrem Urheber.

Nach diesem Sommerurlaub mit den Kindern war ich ausgeglichener. Langsam lernte ich, die Welt auf meine Art in den Griff zu bekommen. Auf eine seltsame Weise schloß sich ein Kreis.

Eine der vielen Geschichten, die man erlebt, wenn man überlebt: Als die Mädchen abgefahren waren, war Werner Schroeter kurze Zeit Gast in meinem kleinen Haus. Wie üblich kam er mit einer Entourage, darunter ein merkwürdig aussehendes Wesen. Ein Mädchen, wie ich nach einigen Tagen herausfand. Sie fragte mich gelegentlich, ob sie ein Ferngespräch nach St. Louis Obispo führen dürfte, dort saß ein Mann im Gefängnis, mit dem sie eine Beziehung hatte. Sie war, so erfuhr ich später, ein Gerichtssaalgroupie, aber ansonsten schien sie mir ganz klug.

Sie fuhr mit Werner wieder weg, Mae blieb. Eines Tages rief mich der Gefängnisinsasse an. Er hörte sich sanft und kultiviert an. Als er seinen Namen nannte, setzte mein Herzschlag einen Moment lang aus: Tex Watson, der Mann aus der Charles-Manson-Bande, der Sharon getötet hatte.

Ich liebte Kalifornien sehr. Vielleicht spürte ich deshalb die wachsende Gefahr immer stärker. Das Leben in diesem schönen, von der Sonne verwöhnten Land am Meer schien sich radikal zu verändern. Immer mehr Leute nahmen Drogen. Nicht bloß ein wenig Gras, sondern Kokain und »Angel Dust« wurden Mode. Es war erschreckend, wie wenige sich dem noch entziehen konnten.

Werner machte mir ein Tourneeangebot für die *Salome*, das ich annahm. Es war schwer, die kalifornische Sonne zu verlassen, die Trennung von meinem Strandfreund

George fiel mir leichter. Ich hatte erkannt, daß meine Liebe zu ihm nur eine Flucht vor mir selbst gewesen war. Es würde Mut und Kraft kosten, in der Bundesrepublik zu leben und zu arbeiten – mit Grauen dachte ich an die bösartigen, diffamierenden Berichte der Illustrierten und der Boulevardpresse über mich –, aber es war eine Chance. Ich mußte mich stellen, nur dann würde es mir gelingen, mich endlich zu entknoten.

Die glückliche Zeit mit den Kindern hatte sich auch auf mein körperliches Wohlbefinden ausgewirkt, ich war wieder schlank geworden. Die Gruppe, die Werner ausgesucht hatte, war genau richtig für einen Schritt in Richtung Selbstfindung. Diese mußte zwangsläufig in meinem Beruf ihren Anfang haben.

Werner ließ uns bald nach den Proben im Stich. Wir waren, wie mir schien, eine Art Gauklertrüppchen, wie aus einer anderen Zeit. Etwas billig und unprofessionell. In Werners Händen bekam diese Zusammensetzung einen irrealen, traumhaften Zug, bei jedem »normal« arbeitenden Regisseur hätte sie zu einem Haufen kurioser Halbprofis oder Volldilettanten – ich allen voran – verkommen müssen. Trotzdem entwickelte gerade diese Produktion eine ungeheure Eigendynamik. Die Profis wurden immer schlechter, die anderen entfalteten immer mehr Phantasie. Ich nähte selbst meine Kostüme. Hartwig, ein sehr schöner junger Kollege, besorgte beim Bremer Rundfunk eine Musik, die der ganzen Inszenierung einen traumhaften Akzent verlieh. Es geschah gelegentlich, daß ich in dem Schlußmonolog der Salome den phantastischen Text der Sehnsucht und Liebe so vermittelte, daß er das Publikum traf. Es gab Vorstellungen, nach denen es ganz still war und dann mit starkem Applaus reagierte. Es gab auch Vorstellungen, in denen »Buh« gerufen wurde. Aber ich hatte etwas Wichtiges gelernt, nämlich daß dieser mir so verhaßte Beruf die Möglichkeit gab, in mir selbst Gefühle zum Leben zu erwecken und sie den Menschen zu vermitteln. Daß sich aus dem Gefühl Gedanken entwickeln und daß ich mich über diese Gedanken als Mensch formen konnte. Über das Rosen-Resli, über die Skandalnudel, über die Wahnsinnige zu mir.

Immer seltener griff ich zu Drogen oder Schlaftabletten, um die Wirklichkeit auszuschließen, die Gefühle zu dämpfen. Ich lernte, den Schmerz über die Trennung von meinen Kindern zu ertragen. Langsam sah ich meinen Weg klarer vor mir.

Nach der Tournee hatte ich genug Geld, um nach Kalifornien zu fliegen. Wieder zu Mae nach San Francisco. Das Geld, das die Kinder für den Flug dorthin brauchten, hatte ich auch. Hartwig begleitete mich.

Es war selbstverständlich für ihn, daß er nicht bei mir schlief, solange die Kinder da waren. Wir wohnten in einem riesigen Haus, das einem Freund gehörte, einem ehemaligen Feuerwehrhaus. Wir schliefen zu dritt im Gästetrakt.

Obwohl Hartwig sich den Mädchen gegenüber sehr rücksichtsvoll verhielt, mochten sie ihn nicht, denn ihre

Mama gehörte ihnen. So überlegten sie sich ständig irgendwelche Scherze, an denen ich mich zugegebenermaßen beteiligte.

Wir kochten gern und viel. Salate waren Allegras Spezialität. Wir hatten den Tisch mit Magnolien und Kerzen gedeckt. Salat als ersten Gang. Hartwig bemerkte ein zaghaftes Lächeln um unseren Mund. Das Hausbesitzerpaar lobte das köstliche Gericht.

Von Hartwig kam ein gellender Aufschrei. Wow, dieser Salat! Es war ungefähr ein Eßlöffel Salz drin. Gewarnt, tauschte er danach immer vorsichtig die Teller aus.

Nach dem Essen nahm er eine Zigarette. Ich auch. Hartwig sah aus wie Alain Delon und hatte eine sehr laszive Art zu rauchen. Peng! Seine Zigarette explodierte mit lautem Knall. »Rache«, schrie er, doch er lachte dabei, und die Mädchen lachten mit.

Auch zum Kaffee rauchte Hartwig eine Zigarette, nahm aber vorsichtigerweise die zweite der Reihe aus seinem Etui. Peng! Ein Feuerwerk an seiner Nasenspitze!

Fortan hütete er die Zigaretten wie ein Heiligtum. Er war wirklich lieb, aber für Allegra war jeder Mann an meiner Seite ein rotes Tuch.

Der Kontakt zu Leslie und Tony war völlig abgebrochen. Ich durfte nicht mehr anrufen und konnte mir nicht erklären, warum. Meine Einstellung zu ihnen war positiv, der Kinder wegen. So war es mir recht, wenn sie Leslie mochten, und es störte mich nicht, daß sie zu ihr »Mutter« sagten. Denn ihre Mutter blieb doch immer ich. Wir liebten uns. Daran würde sich nie etwas ändern.

Eines Tages fand ich die Kinder ganz aufgelöst, ihre Stiefmutter hatte ihre Bitte, ein paar Tage länger bleiben zu dürfen, schroff abgelehnt und erbost eingehängt. Ich verstand Leslie nicht. Sie hatte doch eigene Kinder und mußte wissen, daß man ihre Zuneigung nicht gewinnt, wenn man sie mit so kindischen Mitteln unter Druck setzt. Ich erklärte den Mädchen, daß manche Mütter eigentlich nichts anderes sind als alte Kinder. Von manchem wissen sie mehr, von anderem weniger.

Unsere Abschiede waren immer das Versprechen auf ein baldiges Wiedersehen. Nur dadurch waren sie zu ertragen. Die vielen Erlebnisse und Stunden inniger Liebe verbanden uns in einer Weise, daß mir im nachhinein klar wurde, warum Leslie so eifersüchtig war.
Mir wird sie trotzdem ein ewiges Rätsel bleiben.

In Deutschland zog ich mit Hartwig zu einer befreundeten Familie. Meisy war nach wie vor mein Wahlbruder. In seinem Kreis fand ich Menschen, mit denen ich über meine Probleme der Selbstfindung sprechen konnte. Wieder war es ein Journalist, durch den ich einen Schritt auf meinem Weg vorankam. Bodo Land. Er schrieb für »HÖRZU«.

Manchmal braucht man zehn Jahre, um einen Satz zu verstehen. Für mich war es ein Satz, den J. C. gesagt hatte, der jetzt sozusagen in die Wurzel gedrungen war und etwas in mir zum Keimen brachte: »Jeder Mensch hat das Recht auf Wut.« Wut über Ungerechtigkeiten.

Wut aber muß man zeigen, wenn sie nicht selbstzerstörerisch wirken soll. Alles was man verdrängt, macht krank – eine alte Erfahrung. Ich hatte in meinem Leben so vieles – bewußt und unbewußt – verdrängt. Bodo Land brachte all die Dinge ganz klar auf den Punkt, Dinge, die ich insgeheim wohl gespürt, an die ich mich aber nie herangewagt hatte. Wie jedem guten Journalisten ging es ihm um Wahrheitsfindung, nicht um Sensationen.

Er gestand mir das Recht auf Schmerz und Wut zu. Er räumte »den Schutt« weg und legte Kräfte frei, die mir den Mut gaben für einschneidende Veränderungen. Er überzeugte mich, daß ich sowohl als Mensch wie auch als Schauspielerin interessante Qualitäten hatte, die es nun sinnvoll einzusetzen gelte.

Ich zog nach München in eine romantische Dachwohnung und schuf ein Heim, das bei aller Bescheidenheit ein Zuhause war, in dem mich meine Kinder besuchen konnten. Ich lernte Selbstkritik positiv umzusetzen und entwickelte auch meine schauspielerischen Fähigkeiten.

Als erstes machte ich mir eine »Kummerliste«, die ich auch heute noch oft anfertige und die mir immer wieder hilft. Ich arbeitete daran, mich selbst wieder auf Vordermann zu bringen. Ein Gymnastikprogramm war gut für die Figur und half gegen Depressionen. Die Kummerfalten verschwanden, der Ausdruck meines Gesichts wurde reifer. In mir erwachte eine positive Kraft, die die Menschen anzog.

Und vor allem: Ich kochte wieder gern.

Barbara Valentin hatte ich in meiner miesen Phase bei Dreharbeiten mit Rainer Werner Fassbinder kennengelernt. Sie und Helmut Dietl waren meine ersten Gäste zum Abendessen. Damals wohnte ich mit Hartwig und einem Schauspieler namens Herbie zusammen. Während ich mit den Vorbereitungen beschäftigt war, sagte ich den beiden Herren: »Man kann viel gegen mich sagen, aber *kochen kann ich.*«
Barbara und Helmut aßen mit offensichtlichem Gusto und bestätigten: »*Kochen kannst du.*«

Gut, das konnte ich also. Gymnastik war auch kein Problem. Ich sah wieder gut aus, das sagten alle. Warum also nicht damit Geld verdienen?
Der erste Schritt war die Kontaktaufnahme mit einer Kosmetikfirma, die ihre Produkte in Reformhäusern verkaufte. Früher hatte ich für alle möglichen unnützen Dinge geworben, warum nicht einmal für etwas werben, das man wirklich braucht?
Es klappte.
Dieses allmähliche Zu-sich-selbst-Finden hatte auch die Trennung von meinem Freund zur Folge. Er war sehr schön, sehr nett, nur nicht das, was ich brauchte, um mich weiterzuentwickeln.

Eine der Frauen, mit denen ich mich anfreundete, war Alexandra Marischka. Sie hatte ein Kind. Als ich die Kleine einmal für ein paar Stunden bei mir hatte, fand

mein Bruder mich danach vollkommen in Tränen aufgelöst. Er stellte mir die berechtigte Frage, ob ich mir denn
so etwas leisten könne.
Nein.

Bei Helmut Dietl lernte ich Patrick Süskind kennen. Ich
glaube, ich habe *Vom Winde verweht* zu oft gesehen und
hegte romantische Gefühle für Männer, die als Ashley in
Frage kommen. Fern, unwirklich und außerhalb aller
Spielregeln. Patrick ist der Ashley schlechthin, und während ich wie Scarlett handfest ein neues Lebenspro-
gramm umsetzte, war mein Verliebtsein in Patrick der
ideale Ausgleich für den erdgebundenen Alltag. Oft
besuchte ich die Dietls nur, um den fernen hellen Patrick
schmachtend zu betrachten, und wäre die Mutter von
Helmut nicht gestorben, so wäre es dabei geblieben,
aber die Trauer und Verwirrung, die so ein Tod auslöst,
und die Aktivitäten, die dem folgen, brachten uns näher.
Ich lebte noch mit Hartwig und dachte meine Zuneigung
zu Patrick diskret versteckt zu haben, als eines Tages
Hartwig wortlos die Wohnung stürmte, zu mir ins Bad
kam, mit der Hand ausholte und mir eine Backpfeife
geben wollte. Ich duckte mich. Das Ziel verfehlt, zog er
wieder ab. Verwundert und schuldig machte ich mich im
Bad weiter fertig. Nach einer halben Stunde klingelte das
Telefon. Patrick hatte den gleichen Besuch bekommen,
war aber, wie es Ashleys eben so tun, stehen geblieben
und hatte seine Ohrfeige voll aufs Ohr bekommen.
Trotzdem blieben wir befreundet, und ich bat ihn, mir
bei einem Buch zu helfen, an dessen Konzept ich schon

eine Weile gearbeitet hatte. Mein Bruder hatte mit dem Molden-Verlag gesprochen, ob er an einem Schönheits- und Gesundheitsbuch von mir interessiert wäre – Jahre bevor diese Art Bücher der große Trend wurden. Wir setzten einen Vertrag in Wien auf, es wurde ein beträchtlicher Vorschuß vereinbart.

Die ersten Artikel sollte ich so bald wie möglich schreiben.

Zu Hause legte ich den Inhalt der Kapitel fest, brachte das Manuskript zu Patrick und las es ihm mit blutrotem Gesicht vor. Ich hatte ihn gebeten, für die Hälfte des Moldengeldes die redaktionelle Bearbeitung der Texte zu übernehmen. Parick hatte einen wahren Röntgenblick (ach, diese wunderschönen Augen!). Ich war immer »ganz durch den Wind«. Er sah mich also an und sagte: »Das ist doch gut und witzig, warum schreibst du es denn nicht selbst?«

O nein, das traute ich mir nicht zu. Turnen und schminken, ja, das konnte ich, aber darüber schreiben, das mußte er. Ich überzeugte ihn, und er machte ein paar wirklich gute, amüsante Kapitel aus den Fakten, die ich zusammengestellt hatte.

Bibbernd wartete ich auf die Antwort von Molden. Der Lektor schrieb, es täte ihm leid, aber in dem Manuskript könne er keinerlei schriftstellerische Begabung erkennen. Der Vertrag müsse aufgelöst werden. Leider habe ich den Brief sowie das gesamte Manuskript weggeworfen und das Geld zurückgeschickt.

Patrick Süskind ist der Autor des erfolgreichen Buches »Das Parfum«!

Ich bekam wieder Rollen angeboten, denen ich tatsächlich Interesse abgewinnen konnte.

Brandauer engagierte mich für eine kleine Rolle in Grillparzers *Die Jüdin von Toledo* in einem Freilichttheater, wo man sich die Seele aus dem Leib schrie. Der Aufenthalt im Burgenland war nett.

Anita Lochner und Kitty Speiser waren sehr liebe Kolleginnen. Mein großer Coup war jedoch nicht die Rolle, sondern die Entdeckung eines Auktionshauses, in dem ich für lächerlich wenig Geld unglaublich tolle und wertvolle Jugendstilmöbel kaufte. Mein kleines Hotelzimmer war vollkommen überfüllt.

Brandauer erinnerte mich immer ein bißchen an meinen Bruder, vor allem durch seinen Humor. Er bekam irgendwie mit, daß meine Bindung an Hartwig sich aufzulösen begann und daß es einen potentiellen Nachfolger gab. Er war von meiner Gleichgültigkeit in bezug auf Erfolg und Ruhm fasziniert. »Was erwartest du?« Immer so eine Frage! Vom Leben, von der Beziehung, von der Arbeit ...

Er wollte wissen, warum ich mich dem neuen Verehrer entzog, den er besser fand als Hartwig.

Meine Antwort brachte ihn so zum Lachen, daß ihm die Tränen aus den Augen kullerten. Ich meinte es ehrlich: »Bei mir werden alle zum Hartwig, sooner or later.«

Nach der Theaterarbeit suchte ich in München eine Wohnung, die zu den Möbeln paßte. Im Lehel. Sie war wunderschön. Obwohl ich mich innerlich von Hartwig schon getrennt hatte, zogen wir gemeinsam ein.

Die Wohnung hatte 150 qm, auf denen sich meine Phantasie austoben konnte. Geld war nie viel da, doch gerade dieser Umstand förderte die eigene Kreativität. Ich nähte Vorhänge aus echter, hauchdünner Seide, teefarben, was für gute Stimmung sorgte. Auch Couches baute ich selbst. Meine Kreativität und auch mein handwerkliches Talent waren wohl ein Erbe meiner Vorfahren väterlicherseits.

Bei der Einweihungsparty entstand eine wundervolle Farbkombination: Auf den zimtfarbenen Sitzgelegenheiten, in weiches Licht getaucht, saßen meine Freundinnen, die alle, wie verabredet, in hellen Farben gekleidet waren.
Ich besah sie mir aus dem Nebenraum. Die Stimmung war wie auf Ingres' Bild »Das türkische Bad«. Während ich den Anblick genoß, kam Mandi Hausenberger zu mir und sprach meine Gedanken aus: Er habe noch nie ein so harmonisch weibliches Interieur gesehen.
Was mir als junger Frau in der Ehe mit Tony gelungen war, wiederholte sich jetzt in München. Zu meinem Kreis zählten anregende, gescheite Menschen mit Perspektiven, Zielen und der Fähigkeit, Beruf und Leben produktiv zu verbinden.
Ich entwarf einen Tisch, der in Produktion ging, einen Musterschutz erhielt und vom mexikanischen Präsidenten gekauft wurde. Dann entwickelte ich ein Kissen gegen meine häufigen Migräneanfälle. Es entpuppte sich nicht nur als hervorragendes Therapeutikum, sondern verhinderte auch gleichzeitig Schlaffalten.

Mit der schönen großen Wohnung und meiner neuge-
wonnenen inneren Stabilität konnte ich meinen Kindern
nun sowohl Abenteuer als auch ein schönes Zuhause im
bürgerlichen Sinn bieten.
Wir hatten uns zwei Jahre nicht gesehen. Einige un-
schöne Dinge waren geschehen, wir hatten eine Phase
durchgemacht, in der wir uns fremd geworden waren.
Vielleicht hatten sie mich auch ein bißchen verachtet, all
das böse Gerede über mich konnte sie ja nicht unberührt
lassen, doch endlich, endlich waren meine Töchter wieder bei mir.

In diesem Urlaub verliebten wir uns wieder richtig
ineinander. Die Mädchen hatten den jugendlichen
Charme selbstbewußter Teenager, der auf Männer so
betörend wirkt, und einige, die mich früher verehrt
hatten, waren nun von ihnen wie verzaubert. Ich verstand das sehr gut. Ich war ja selbst ganz hingerissen. Sie
waren nicht nur hübsch, sondern klug, warmherzig und
offen. Sie gaben mir alle Zuneigung, von der ich je
geträumt hatte. Jetzt, da sie selbst Vergleiche ziehen
konnten und die Beständigkeit meiner Gefühle für sie
erlebten, erkannten sie, daß diese innere Stetigkeit ihnen mehr Geborgenheit schenkte als aller Glanz und
Reichtum in Bel Air. Ich war auch nicht, wie Leslie es
offenbar war, eifersüchtig auf ihre blühende Schönheit.
Eine liebende Mutter kennt keine Eifersucht.
Meinen Töchtern habe ich es zu verdanken, daß mir
junge, hübsche Kolleginnen schnell ans Herz wachsen,
wenn sie mir angenehm sind. Ich sehe die Jugend als

Repräsentanten des Lebens und nicht als mißliche Mahnung an den eigenen Verfall und den Tod.

Allerdings passierten während ihres Aufenthalts sehr viele Dinge, die wohl auch zum »ganz normalen Wahnsinn« gehören, um Helmut Dietl zu zitieren.

Als ich mich von Hartwig getrennt hatte, schrieb Paul Sahner über mich in der »Bild-Zeitung«, ich würde mehr oder weniger aus dem letzten Loch pfeifen. Das stimmte irgendwie, doch andererseits auch wieder nicht. Denn um aus dem letzten Loch herauszukommen, hatte ich Kräfte mobilisiert, die mir bis dato unbekannt waren. Mit dieser neuen Energie und meinem ganz hübschen Aussehen lockte ich die Männer an wie die Fliegen. Vor allen Dingen muß aber noch gesagt werden, daß es meine Armut war, die den Retter in den Männern hervorkitzelte.

Und da ich alleine war, nahm ich mir der Reihe nach einige Liebhaber. Ohne mich zu binden. Das haben die Männer, glaube ich, nicht so gerne. »Nicht binden«, das mögen sie lieber auf ihrer Seite verzeichnen. War nun ein Mann bei mir, so warf der Vorgänger Steine durchs Fenster. Hatte ich mich von einem getrennt, so malte er mitunter den ganzen Gehsteig voller Herzen. Manchmal gab es komische Situationen, manchmal nicht. Keiner konnte mir geben, was ich brauchte.

In der Biochemie gibt es ein bestechendes Gleichnis für Liebeskummer: Hat jemand Zinkmangel, so kann er Eisen essen, bis es ihm zu den Ohren herauskommt. Der Zinkmangel kann nur mit Zink behoben werden.

Und was ich hatte, war Liebeskummer. Liebeskummer wiederum ist in meinen Augen Lebenskummer. Ein Schritt zur Auflösung desselben war, mit den Männern als Ablenkung aufzuhören. Leider gibt es offenbar bei einer Frau wie mir nur eines, das wirksam gegen Männer im allgemeinen wirkt: ein Mann.

In Reno hatte ich den perfekten »he-man«, den wirklich männlichen Mann gefunden. Er konnte mit einem Blick aus seinen blauen Augen sein Revier behaupten.

Ein weiterer Grund für mich, keine Affären mehr mit Männern zu haben, war ein Bericht meines Freundes Dieter Schidor. Er hat mir 1979 zum ersten Mal von AIDS erzählt. Allerdings hieß es damals »gay cancer«, Schwulenkrebs.

Darauf jedoch wollte ich mich nicht verlassen. Gay oder nicht, es war für mich nicht nur ein Zeichen, sexuell die Handbremse zu ziehen, sondern gleich den eisernen Vorhang fallen zu lassen. Reno war zehn Jahre jünger als ich und mit seiner niederbayerischen Kraft der ideale Beschützer.

Ein begabter Komponist und Sänger, so sexy, daß sich zum Beispiel die Journalistin Fee Zschocke vor mir auf seinen Schoß setzte und erzählte, wie sie von ihm geträumt hatte. Allerdings erst, nachdem sie mich seinetwegen in einem »Brigitte«-Bericht in die Pfanne gehauen hatte.

Wir waren schon ein Paar, als die Mädchen zu Besuch kamen, er wohnte aber nicht bei mir.

Alex und Allegra genossen das Leben in München sehr. Im Gegensatz zu Los Angeles war hier das Ausgehen nicht gefährlich. Dort sind die Kinder sehr lange an die Eltern gebunden, denn man kann nirgendwo mit der Straßenbahn hin. Hatte jemand ein Auto, war die Rückfahrt doppelt gefährlich. Alkohol ist erst ab 21 erlaubt, und daran halten sich die Jugendlichen, weil es genug andere Drogen gibt. Mir berichteten die Mädels, wie sie um vier Uhr früh per Anhalter nach Hause gekommen waren. Dagegen ist München ein überwachter Kindergarten.

Zwischen den Zeilen hörte ich heraus, daß es in der Ehe von Tony und Leslie kriselte. Alles menschlich, nur im Gegensatz zu meiner Kommunikationsart mit den Töchtern wurden Probleme dort nicht mit den Kindern offen diskutiert, sondern die schwelende Spannung führte zu einer allgemeinen Verunsicherung.

Mein Haushalt war immer sehr umweltschonend. Frau Riess, die den schönsten Bioladen der Welt hat, war das Ziel unserer Radfahrten. Für die Mädchen war dies ein sehr reizvoller Unterschied zur reichen Öde, die derzeit in ihrem Haus in Bel Air herrschte. Als Teenager lernt man sich selbst durch die Eroberung der Umwelt kennen, und vor allem Alex verliebte sich in das Münchner Ambiente.

Für Dramatik wurde zwar bei mir auch gesorgt, die Auflösung unterschied sich jedoch reichlich vom »normalen« Umgang damit. Reno und ich hatten Streit, weil er ausging und meinte, ich würde brav bügelnd zu Hause bleiben. Ich machte mein eigenes Rendezvous aus und ging. Die Mädchen hatten auch Verabredungen.

Ich entschwand in einem flatternden Seidenkleid auf meinem Rad. Bei dem Freund angekommen, befiel mich ein etwas flaues Gefühl, und ich rief daheim an. Allegra sagte, es wäre etwas passiert, und ich solle schnell wieder heimkommen. Ich war nur ein paar Straßen entfernt und fand zu Hause einen ominösen Zettel vor (dessen Inhalt niemanden etwas angeht). Die Mädels und ich setzten uns auf die Räder und suchten in den Isarauen nach Reno.

Was einer gewissen Komik nicht entbehrte, denn dort tummeln sich bekanntlich viele Männer, die auf Männersuche sind. Im Kegel des Radlichtes tauchte immer wieder dasselbe Bild auf: Herren in herbmännlichen Posen stoben auseinander, während wir besorgt »Reno, Reno!« riefen. Wir mußten natürlich lachen. Nach ein paar Stunden ließen wir es sein, da wir den nötigen Ernst nicht aufbringen konnten.

Zu Hause war er dann doch.

Reno war der leidenschaftlichste Mensch, den ich je kennengelernt habe. Leidenschaft bezieht sich nur für einen faden Menschen auf Sexualität.

Durch Reno habe ich mehr über mich gelernt als durch alle anderen Liebhaber zusammen. Aber wir hätten uns auch fast umgebracht. Nicht als die Mädchen da waren. Er war sehr fürsorglich und aufgrund seiner eigenen Kindheit jemand, der viel darüber wußte, wie sich Leid äußert.

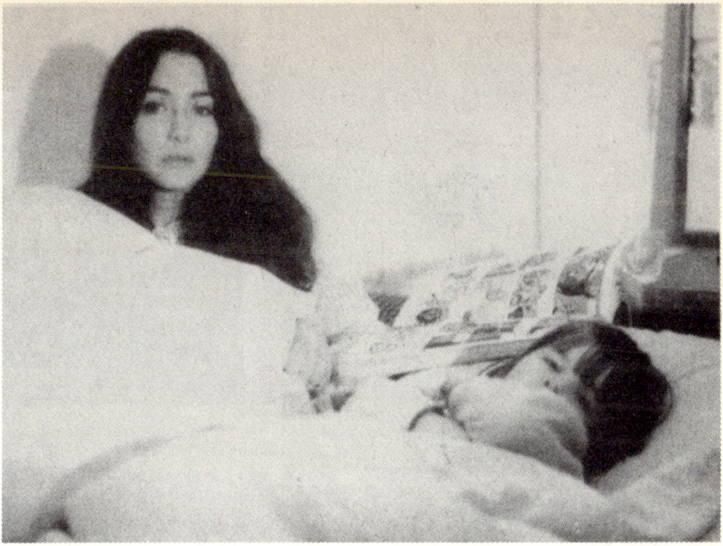

41 Mit Niels, meinem Hamburger WG-Freund, in unserem Nomadenlager, 1972

42 Mit Allegra, 1969

43/44   Mit Günter
Amendt (oben) und
Magdalena Montezuma
(links) in Hamburg, 1972

45   Mae, von mir im Bus fotografiert

46   Magdalena und Werner Schroeter vor meinem »Salome«-
Tournee-Plakat in Bochum, 1977

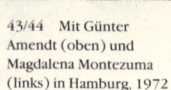

47 Mein Vater und ich im selben Alter

48 Alexandra als Engel, München   49 In einem Hotel in San Francisco, 1976
1979

50   Im Malersaal des Hamburger Schauspielhauses inszenierte Werner Schroeter 1972 Lessings »Emilia Galotti«. Ich spielte die Titelrolle, Hans-Peter Hallwachs den Prinzen, Knut Hinz den Marinelli.

51   Mit Kristina van Eyck in Herbert Veselys Film »Egon Schiele – Exzesse«, 1980

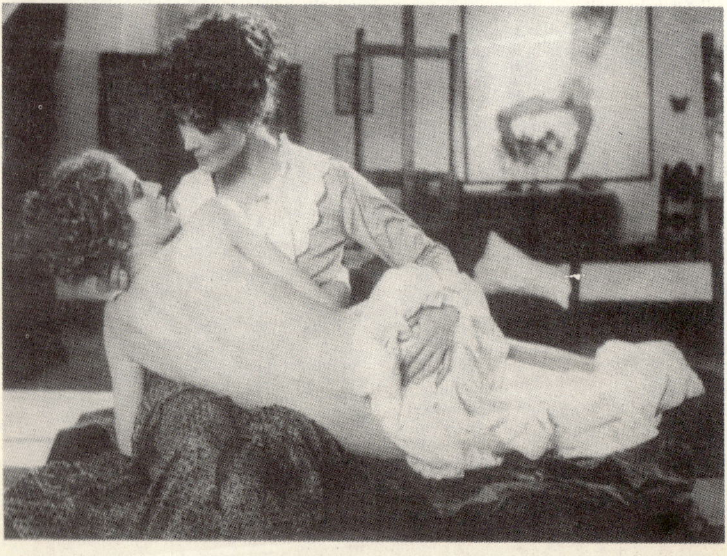

Zu meinem Freundeskreis gehörte ein Rechtsanwalt namens Klaus Kähler. Ihm stellte ich Herbert Vesely vor, der seit Jahren mit einem schon fast zerfledderten Drehbuch über Egon Schiele hausieren ging. Klaus ermöglichte die Produktion, und ich bekam die Rolle der Edith, der Frau Schieles.

Durch die Beziehung mit Reno war der Abschied von meinen Töchtern nicht so schlimm. Er war der einzige Mann, der meinen Kindheitsschmerz genau dann erfühlte, wenn er mich befiel. Er nahm mich dann in die Arme, und ich wußte, daß nur ein Mann, der noch so nah am Kindsein war, diesen Schmerz ahnen konnte.
Alles dachte natürlich, wir hätten ein reines, pardon, Fickverhältnis. Das kann man meiner Erfahrung nach mit Gleichaltrigen viel besser.
Wir fuhren nach Wien, und am ersten Drehtag lernte ich einen Mann kennen, durch den ich meine Freundschaften zu Heterosexuellen weiter festigte. Ich habe ihn vom ersten Satz an geliebt und tue es noch immer.

Es war ein ungewöhnlich schöner Herbsttag. Im Garten eines Parkcafés im Wienerwald saß ein ausnehmend interessant aussehender junger Mann. Sein ganzes Wesen schien wie unter Strom. Wir stellten uns so vor:
»Guten Tag, ich heiße Mathieu Carrière. Haben Sie das Drehbuch gelesen?«
»Ich bin Christine Kaufmann; ja, ich mache den Film trotzdem.«

Ich kann Ihnen versichern, daß es sehr wenige Schauspieler gibt, die gleich zu Beginn so ehrlich sind.

Mathieu ist auch ein ehemaliger Kinderstar und hat daher eine realistische Beziehung zu dem Beruf.

Die »Ernsthaftigkeit« besteht darin, daß man im Augenblick der Arbeit ganz da ist. Sich jedoch in Sekundenschnelle wieder davon löst. Die wunderschöne Kristina van Eyck brauchte im Gegensatz zu uns immer lange Konzentrationsanläufe für ihre Darstellung, auch wenn die Szene nur darin bestand, daß drei Leute einen Film ansahen. Ich erzählte beim Einleuchten einen Witz, Kristina stand mit verhaltener Empörung auf und raunte dem Regisseur etwas ins Ohr, der uns dann aufforderte, still zu sein, Kristina müsse sich konzentrieren. Danach fiel es mir besonders schwer, ernst zu bleiben, denn ich finde die Konzentration für ein leeres, stummes Schauen an sich schon komisch.

Gleich am ersten Tag hatte sich herausgestellt, daß wir mit unserem Humor nicht auf derselben Wellenlänge lagen. Vesely hatte uns in ähnliche weiße Gewänder gesteckt. Nun ist Kristina sehr, sehr schlank, und ich bin ziemlich, sagen wir, rundlich. Als wir uns im Spiegel ansahen, mußte ich lachen, weil ich fand, wir sahen aus wie Dick und Doof. Sie nicht.

Außerdem machte sie sich furchtbar an Reno ran, was mich nicht gerade begeisterte.

Reno war toll, er reagierte überhaupt nicht auf sie und nahm mich ganz fest in die Arme. Es ist selten, daß ein Mann vor einer so schönen Frau eindeutig zu seiner »eigenen Vettel« hält.

Im Laufe der Arbeit entdeckte ich aber, daß ich ihr gegenüber unfair war, denn sie suchte körperliche Wärme bei jedem. Selbst bei mir. Sie war so liebebedürftig. Sie tat mir leid. Ein schönes, einsames Mädchen.

Reno und ich wollten nicht mehr in Deutschland leben. Die Filmarbeit war mir nicht ergiebig genug, und er wollte mit seiner ohne Zweifel großen Begabung sein Glück woanders versuchen.
Viele Menschen wollten nach Neuseeland auswandern. Wir taten es.
Ich war zwar gut im Erspähen kostbarer Möbel, aber außerstande, auch nur irgend etwas halbwegs gut zu verkaufen. Reno machte meine Möbel aus Österreich zu sehr viel Geld.
Zu Elisabeth sagte ich, ich wäre sicher bald wieder da, und ich vermißte sie schon vor der Abreise. Trotzdem war es aufregend, alle Bindungen aufzugeben und etwas vollkommen Fremdes und Neues auszuprobieren.

Die Landung in Neuseeland war so turbulent, daß Reno, selbst fast ein Orkan, im Flugzeug schon wieder umkehren wollte. Beim Aussteigen jedoch war er wieder versöhnt und ich hingerissen. Wir sind ja alle so arm in Europa! Richtiger Reichtum sind eigentlich nur saubere Luft und sauberes Wasser. Alles andere sind des Kaisers neue Kleider.

Wir kamen in der Silvesternacht an, stellten die Koffer ins Hotel und gingen durch die tropische Landschaft.

Die Luft fühlte sich so an, als würde der ganze Körper mit Katzenzungen geleckt. Dazu tausend liebliche Gerüche.

Wir waren etwa drei Monate in Neuseeland, es hätten aber auch Jahre sein können. Es gibt nichts, womit sich die Zeit im europäischen Sinne messen läßt. Auf die Uhr zu sehen ist sinnlos.

Die Gegend, in der wir lebten, bestand aus einem Meer von Hügeln mit sehr vielen Schafen. In gleichmäßiger Entfernung lagen Häuser verstreut. Wir hatten auch so einen kleinen Hügel mit Haus. Für 10 Dollar die Woche.

Wir hatten auch nette Nachbarn. Die Frau unterschied sich jedoch von den anderen dadurch, daß sie keinerlei Pflichten erledigte, die man zu erfüllen hat, um ein Haus so ordentlich zu halten, um wenigstens in einer geraden Linie durchs Wohnzimmer gehen zu können. Jedes Zimmer sah aus, als wäre darin eine Bombe detoniert. Die Krönung war das Waschzimmer, in dem zwei Haufen lagen, der eine schmutzig, der andere sauber. Sie waren allerdings nur für die Hausfrau zu unterscheiden. Gelegentlich löste sich irgendein Tier aus dem Haufen, und es wunderte mich nicht, daß sie ihre Katze in die Maschine gesteckt hatte, wo sie sauber, aber tot wieder rausgeholt wurde.

Reno war Jäger und Fischer, und mit diesen Beschäftigungen verbrachten wir viel Zeit. Die Flüsse sind tatsächlich so sauber, daß man beim Schwimmen jeden Kiesel auf dem Boden sieht.

Trotz aller Schönheit begann ich nachts von Europa zu

träumen. Speziell von Rom. Im Traum wanderte ich durch die Gassen voller Lärm und Gerüche. Ich trat in einen Feinkostladen, wo der Verkäufer mir eine riesige weiße Mozzarella di bufala anbot. Ich drückte ihn, um die Konsistenz zu prüfen. Es floß herrlicher weißer Saft heraus.

Das Essen hier war sehr englisch. Wir waren auch in größere Städte gefahren und sahen ein, daß wir leider im Paradies doch nicht leben konnten und das andere Ende der Welt von unseren Wurzeln zu weit entfernt war.

Wir flogen nach Sydney.

Doch auch Australien war nicht mehr als ein Umweg. Ein Schlaraffenland, gewiß, trotzdem fehlte mir die Kraft, mich hier lange genug anzusiedeln, um Wurzeln zu schlagen. Ein neues Land, wieder neue Freunde, dafür war ich einfach schon zu alt.

Ich brauche alle törichten Erfahrungen der Jugend, um beständig zu sein. Hier gab es keine Läden, in denen es nach Brezen roch, keinen Jasmingeruch der kalifornischen Nächte. Es war mir nicht gelungen, all die schönen Dinge über einen Traum hinaus mit echtem Empfinden zu belegen. Eigentlich wollte ich unbedingt wieder eine Situation schaffen, in die meine Töchter paßten.

Wir flogen über Hawaii nach Los Angeles.

Schutzengel

1979–1988

Es war eine sehr gute Idee gewesen, nach Los Angeles zu fliegen.
Der Ort, aus dem ich geflohen war, bot mir wieder eine Chance. Ich ergriff sie, diesmal nicht schüchtern und verstört, sondern mit der Kraft und der inneren Sicherheit, die man erst hat, wenn man weiß, was ein Verlust ist. Und wie weit man selber für diesen Verlust verantwortlich ist.

Am Flughafen von Los Angeles holte uns meine Freundin Justine ab, die sich, dem Zeitgeist entsprechend, vom Cowgirl in eine schicke Immobilienmaklerin verwandelt hatte. Das Millionen-Dollar-Haus, das sie gerade an den Kunden bringen wollte, wurde bis zum Verkauf unser Heim. Es lag im Handcock Park, einer seltsamen Gegend von Los Angeles. Sehr reich, sehr isoliert und so durch Alarmanlagen gesichert, daß man fast täglich aus Versehen, durch das Drücken falscher Kombinationen am Tor, die zuständige Wache herbeirief.
Ich weiß nicht, was sich bei einem wirklichen Überfall

abgespielt hätte, bei Fehlalarm kamen die respektgebie-
tenden Wachmänner stets mit einem wissenden »pearly
white«-Lächeln angesaust.
Sorry, falsche Knopfkombination!

Das Wiedersehen mit meinen Töchtern hatte diesmal
nicht den leisen Anflug von Wehmut, der sich oft in die
Freude einschleicht. Die Erinnerung an die schöne
Münchner Wohnung, obwohl inzwischen aufgelöst, war
ein Beweis dafür, daß ich imstande war, die Liebe zu
ihnen mit meiner Lebensform in Einklang zu bringen.
Dadurch hatten sie das Modell einer Mutter, die ohne
Selbstverrat die eigene Wirklichkeit erfolgreich in die
der anderen einzufügen weiß.
Mein Eintreffen war, wie sich bald herausstellte, keine
Minute zu früh. Manchmal erweist einem das Leben die
Ehre, Schutzengel zu sein.
Alexandra und Allegra befanden sich in jener Phase
naturgegebener Schönheit, die alle jungen Mädchen
durchleben. Das Knospenstadium. Ich kenne keinen Ort
der Welt, wo dieses Knospenstadium gefährdeter ist als
in Los Angeles.

Allegra war mehr denn je eine ungarische Zigeunerin,
Alex ein echter Gainsborough. Wie mein Freund Spelman sagte: »Es ist schwer zu verstehen, wie aus dieser
deutsch-französisch-ungarisch-jüdischen Mischung eine
Engländerin entstanden ist.« Ihre knospende Jungmädchenschönheit forderte anscheinend das ganze puritani-
sche Mißtrauen der Stiefmutter heraus.

Als ich ankam, waren sie froh, mit mir offen über jene Dinge sprechen zu können, von denen in Los Angeles jedes Kind ab zwölf massiv bedrängt wird: Drogen und Sex.

Alexandra kam oft mit ihren Freunden oder ihrem Freund, über den sie zu Hause gar nicht richtig sprechen durfte, zu uns.

Die Jugendlichen in Los Angeles behandeln die Elternfront gern mit glasiger Höflichkeit. Mir waren aber die glasigen Augen bekannt.

Als Mutter unterschied ich mich wesentlich von der dortigen Norm. Es begannen sogar die Freunde meiner Kinder, mir über die Drogengewohnheiten der Jugend zu berichten. Es ist auch für den Europäer leicht zu verstehen, wie allein die Ausmaße der Stadt in die Beziehung der Kinder zu den Eltern eine zu große Ferne bringen können. Körperlich und seelisch. In jeder europäischen Stadt kann sich ein Teenager mit der U-Bahn oder anderen öffentlichen Verkehrsmitteln selbständig bewegen. Hier richten sich die »Beine« der Kinder nach dem Portemonnaie und der Großzügigkeit der Eltern.

In Bel Air gibt es nicht einmal Gehwege.

Deshalb schaffen sich die Jugendlichen gern ihre eigene Welt, in der die Eltern keine Macht haben. Oft mit Drogen.

Da ich bis zu diesem Zeitpunkt noch keinen Führerschein besaß, wußte ich wohl um die Hilflosigkeit und Frustration der Immobilität.

Alex mehr als Allegra war froh, wenigstens einen erwachsenen Menschen zu haben, mit dem sie über das, was sie und ihre Altersgenossen bewegte, sprechen konnte, ohne deswegen verurteilt zu werden. Oder, noch schlimmer, Heucheleien zu hören.

Sie wußte, daß ich auch Drogen probiert hatte, aber nirgends »hängengeblieben« war.

Der Grund dafür war für sie amüsant und einleuchtend: Menschen auf Drogen sind sehr langweilig. Der sich ständig wiederholende Zustand ist sehr lebensfeindlich, abgesehen von der Gefahr.

Auch als Konsument von »Pulvern« unterstützt man Menschen, deren Gesinnung ungefähr so edel ist wie die von Waffenhändlern. Ich riet ihr, bei der nächsten Party nüchtern zu bleiben und ganz aufmerksam zuzuhören, was so gesprochen wird.

Nach ein paar Tagen kam sie zu mir und erzählte, daß sie auf einer Angel-Dust-Party ihre Freunde prompt als sabbernde alte Herrschaften erlebt hatte. Natürlich läßt sich eine so weitläufige und komplizierte Thematik nicht auf einen so einfachen Nenner bringen. Aber wenigstens der Glamour des Verbotenen war weg.

Als mich Jahre später die Tochter von Vidal Sassoon anrief und mir stolz berichtete, sie wäre seit zehn Tagen drogenfrei (sie war siebzehn), dankte ich dem Schicksal, damals im richtigen Augenblick in der richtigen Verfassung das Richtige gesagt zu haben.

Ein weiteres Thema war Sex.

Ich habe mit meinen Töchtern nie über ihre oder meine Sexualität gesprochen, ich finde, sie ist ein geheimes

Erleben zwischen zwei Menschen. Ich bin ihre Mutter, nicht ihre Freundin.

Aber wir haben offen über Teenagersex und die Gefahren des »casual sex«, der wahllosen Sexualkontakte, gesprochen.

Daß es in L. A. mehr noch als zu meiner Zeit einen wuchernden Konsum legaler Drogen gab, erfuhr ich von Allegra. Ich hatte sie bei einer Freundin abgeholt, einer hübschen kleinen Dunklen, und Allegra erzählte mir, daß das elfjährige Mädchen dreißig Pfund abgenommen hätte.

»Wie?«

»Mit Aufputschmitteln«, kam die Antwort leichthin.

Obwohl Allegra Schwierigkeiten mit ihrer Stiefmutter hatte, die anscheinend gern herumschnüffelte, lebte sie sehr gern in Kalifornien.

Alex beschloß, zu mir nach München zu ziehen. Allegra auch, nur spürten wir beide, daß dies noch nicht ganz fest war.

Zwischen Reno und mir hatte sich in der kalifornischen Wärme ein niederbayerisches Strindbergverhältnis entwickelt. Der altersbedingte Unterschied der Lebensstationen führte zu ständigen Auseinandersetzungen, obwohl wir uns eigentlich im Charakter recht ähnlich waren. Zu ähnlich.

In Hollywood trafen wir Helmut Dietl und einige Freunde aus München, unter anderen Patrick Süskind, der exakt meine Gefühle über die Wohnsituation in

Hollywood beschrieb: »Man hat nachts ständig Angst, daß irgend jemand in irgendeinem Drogenrausch ins Haus kommt und einen umbringt, ohne es unbedingt persönlich zu meinen.«

In Helmuts Haus wurden Reno und mir die Qualitäten von München bewußt, und wir beschlossen, die Weltreise zu beenden und »heimzufliegen«.

Die Reise führte uns über London nach Paris. Wir saßen beide mit plattgedrückter Nase am Fenster, ganz begeistert von der europäischen Landschaft, die klein und überschaubar war.

In Paris faszinierte uns die schlechte Laune der Einwohner, denn für uns in unserem Strindbergdrama war jedes freundliche »hi, how are you« oder »have a nice day« ein Stich ins gemarterte Herz. Die Unfreundlichkeit der Pariser führte uns wieder etwas zueinander.

In der Zeitung war ein Wagen annonciert, den wir kaufen wollten. Der Besitzer sollte in unser kleines Hotel kommen. Reno war schon in der Halle, als ich hinunterkam.

Passieren nur mir solche Dinge? Der Wagenbesitzer sah mich an wie nie ein Mann zuvor oder seitdem. Ich wurde vom Scheitel bis zur Sohle rot. Es war ein langer, langer Blick. Die Zeit stand still, und alle Menschen ringsum verschwanden. Seine Lippen füllten sich mit Blut und füllten den Raum zwischen uns aus.

Der Papierkrieg um den Wagenkauf zog sich über zwei Tage hin, in denen der Dicklippige es dauernd schaffte, Reno loszuwerden, um mich endlich in seine winzige Wohnung zu schleifen. Ich benahm mich wie Doris Day und konnte meine Treue bewahren.

Es war schwer.

Mit diesem Treuebeweis fuhren wir nach München. Eine schöne Reise im Frühsommer, gespickt mit vielen Picknickaufenthalten an Flüssen und Seen.

Gleich am ersten Tag fand Reno eine Wohnung am Mariannenplatz. Es war jedoch mein eiserner Wille, der sie uns gewann, denn ganz München wollte, schien's, diese Wohnung.

Alexandra kam bald aus Amerika, und ich war fast vollkommen glücklich. Fast, denn Allegra war in L. A. geblieben. Tony erzählte mir Jahre später, daß Allegra einen tränenreichen Abschied von ihrer Schwester genommen hatte. (»Ich kann ohne sie nicht leben!«) Doch als Alex zum Flughafen fuhr, rief Allegra ihr nach: »Ich hoffe, dein Flugzeug stürzt ab!«

Allegra war noch nicht soweit; sie wollte noch nicht nach Deutschland. Sie sollte erst zwei Jahre später kommen. Für Alexandra und mich war dies natürlich auch ein Vorteil. Wir hatten uns wieder, wie vor der Geburt ihrer Rivalin.

Jetzt, wo meine erste wahre Liebe wieder bei mir war und ich meine Zuwendung handfest umsetzen konnte, war weder Platz noch Zeit für eine Beziehung mit Reno.

Wir lieferten uns einen erbitterten Kampf, der eigentlich eher einem primitiven Duell Amazone gegen Wilderer denn einer Scheidung ähnelte.

Es flogen die Fetzen. Alex und ich fuhren in den

»Scheidungswochen« oft weg. Venedig, Gardasee, Verona. Alles, was man in Flitterwochen so bereist. Wir stellten immer wieder einen Energieaustausch von seltener Harmonie fest. Wir langweilten uns nie, es herrschte nie Spannung.

Alex bekam sehr bald große Rollen angeboten, ich kleine. Aber doch mit Fassbinder und später Zadek.
Alex machte die Filme, weil sie das Jahr ohne Schule, zu dem wir uns entschlossen hatten, gut nützen wollte, und ich, weil ich damit nicht nur Geld verdiente, sondern die Gelegenheit wahrnehmen wollte, beruflich weiterzukommen.

Die Einrichtung der Wohnung hatte ich mit einer Christine-Kaufmann-Serie für die »Bild-Zeitung« finanziert, aus der Will Tremper (so hörte ich) »Christine Kaufmann und die Männer« machte.
Ich hab's überlebt. Diese Serie hatte eine lustige Geschichte zur Folge.
Rainer Werner Fassbinder, der mit mir immer unglaublich zärtlich umging, hatte mich für den Film *Lili Marleen* als »Gegenfrau« von Hanna Schygulla engagiert.
Vor Drehbeginn lief die »Bild«-Serie, und der Produzent des Films, Luggi Waldleitner, rief aufgeregt bei meiner Agentur an, es wäre ein Skandal, welche Liste von Liebhabern die Zeitung da abgedruckt hätte. (Was mich wunderte, denn ich bin äußerst vergeßlich bei der Angabe von Namen. Möchte es auch bleiben.)
Um den Wahrheitsgehalt zu überprüfen, rief ich Herrn

Prinz, den Chef von »Bild«, in Hamburg an und fragte ihn. Er war sehr charmant und sagte, das stimme nicht.

Meine Bemerkung an Herrn Waldleitner, die ich durch die Agentur ausrichten ließ, brachte Herrn Prinz sehr zum Lachen: »Das kann nicht sein, dafür ist die ›Bild-Zeitung‹ nicht groß genug.«

Das ist die Art von Humor, die man entwickelt, um zu überleben. Gekränkt sein nützt in unserem Metier gar nichts.

Helmut Dietl bot mir die Rolle der Olga in *Monaco Franze* an, wofür ich ihm ewig dankbar sein werde, denn wenn ich als Erwachsene einen Zugang zu dieser Art des Lebensunterhalts bekam, dann nur über diese Rolle.

Er ist ein phantastischer Regisseur. Die Olga sah ich mir selbst auch gelegentlich an, denn zu erkennen war ich kaum, auch für mich nicht.

Während der Dreharbeiten kam die letzte Phase der Trennung von Reno. Und manchmal hatte ich Fingerabdrücke an den Armen.

Ich mochte Ruth Maria Kubitschek sehr gern; ihr Herz ist so groß wie ihr Busen. Sie ist ganz prima.

Als sie meine blauen Flecken sah, kaufte sie mir Geschenke.

Alex und ich waren sehr froh, als Reno auszog.

Sie brachte sehr nette junge Menschen ins Haus; vor allem die schöne Carola war ein großer Gewinn. Sie liebt Alex genau wie ich, und wenn sie fort war, konnten wir sie gemeinsam vermissen.

Wir entdeckten vielerlei Affinitäten. Eines Tages kam sie spät abends vom Tanzen zurück und weckte mich, was hin und wieder vorkam. Wir plauderten noch ein bißchen. Sie hatte Werner Schroeter kennengelernt, das heißt, sie hatte ihn schon als Kind gekannt, aber sie war nun als junge Frau ebenso begeistert von ihm wie ich seinerzeit. (Oh, I just *love* him.)

Mathieu kam uns öfter besuchen, und wenn ich nicht da war, führte er Alex zum Essen aus. Das Freundesnetz funktionierte.

Alex sagte: »Schade, daß wir nicht heiraten können!«

Wir harmonieren wirklich.

Dann traf die Nachricht ein, daß auch Allegra nach München kommen würde.

Am Flughafen stand ein süßes Punkmädchen mit einem lavendelfarbenen Haarschopf.

Ich mußte natürlich weinen, wie immer bei Allegra. Sie war im Gegensatz zu Alexandra, die nur mit einer großen Handtasche gekommen war, mit einigen gigantischen Überseekoffern angereist, die aber wider Erwarten keine Rasierklingen und Punkutensilien enthielten, sondern romantische Gegenstände, die in einem frappierenden Widerspruch zu ihrer Erscheinung standen.

Daß die »harmonische Ehe« jetzt etwas frischen Wind bekommen würde, war gleich am zweiten Tag klar. Eine Spur viertel- und halbgefüllter Tassen und Teller lief von

Allegras Zimmer in die Küche, quer rüber zum Bad und vors Klo. Da wußte ich, der Tag war gekommen, an dem ich eine Geschirrspülmaschine brauchte.

Allegra war als »L. A.-Punk« eine kleine Sensation in München. Mit frechem Gesichtsausdruck und einem Traumkörper.

Mit Alexandra war ich manchmal tanzen gegangen. Ich glaube, sie war das einzige Mädchen in München, das nicht nur mit seiner Mutter tanzen ging, sondern auch tatsächlich mit ihr tanzte.

Allegra nicht.

Alex hatte sich in einen witzig aussehenden Punktypen verliebt, trottete in der Disco an mir vorbei und raunte mir zu: »Wahrscheinlich mag er nur kleine schwarze Punkmädchen.«

So war es. Er lag Allegra zu Füßen.

Überhaupt hatte Allegra einen ganz anderen Verehrertyp als Alex. Bei Alex wurde es schnell solide. Bei Allegra brach Irritation aus. Auf jeden Fall ging ein bunter Strom prächtiger Punkkünstler Tag und Nacht durch unsere Wohnung.

Ich war begeistert. Andere kennen das nur aus der Zeitung. Die Phantasie, in der sich die Jungs gestalteten, war einfach erfrischend anzusehen. Wie Krieger vom Amazonas. Ob kleine, mit Penatencreme gedrehte Schnecken oder regenbogenfarbige Cherokee-Haarschnitte (die allerdings in der Früh etwas welk aussahen) – ich war hingerissen von der Art, wie sich diese Mädchen und Jungs Terrain schafften. Viele hatten alkoholsüchtige Eltern. Ich habe nie jemanden unhöflich erlebt. Nur ein bildschönes Junkiemädchen hat mir eine Jacke geklaut. Ich konnte ihr nicht böse sein.

Es war erstaunlich, wie viele Jugendliche in unsere Wohnung kamen und sich so benahmen, als gäbe es dort keine Elterninstanz. Ich sah dies als einen unglaublichen Gewinn und Fortschritt. Es gibt ein englisches Lied, das diese Atmosphäre gut beschreibt: »We are all part of the same world.«

Es gab auch ein paar andere Haushalte in München, in denen diese Stimmung herrschte. Meist alleinerziehende Mütter, die aber nicht mit ihren Kindern konkurrierten, was die Jugendlichkeit anging. Sie mußten ja auch nicht um die Gunst irgendeines Ernährers buhlen.

Manchmal übernachteten so viele Kids bei uns, daß ich auf dem Weg zur Toilette im Slalom tippeln mußte. Wie in dörflichen Familien spannte sich das Alter der Anwesenden beim Abendessen über vier Generationen.

Verschiedene Rassen sowieso.

Ich genoß die Sprache der Jugend, ohne sie zu meiner eigenen zu machen. Manchmal kamen ein Freund oder eine Freundin meiner Töchter alleine vorbei, um mit mir etwas zu besprechen, das sie sonst niemandem sagen konnten. Aus dieser Zeit stammt eins der schönsten Komplimente, die ich je erhielt. Alex und einige ihrer Freunde meinten: »Nach einem Gespräch mit dir fühlt man sich immer besser als vorher.«

Es war die schönste Zeit meines Lebens. Sie ist vorbei. Doch ich bin nicht traurig, denn es ist eine der wenigen Erinnerungen, die schmerzloses Glück beinhalten.

Eines Tages brachte Allegra ein junges Mädchen mit nach Hause und fragte, ob sie eine Weile bei uns wohnen dürfte, ihre Mutter habe sie rausgeworfen. Sie war vielleicht fünfzehn, und ihr Gesicht hatte eine schläfrige blonde Schönheit, die sicher viele Männer den Verstand hinter die Gier stellen ließ. Die Mutter soll Prostituierte gewesen sein.

Das Mädchen blieb ein paar Tage. Sie war still und seltsam lieb, ohne eigene Kraft. Dann war sie eines Tages weg. Sie war zu einem Mann gezogen, der ihr Obdach ohne Gegenleistung versprochen hatte, aber das Versprechen nicht hielt. Sie erschlug ihn mit einem Briefbeschwerer, während er schlief.

Als mir Allegra davon erzählte, fiel mir die Milchglasschönheit des Mädchens ein. Es ist traurig, daß solch ein Geschöpf Opfer seiner Schönheit wurde.

Allegras Punklook griff auch auf meine Garderobe über. So fand ich mich mit erstaunlich vielen kurzen Röcken, die aussahen, als ob sie mit der Gartenschere gestutzt worden wären. Tag und Nacht wurde »Siouxie and the Bashees« gespielt, was Alex an den Rand der Raserei brachte und mich erstaunlicherweise total beruhigte. Mich bringt klassische Musik auf die Palme.

Eines Nachts, es war Sommer, kamen Alex und ich gegen

drei Uhr morgens nach Hause. Der Hausschlüssel fiel zu Boden, und wir kauerten uns nieder, um ihn zu suchen. Plötzlich ertönten Kettengerassel und ein schwerer Schritt. Neben uns ragte ein Paar lange Beine aus der dunklen Nacht. Zerrissene schwarze Jeans mit der Aufschrift »Fick dich ins Knie«. Unsere Augen wanderten nach oben, und in etwa 1,80 m Höhe erblickten wir ein süßes Kindergesicht, das ganz höflich fragte: »Entschuldigen Sie, darf ich noch die Allegra besuchen?«

Der Auserkorene saß mit Allegra schnabelnderweise auf der Wohnzimmercouch. Meist waren sie wie Scherenschnitte vor der Lichtquelle des Fernsehapparates zu sehen, kleine stachelige Igel, die nicht aufhören konnten zu schmusen.

Für beide Mädchen war München das ideale Pflaster, denn sie integrierten sich gut in kreative Gruppen und produzierten ganz interessante Kunstwerke.

Diese Zeit war kostbar und zerrann mir nicht zwischen den Fingern. Unsere Beziehung war ein Kunstwerk, zusammengesetzt aus vielen Achtsamkeiten. Ein Kennenlernen der eigenen Kinder, wie es selten ist.

Allegra und Alex besuchten die American International School – das vorgeschriebene Soll an Normalität.

Obwohl nun ausgefüllt als Mutter und Schauspielerin, verlangte meine Vitalität ab und zu nach einem Freund. Er war geheim. Gelegentlich kam ich mit rosigen Wangen nach Hause, und Allegra fragte mich in strengem Ton, wo ich gewesen sei. Das jedoch war mein Geheimnis.

Mit den heranwachsenden Töchtern in der schönen Wohnung, in der ich jede Tasse selber verdient hatte, war es leicht, an die »Front« zu gehen. In meiner Abwesenheit führten die Mädchen den Haushalt. Mein Ziel als Mutter war es, sie trotz aller Liebe und Fürsorge zur Eigenständigkeit finden zu lassen.

Manchmal hatten wir viel Geld, dann wieder wenig. Es wurde aber nie desolat. Ich bewarb mich für eine Rolle in dem Stück *Schade, daß sie eine Hure ist*, das in Bonn unter der Regie von Jérôme Savary aufgeführt werden sollte. Natürlich wollten mich die Deutschen nicht, aber Savary fand mich gut.

John Ford schrieb *Schade, daß sie eine Hure ist* im 17. Jahrhundert, zur Zeit Shakespeares. Es war meine erste Arbeit unter richtigen Theaterschauspielern. Bei Werner waren immer auch Nichtprofis wie ich dabei, Menschen ohne die Segnung einer Ausbildung. Alex kam zur ersten Leseprobe mit, sie hatte mich nach Bonn begleitet.
In dieser Zeit begann ich zu bemerken, daß Männer netter zu mir waren als Frauen, obwohl ich für Frauen immer mehr Solidaritätsgefühle hegte.
Nach der Leseprobe lief ich mit Alex durch den tiefen Schnee. Sie hatte Zeit zum Beobachten gehabt und meinte, irgendwie wäre ich die einzige, die wie eine Schauspielerin aussah.
Wir lernten Savarys Frau kennen, eine sehr hübsche Person. Sie, so fand Alex, sah auch aus wie eine Schauspielerin.

Die Erklärung dafür erfuhr ich später, daß nämlich Theaterschauspielerinnen, wie Fotomodelle, sich fast ausschließlich für die Zeit »im Licht« schön machen.

Alex fuhr wieder heim, und ich hatte das große Glück (oder war es Gespür?), eine Riesin von Frau mit einem Baby auf dem Bauch kennenzulernen. Sie war mit einem Engländer verheiratet und betreute ein Mädchen, das in dem Stück ein englisches Lied singen sollte. Savary entschied dagegen, es wäre zu spät abends für ein Kind.
Die Frau hieß Renate; sie wurde eine wahre Bereicherung meines Lebens. Sie hatte ein riesiges Haus mit drei Kindern, einen attraktiven Ehemann und ein Zimmer, das ich mieten konnte. Die meisten Leute verstanden nicht, daß »die Christine« in diesem Haus, das zwar toll, aber das Gegenteil von »Schöner Wohnen« war, leben wollte.
Renate ist Steinbock wie ich, und wir sind in unseren Ansprüchen sehr ähnlich. Ich entdeckte, daß viele meiner Wertvorstellungen die ganz »normaler« Frauen der Nachkriegsgeneration sind.
Allerdings muß ich zugeben, daß Renate in den Augen vieler Leute »spinnt«. Sie dagegen meint: »Na, na, die andan san varruckt.«
Renate ist 1,86 groß, sie hatte Kinderlähmung. Trotzdem hat sie mehr Charme und Lebenslust, als normalerweise erlaubt. Sie braucht keine Bühne, ihr reicht die Welt; sie beweist mir einmal mehr, wie sehr der sogenannte Ruhm das wirkliche Erleben begrenzt. Renate hat genau den Lebensstil, den ich mir erträume. Ich arbeite daran.

Gleich bei der ersten Probe auf der Bühne raunte mir eine Kollegin ins Ohr: »Dreh dein Gesicht nicht zum Publikum, dann sehen sie nicht, wie schlecht du bist.«

Ich schätzte die Frau trotzdem und eroberte sie mir, denn im Laufe der Arbeit stellte sich heraus, daß ich in diese Rolle viel aus meinem Leben einbringen konnte. Savary war begeistert, denn meine Vorschläge für Szenen kamen aus dem Körperlichen, hatten nichts mit der Sprache zu tun, und es wurde immer stärker eine Sinnlichkeit spürbar, die genau auf dem Stück lag. Es wurde ein großer Erfolg, und ich liebte das Ensemble sehr.

Am Ende der Aufführung war ich immer mit Blut beschmiert, und meine Garderobiere wusch mich ab. Das war der schönste Teil des Stückes, das erinnerte mich an meine Meme.

Hier muß ich doch eine Begebenheit einflechten, die meiner (Schauspieler-)Eitelkeit schmeichelte.

In der Applausordnung kam ich zuletzt. Der Gummibauch, den ich tragen mußte, machte meine Haut recht klebrig. So stand ich einmal gerade unter der Dusche, als ich vor den Vorhang geholt werden mußte, weil das Publikum nicht aufhörte zu applaudieren. Und zwar wegen mir! Ehrlich. Ich weiß, es ist eitel, aber ich habe mich sehr gefreut.

Die Kritiken waren übrigens teilweise sehr schlecht.

Meine Kinder kamen zu der Vorstellung, in der ich mir die Nase brach.

Mein Partner Bill Mockridge und ich hatten einen Zwei-

kampf auf der Bühne, der monatelang vollkommen reibungslos abgelaufen war. Aus unerklärlichen Gründen hatte jemand den gepolsterten Bodenbelag, auf den ich mich mit dem Kopf fallen ließ, entfernt. Als ich mich nach hinten warf, schlug ich so lautstark auf, daß es im ganzen Haus hallte und in meinem Kopf die Glocken von St. Peter schlugen. Nun war es in der Kampfchoreographie festgelegt, daß ich mich wieder aufrichtete, dabei stieß Bills Kopf mit meiner Nase zusammen. Eine Blutfontäne schoß heraus. Die Verwunderung des Publikums, wie der Maskenbildner so viel Blut in meiner Nase unterbringen konnte, war bis auf die Bühne zu spüren. Bill ist noch immer mein liebster Partner, in einer Viertelsekunde beschlossen wir, weiterzumachen.
Beim Szenenwechsel tat Bill dann etwas Phantastisches. Er nahm hinter der Bühne meinen Hinterkopf in die eine Hand und schlug mir mit dem Ballen der anderen kurz auf die Stirn. Das Bluten hörte sofort auf.
Die Gesichter meiner Kinder nach der Vorstellung!
Soviel Liebe und Mitgefühl!
Wir fanden es aber typisch für mich; alles so dramatisch.

Allegra kam zwischendurch auch mal allein zu Besuch. Renate und ich sahen nachts immer nach ihr, denn sie färbte sich fast täglich den Punkschopf in einer anderen Farbe. Im Bett lag sie dann da, eigentlich noch ein Kind, die Fingerspitzen, den Haaren entsprechend, pink, grün oder blau.
Sie zog sich im Theater meinen Gummibauch an und stolzierte mit mir ins Restaurant. Sie genoß die Blicke,

die sie als hochschwangere fünfzehnjährige Punkerin auf sich zog.

Nach Beendigung meiner Arbeit in Bonn wurde aus dem Drei- ein Zweimäderlhaus.
Alexandra hatte einen Mann kennengelernt, Mark. Wenn man sie ansah, wußte man, daß sie mit ihm ihre eigene Familie gründen würde.

Ich war ein wenig traurig, als Allegras Punkphase in die Rasta-Reggae-Ära überging.
Das Haus füllte sich mit Menschen von café-au-lait- bis blauschwarzer Hautfarbe. Was mir ebenso gefiel wie Punk. Es war nur die Musik, die mich zur Verzweiflung brachte. Vorbei mit den schönen harten Tönen! Bob Marley und endloser Reggae ist für mich nur unter Palmen auszuhalten.
Bald hatte Allegra einen schokoladefarbenen Freund, und gewisse Frauen in meiner Umgebung sagten: »Christine, du machst ja etwas mit ...«
Die Tatsache, daß mir die Hautfarbe von Menschen gleichgültig ist, blieb wiederum Allegras Freund ein Rätsel. Er konnte mein Verhalten ihm gegenüber, das so wie bei allen anderen war, einfach nicht einschätzen.

Allegra kam eines Nachts zu mir ins Zimmer. Sie flüsterte mir zu, daß die schönste Frau der Welt in der Wohnung sei, und machte Licht. Tatsächlich, eine schwarze Königin! Mit strahlendem Lächeln, uneitel, wie ich es bei Afrikanerinnen oft gesehen habe.

Obwohl Alex jetzt nicht mehr mit uns, sondern mit Mark verreiste, wohnte sie noch am Mariannenplatz. Wenn wir zu dritt irgendwo eingeladen waren, spielte sich oft folgende Szene ab: Jede macht sich im eigenen Zimmer zurecht. Die drei Türen zum Flur öffnen sich gleichzeitig, heraus treten drei Frauen verschiedenen Alters und Aussehens, im gleichen »look«: schwarzes, enges Kleid, Pumps und auffällige Ohrringe. Wortlos drehen sie sich auf dem Absatz um. Man tritt verändert in den Flur, findet den Trio-look jetzt okay und geht aus.

Alex kann, im Gegensatz zu mir und Allegra, jeden Matrosen unter den Tisch trinken. Wir waren einmal bei Hubert Burda eingeladen, wo sie mit ihrem Geist und Charme viele Leute bezauberte. Und viele, viele Cocktails intus, trippelte sie beim Nachhausegehen hinter mir her und meinte in der lauen Sommernacht: »Ist es nicht schade, daß man, um diese Welt (der Superreichen) zu genießen, genauso sein müßte wie sie?«

Unser Lebensstil war stark geprägt von der Fluktuation der Geldmittel. Als Alex zu Mark zog, gab es wieder eine ziemlich schlimme Krisenzeit, denn der *Monaco Franze* hatte keinerlei Angebote nach sich gezogen, obwohl mir vom Publikum sehr viel Zuwendung entgegenkam.

Ich nahm das Angebot für eine Tournee an, über die ich nur eines sagen möchte: Ich habe nicht geglaubt, daß ich sie überlebe. Allegra, aus Protest über meine geldbedingte Abwesenheit, hatte sich den Kopf geschoren und sah aus, als käme sie aus dem Zuchthaus. Es war furchtbar. Ich war so deprimiert, daß ich mich danach durch ein eigenes, spezifisches Ernährungsprogramm körperlich stärkte und damit auch den Geist wieder hochriß.

Das Glück war auf meiner Seite, und ich bekam eine große Rolle in dem Film *Die Schaukel* von Percy Adlon. Ich habe dies seiner Frau zu verdanken, die mich auf dem Fahrrad durch die Stadt sausen sah. Sie sagte zu ihm: »Das ist deine Madame Lautenschlag.«
Der Film war kein Erfolg, aber ein paar Kritiker, wenn sie mich überhaupt erwähnten, meinten: »Sie spielte so gut wie noch nie.« Was immer das bedeuten mag.
Für mich war es die erste Rolle mit ernsthafter Auseinandersetzung; obwohl ganz anders als die Olga in *Monaco Franze*, so doch ein weiteres Steinchen in meinem äußerst seltsamen Mosaik als Schauspielerin.
In Los Angeles wurde mir dafür großes Lob gezollt, doch Lob bringt nicht die Butter aufs Brot.

Apropos Butter aufs Brot: Ich machte mit Alex gemeinsam Werbung für ein Produkt – was uns hinterher leid tat. Den schlechten Ruf war das Geld nicht wert. Obwohl sich in letzter Instanz daraus eine Entwicklung ergab. Alex wurde vom »Playboy« ein Bilderspread angeboten. Sie bat mich, diese Bilder zu machen, denn nur dann, so fühlte sie, wäre eine Kontrolle in ihren Händen. Ich habe viele Freunde porträtiert, und selbst der Kritiker Eckhard Schmidt bestätigte mir, von seiner Frau das beste Bild gemacht zu haben.
Mit »Playboy« machten Alex und ich aus, daß auf diesen Bildern weder Brustwarzen noch Schamhaare gezeigt

würden. Bilder im Sinne von Belle-Epoque-Motiven, wie etwa »La belle et la bête« (Die Schöne und das Tier). Mit Carola als Stylistin produzierten wir Bilder, auf denen die Weiblichkeit eher anbetungswürdig als verfügbar erschien.

Die »Quick«, ebenso wie »Playboy« aus dem Bauer-Verlag, brachte einen gemeinen Artikel heraus, der wohl auch ein bißchen damit zusammenhing, daß die Fotos nicht in den »Playboy« paßten. Da ich aus Erfahrung wußte, daß sich ein einzelner innerhalb der deutschen Gesetzgebung nicht wehren kann, überlegte ich, wie wir durch eine eigene Darstellung ein realistisches Bild der Tatbestände schaffen konnten. Ich rief Benjamin Henrichs an, den ich nicht persönlich kannte.

Nur ein offener Brief in einer renommierten Zeitung oder Zeitschrift würde als Forum in Frage kommen.

Der Brief wurde in der »Zeit« abgedruckt. Ich danke hier noch einmal.

Christine Kaufmann gegen »Quick«

Wenn die Stars jung sind, werden sie vergöttert: Objekte des Neides. Wenn die Stars altern, werden sie verhöhnt: Objekte der Schadenfreude. Meist spielen die Idole selber mit beim traurigen Spiel: Sie hassen den öffentlichen Rummel und brauchen ihn doch wie eine Droge. So werden sie ständig zu Komplizen jener Leute, die das Geschäft der Anbetung und der Menschenvernichtung professionell betreiben – der Journalisten. Selten, daß sich einer wirklich wehrt. Die

Schauspielerin Christine Kaufmann hat es jetzt in einem offenen Brief an die Illustrierte »Quick« getan. Der Anlaß: ein schmierig-flüchtiger »Bericht« des Blattes über ihren früheren Ehemann Tony Curtis (»Quick«: »zum Wrack verkommen«), in dem auch sie selber ordinär attackiert wird – als eine Frau, die, weil Curtis' Alimente für die Kinder ausbleiben, zu jedem Geschäft bereit sei: die eigene Tochter nackt für den »Playboy« zu photographieren oder, Gipfel der Verworfenheit, in Bonn Theater zu spielen. Kein Wort darüber, daß die »Photos« überaus harmlos sind, auch keines, daß Christine Kaufmann seit Jahren eine ernsthafte Schauspielerin ist. Und natürlich kein Wort, das den »Verfall« des Tony Curtis erklären oder gar mitfühlend beschreiben würde – wenn man ihn denn schon beschreiben muß. Christine Kaufmanns Brief an die deutsche Illustrierte »Quick«:

»Welcher Neid und Groll treibt Sie, solche Photos von Tony Curtis zu veröffentlichen? In China wird man für das erreichte reife Alter verehrt, hier verdammt – und die Verdammung ist es, was es schwer macht zu altern. Sie machen Menschen, die noch leben, zu Leichen, um sie dann, noch lebend, fleddern zu können. Sie schonen dabei weder alte Menschen noch Kinder (Sarah Biasini) noch die Leichen von Kindern (David). Die Tiefen der ehemals Schönen und Funkelnden sind Ihre Höhe – der Auflage! Viele können es sich nicht leisten, sich zu wehren, und einige hat die sensationslüsterne Presse in den Tod getrieben. Sie können sich nicht vorstellen, daß eine Frau aus ande-

ren Gründen als der Unfähigkeit, Alimente aus einem
Mann herauszuziehen, arbeiten möchte. Theaterspie-
len – nur aus angeblicher Geldnot! Photos, auf denen
man weder Schamhaare noch Brustspitzen sieht, auf
denen die Frau nicht als für den Betrachter jederzeit
verfügbares Objekt dargestellt wird, werden als ›Akt-
bilder‹ abgetan. Manch eines Ihrer Titelbilder, auch
wenn die Mädchen darauf bekleidet sein mögen, zielt
im Gegensatz dazu ganz offen auf eine Reaktion
unter der Gürtellinie ab. Sie sind die Inquisitoren des
20. Jahrhunderts. Die mittelalterlichen Inquisitoren
projizierten auch ihre schmutzigen Gedanken auf
unabhängige Frauen und verbrannten diese Frauen
dafür. Auch sie brauchten immer wieder neue Opfer.
Die schmutzigen Gedanken in den Köpfen sterben
nicht, damals wie heute. Es gibt keine Entwicklung, es
fließen statt Blut jetzt Buchstaben.«

Ich bekam ein neues Engagement in Bonn für das Stück
Der Werwolf von Roger Vitrac. Die Arbeit machte mir
große Freude, obwohl ich Bühnenbild und Kostüme
idiotisch fand. Ich hatte mit dem Regisseur einige Auseinandersetzungen, die aber gut ausgingen.
Ich freute mich sehr, in der »Welt«, einem Blatt, nach
dessen Geschmack ich nie war, ein Lob zu finden, das
mir meinen Einsatz bestätigte. Nämlich daß ich die
einzige war, die das Surreale des Stücks richtig vermittelte. (Ah, endlich ging es nicht ums Hübschsein, sondern ums Vermitteln!?)

Ich hatte viel erreicht, war ein großes Stück auf meinem Weg vorangekommen, aber es genügte mir nicht. Ich verfaßte noch einmal ein Konzept für ein Buch über Ernährung, denn zweifellos war mein Wissen auf diesem Gebiet einer der Gründe, warum ich überhaupt noch am Leben war. Diesmal klappte es, der Droemer-Verlag schloß einen Vertrag mit mir, und mein Schlafzimmer füllte sich mit handgeschriebenen Seiten.

Michael Graeter war einer der Menschen, die mich am meisten ermutigten. Auch Elisabeth. Nur Christoph Eichhorn sagte in seinem nasalen Ton: »Ich kann mir nicht vorstellen, daß dies irgend jemand kaufen wird...«

Jahre hätte ich als kochendes Zentrum unserer pastellfarbenen, vom Zeitgeist der Jugend durchströmten Wohnung leben können!

Alas, die Essenz des Lebens ist die Wandlung, und das Ende meines köchelnden Glücks kündigte sich mit Angeboten und Besuchen an, die unser Nest mitsamt seinen Bewohnern in verschiedene Richtungen blasen würden.

Tony rief im Sommer aus heiterem Himmel in einer Stimmung an, die dem bayerischen Megasommer glich. Sein Anruf war nicht nur ein seltenes Ereignis an sich; er rief an, ohne Mißmut abzuladen, und bezeichnete mich zum ersten Mal nicht als »that woman«, diese Frau. »That woman« war immerhin noch besser gewesen als eine frühere Aussage, gar keine Frau Kaufmann zu kennen. Was ich so Schreckliches getan hatte, war mir nie richtig klar gewesen, bis ich aus »eheinternen« Informationen erfuhr, daß Leslie, die mich kaum kannte, Tony Dinge über mich erzählt hatte, die sie schlichtweg erfunden hatte. Die beiden waren mittlerweile geschieden, und im Gegensatz zu mir, die nur die Kinder von ihm wollte, hatte Leslie einen Picasso gestohlen und das Bild auch noch verkauft, was weder ihrem Image des ehrlichen Opfers noch ihrer Verhandlungsposition bei der Gütertrennung guttat.

Tony war nach eigener Beschreibung schwer drogenabhängig (Kokain und Alkohol) gewesen und hatte im Betty Ford Center eine Entziehungskur gemacht. Eine dort vorgeschlagene therapeutische Maßnahme war, sich aus der emotionalen Isolation zu befreien und sich mit Freunden zu umgeben. Das hätte ich ihm auch sagen können! Guter Rat ist teuer. Wie wahr muß das im Betty Ford Center sein! Auf jeden Fall war er nicht mehr mein Feind und hatte sich entschieden, uns alle zu besuchen, auch »that woman«. Ich war sehr froh, denn in seinen schlimmen Negativphasen hatte er einer Journalistin der »Bunten« gesagt, ich gehörte vergast. So verwirrt kann Kokain machen! Die »Bunte« hat das natürlich nicht gedruckt.
An einem besonders schönen Sommertag kam Tony in München an. Der Zeitpunkt war aber lediglich unter klimatischen Gesichtspunkten ideal.
Meine liebe Freundin Renate aus Bonn war mit ihren zwei kleinen Töchtern zu Besuch, und außerdem war mein kalifornischer Strandfreund, den ich seit zwölf

Jahren kannte, urplötzlich nach Deutschland gekommen. Er liebte mich noch immer (so meinte er). Das Haus war voll, und ich befürchtete, daß Tony dies aus seiner Perspektive als wildes Kommunenleben bezeichnen könnte. Wir besuchten ihn also im Hotel. Es war für uns alle seltsam. Allegra hatte uns noch nie zusammen gesehen. Erst jetzt stellte sie fest, daß wir gar nicht zur gleichen Generation gehörten. Alex beobachtete das Geschehen wie immer cool mit ihrem leicht amüsierten Ausdruck im Gesicht.

Tony und Alex nebeneinander, das wiederum war für mich seltsam, denn sie sehen einander ähnlich, beide haben diesen weichen Schimmer in den Augen. Tonys Augen waren aber nicht klar, sondern ein wenig wie gekocht. Das kam von den Drogen.

Heute glänzen sie wieder.

Nach vielen Umarmungen und Küssen gingen wir durch die Hotelhalle, um mit einem Taxi ins Restaurant zu fahren. In der Halle drehte das Bayerische Fernsehen gerade *Ein kleines Etwas*. Tony hatte nicht nur seine gute Laune, die ja allein schon Säle füllen kann, er trug auch einen strahlend weißen Anzug. Obenauf einen Cowboyhut, der J. R. in den Schatten stellte.

Die Menschen in der Halle starrten den blütenweißen Hollywoodstar an wie eine Fata Morgana.

Ich würde bei solchen Blicken am liebsten wie ein eingerolltes Blatt davonkugeln. Nicht Tony!

Er schritt durch die Halle und winkte herablassend wie die Queen den »Sterblichen« zu. Die Mädchen und ich trippelten schnellstmöglich unsichtbar hinterher. Uns

52 Sehr schmal, aber entschlossen: Rainer Werner Fassbinder holte mich für seinen Film »Lili Marleen«, 1981, vor die Kamera.

53 Mit großem Vergnügen: Meine erste Theaterarbeit mit ausschließlich professionellen Bühnenschauspielern war unter der Regie von Jérôme Savary das elisabethanische Drama »Schade, daß sie eine Hure ist« von John Ford, Theater der Stadt Bonn, 1982

54 Helmut Dietl bot mir in seiner Fernsehserie »Monaco Franze«, 1983, die Rolle der Olga an. Ich spielte, neben Ruth Maria Kubitschek, in einer Maske, in der ich mich selber nicht mehr erkannte.

56 Eine intensive Theaterarbeit war »Die Herzogin von Malfi« von John Webster unter Peter Zadek. Ich war die »grün beschmierte Nutte« Julia, den Bosola spielte Zadek-Star Ulrich Wildgruber (Deutsches Schauspielhaus Hamburg, 1985). ▷

55 Unter der Regie von Peter Zadek drehte ich, neben Juraj Kukura und Peter Kern, »Die wilden Fünfziger«, 1983.

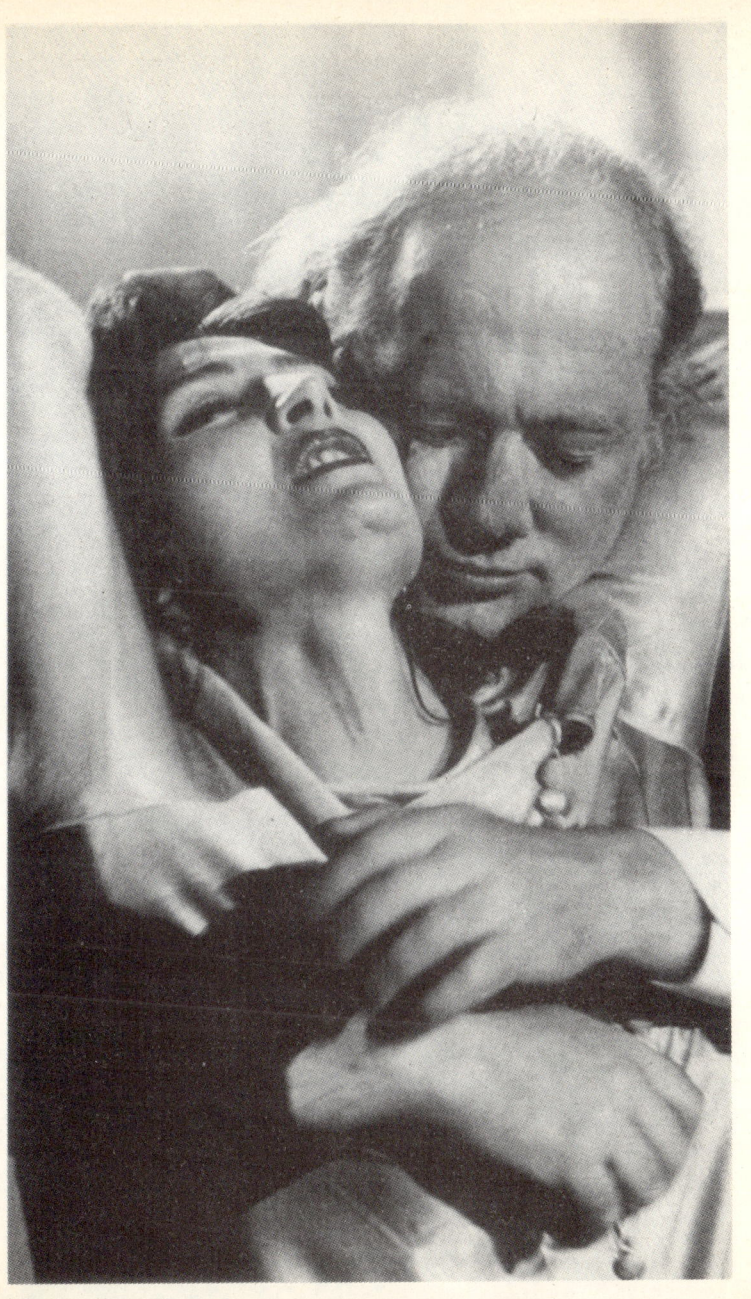

57 Mit Kunsthaar und Kunstnarbe am Oberschenkel, aber gern erwachsen: In der Garderobe des Hamburger Schauspielhauses bei meinem letzten Auftreten in Shakespeares »Julius Caesar«, Juni 1987. Ich spielte die Calpurnia in der Inszenierung von Michael Bogdanov.

platzte fast der Bauch vor Lachen. Der Diskretion halber hatte ich ein kleines Restaurant im Lehel für unser Abendessen ausgesucht. Ein Fehler. Diskretes Einschleichen gab es nicht. Tony und mich vereint mit den Kindern hautnah vorbeiziehen zu sehen, ließ auf den Gesichtern der Gäste einen merkwürdigen »Träum-ich-oder-wach-ich«-Ausdruck erscheinen.

Allegra hatte als Beweis ihrer Eigenständigkeit einen milchschokoladefarbenen Freund mitgebracht.

Keiner von uns kam zu Wort. Tony war so froh, der Drogenhölle entkommen zu sein, daß er nur von sich redete, von seinen neuen Zielen und der Malerei. Wir hörten mitfühlend zu.

Gerne hätte ich ihn nach dem Essen zu uns eingeladen. Zugegebenermaßen war ich stolz, ohne ihn ein eigenes Heim geschaffen zu haben, das unseren gemeinsamen Häusern in Geschmack und Wohnlichkeit in nichts nachstand. Nur ohne goldene Wasserhähne und Werte, die Alarmanlagen notwendig machen. Aber leider saß der vor Eifersucht kochende Freund im Wohnzimmer, und ich wollte keine delikate Situation hervorrufen. Wir brachten Tony ins Hotel.

Männer schaffen es immer, einem leid zu tun!

Nach allem, was er und seine Frau mir angetan hatten, hätte ich ihn auch noch gern als Gast bei uns willkommen geheißen! Gut, daß ich es nicht tat, denn die Nacht barg noch eine Überraschung.

Renate schlief mit ihren Kindern im Gästezimmer. Allegra in ihrem Zimmer und George bei mir. Mein Zimmer lag zum Mariannenplatz hin. Gegen vier Uhr morgens hörte ich jemanden rufen, ein bißchen wie eine klagende Katze. »Frau Kaufmann!«

»Frau Kaufmann, bitte, machen Sie auf!«

Vor meinem Zimmer lag ein kleiner Erker, von dem aus ich gut zur Eingangstür sehen konnte.

Unten stand inmitten einer riesigen Wasserlache, mit einem unerklärlichen Grünzeug behangen, der hübsche Punk, den Alex mochte und der seinerseits Allegra verehrte.

Ich öffnete das Fensterchen.

»Frau Kaufmann, mir ist so kalt, ich bin in die Isar gefallen!«

Durch Mutterinstinkte beflügelt, öffnete ich schnell die Tür, und bald stand er im Flur, tropfnaß und zitternd. Er sagte immer wieder, es täte ihm so leid und er wüßte auch nicht, wie das passiert sei. Der Flur war vom Neonlicht der Straße beleuchtet. Alles wirkte wie eine Vision.

Während ich heißes Wasser in die Badewanne laufen ließ, ging ich zu Allegra und erzählte ihr von unserem Besuch.

»I won't get up, he is crazy!« (Ich stehe nicht auf, der spinnt.) Mit diesem Kommentar drehte sie sich um und schlief weiter.

Er stand immer noch völlig hilflos und ungeborgen dort, wo ich ihn verlassen hatte. Unter großen Anstrengungen zog ich ihn aus, denn Punkkleidung ist so eng wie angemalt. Vor allem wenn naß!

Seine Eltern hatten ihn rausgeschmissen. Ein Wegwerfkind. Ich machte ihm ein Bett auf der großen englischen Couch im Wohnzimmer. Ein Bett mit großem Plumeau, das aussah wie in einem Märchenbilderbuch. Als sein kleines stachelhaariges Köpfchen darauf lag, ballte sich so viel Mitleid in mir. Mir ist sogar jetzt noch traurig zumute, wenn ich daran denke. Er zitterte immer noch. Nicht vor Kälte, sondern vor Einsamkeit. Das Gefühl kannte ich. Ich nahm seine Hand, und wir unterhielten uns stundenlang. Die Eifersucht meines Freundes war durch alle Wände zu spüren, denn eigentlich ist es ja mütterliche Zuwendung, worauf die Männer eifersüchtig sind. Als es hell wurde und sich der Junge wieder in ein vertrauensvolles Kind verwandelt hatte, fragte ich ihn, ob ich jetzt gehen könne und was er fühle.

»Liebe.«

Damit schlief er ein.

Weder George noch Tony waren begeistert, als ich ihnen die Geschichte erzählte.

Die Mädchen und ich brachten Tony am nächsten Tag zum Flughafen, und er meinte, er hätte auch gerne auf der Couch geschlafen.

Er war aber nicht in die Isar gefallen.

Dann fragte er mich, ob ich mit ihm nach Paris fliegen wollte, und Alexandra meinte, sobald er aus dem Auto gestiegen war: »Wenn du das tust, rede ich nie wieder mit dir.«

Der Abschied war tränenreich, und ein Wiedersehen in Amerika wurde vereinbart.

Beide Mädchen beschlossen, es wieder eine Weile mit Amerika zu versuchen.

Für mich war George eine riesige Verführung, denn meine Pflichtzeit als Mutter war vorüber. Er bot mir an, wieder nach Kalifornien an den Strand zu ziehen und das »Kaufmann« von der Christine abzuwerfen, wieder als eine von vielen Frauen das Leben in L. A. zu genießen.
Mein Buch »Körperharmonie« sollte im Frühjahr erscheinen. Und da weder der *Monaco Franze* noch *Die Schaukel* irgendwelche schauspielerischen Angebote nach sich gezogen hatten, gab es keinen Grund, nicht auch mein Lager in der Bundesrepublik aufzulösen.

Alexandras beste Freundin Carola hatte im Sommer ein Baby bekommen. Carola ist halb Westafrikanerin, und ihr Kind hatte eine goldene Hautfarbe. Es war das hübscheste Baby, das ich je gesehen habe. Mark, Alex' Freund, hatte eine Art, mit der Kleinen zu spielen, daß ich mir dachte, wir würden wohl bald selbst Nachwuchs haben.
Mir hätte dies sehr gefallen, denn als ich Alex mit neunzehn bekam, hatte ich mir ausgerechnet, daß ich mit achtunddreißig Großmutter sein könnte. Nun war ich schon neununddreißig Jahre alt, und es war immer noch nichts da! Gelegentlich wagte ich einen Wink mit dem Zaunpfahl, daß ich mit einundzwanzig schon zwei Kinder gehabt hätte. Und...

Im Oktober erfuhren Allegra und ich, daß Alex schwanger war, im Dezember, daß sie Zwillinge bekommen würde. Somit würde sie mit einundzwanzig auch zwei Kinder haben!

Ich war gerade dabei, meine Reise nach L. A. vorzubereiten, als mich Hans Neuenfels anrief und mir eine Rolle mit Elisabeth Trissenaar anbot. Ich finde sie phantastisch. Aber es war in Berlin, und da konnte man nur hinfliegen. Seit die Kinder bei mir waren, hatte ich große Angst vor dem Fliegen entwickelt.
Ich sagte ab. Mein Bauchgefühl hatte ebenfalls gesagt: »Tu's nicht!«
Zwei Tage vor dem Abflug bekam ich ein Telegramm von Peter Zadek mit einem Angebot nach Hamburg, und mein Bauch sagte »ja«.
Im Sommer hatte ich das Buch geschrieben, und ich fühlte, daß sich aus der Mischung von Theater und Buch etwas Positives ergeben würde.
Zadeks Assistentin Corinna kam. Der Vertrag wurde unterschrieben, und ich hatte etwas, worauf ich mich freuen konnte. Ich mochte Zadek gut leiden.

Der Aufenthalt in Kalifornien war sehr durchwachsen! Mein Freund löste seine Versprechungen nicht so ganz ein. Die angeblich so wunderbare Familie war für mich nur auf Distanz zu ertragen. Als alleinstehende »Künstlerin« repräsentierte ich, auch ohne ein Wort zu sagen, eine einzige Attacke auf ihren Lebensstil, der sich, wie so oft in großbürgerlichen Familien, aus Heuchelei, Angst und verlächeltem Haß zusammensetzt.

Für mein Empfinden war hier eine ganze Wüste unter den Teppich gekehrt. Ich floh zu meiner Freundin Justine nach Santa Barbara. Ich liebte sie sehr, nur trennte uns ein wenig die Art der Lebensbewältigung. Ich hatte mich in der Zwischenzeit sehr weit von der grasrauchenden Träumerin entfernt, die ich am Beginn unserer Freundschaft gewesen war. Ich rauchte gar nichts mehr, sie hingegen griff noch ein bißchen tiefer ins Drogentöpfchen. Trotzdem, wenn man jemanden liebt, muß viel passieren, um dieses Band zu lösen. Wenn wir zusammen waren, tranken wir nur etwas Wein.

Jetzt, wo meine Kinder flügge waren, ließ ich wieder mein Frausein etwas in den Vordergrund. Körperlich fühlte ich mich nicht sehr wohl. Es war etwas mit einem Zahn.

Gleich nach meiner Rückkehr nach Deutschland ging ich in Stuttgart zu einem Zahnarzt. Das Röntgenbild wies eine Zyste im Oberkiefer aus, der Zahn und die Zyste mußten raus. Ich sah mir den Arzt, Dr. Kirsch, genau an, und mein Gefühl sagte: Dem kannst du vertrauen. Ich ließ ihn gleich operieren.

Gesundet fuhr ich zu den Proben von John Websters *Die Herzogin von Malfi* nach Hamburg, während Allegra noch in München die Schule beendete. Hamburg war immer eine meiner Lieblingsstädte in Deutschland. Die Arbeit dort war auf verschiedenen Ebenen sehr interessant. Die Titelrolle war mit Jutta Hoffmann besetzt. Im Laufe der Monate lernte ich sehr viel über die Menschen, vor allem durch sie. Ich meine: Hier war eine Kollegin, die vor meiner ersten Einzelszene mit Hermann Lause laut gackernd sagte: »Jetzt kommt die Pornoeinlage!«, später, während einer anderen Probe, laut auflachte, als ich in der Szene eine Ohrfeige bekam, und so weiter und so fort...

Sie machte auch mit anderen Darstellern Dinge, die ich nicht unbedingt als kollegial bezeichnen kann, aber das war es nicht, was mich schmerzte. Ich konnte nur nicht verstehen, warum Zadek dies alles zuließ und offensichtlich genoß.

Jutta Hoffmann ist allerdings die Verkörperung von dem, was an manchen deutschen Bühnen als Höhepunkt der Darstellungskunst gilt. Die »Welt« beschreibt gerne ihr reines deutsches Gesicht. Ich war während der schier endlos wirkenden Probenzeit auch sehr von ihr beeindruckt. Sie ist die coolste Frau, die ich je in meinem Leben gesehen habe. Es gab Zeiten, in denen kaum noch ein Kollege mit ihr sprach. Ein bekannter Schauspieler soll öffentlich gesagt haben, er würde nie wieder eine Bühne mit ihr betreten, und als man sie um einen Kommentar bat, meinte sie dem Sinne nach nur: »Wirklich?«

Inmitten all dieser wunderbaren, in ihrem Beruf wohltrainierten Menschen kam ich mir immer vor wie die Promenadenmischung, die ich wohl auch bin. Christian Redl war lange Zeit der einzige, der mich richtig nett behandelte, wie einen Menschen eben. Mit ihm ergaben sich in der Arbeit interessante Szenen, denn wir fanden, daß Zadek uns als Pausenclowns einsetzte, was uns gefiel. Peter Zadek sagte, meine Kinderstimme ginge ihm auf die Nerven (mir auch), und stellte mir einen Lehrer zur Verfügung. Manfred Andree.

Innerhalb weniger Unterrichtsstunden verschwand meine Atemlosigkeit, und Zadek wird nie wissen, wie dankbar ich ihm für Manfred bin, denn er war in meinem Leben bestimmt der wichtigste Mann.

Es gibt Menschen, für die andere offensichtlich durchsichtig sind. Manfred machte ein paar Übungen mit mir, sah mich lange an, und mit einem gezielten Griff auf die Beckenpfanne meinte er: »Sie müssen nicht immer alles mit Willenskraft machen. Es geht auch mit Freude.« Dann, etwas menschlicher: »Aber Sie haben eine sehr schöne Skelettmuskulatur!«

Ein Strom von Wasser aus meinen Augen. Mein kleiner Rosen-Resli-Panzer war aufgebrochen.

Was ich dadurch für meine Arbeit gewann, muß reichlich gewesen sein, denn die Szenen klappten fast von alleine. Natürlich waren meine Partner phantastisch. Mit Christian Redl entwickelte ich eine sehr ungewöhnliche Szene, und er bestätigte mir, daß er erst durch meinen Mut zu seinem gefunden hatte. Er war herrlich waghalsig!

Es war etwas an der Phantasie Zadeks, womit ich viel anfangen konnte. Kränkte seine Regieanweisung andere, so beflügelte sie mich. Aufforderungen wie: »Mach doch während deiner dämlichen Szene einen Ausdruckstanz wie Mary Wigman!« verstand ich als Anregung, nicht als Beleidigung. Und doch gab es Zeiten, in denen ich auf der Bühne des Hamburger Schauspielhauses zwischen zerquetschten Melonenköpfen lag, die Kinderleichen darstellen sollten, und nur an mein Kind (Alex) denken konnte. Ich lag in der Theatersauce, und draußen verfloß die Zeit, die sich im Gegensatz zum Theater nicht wiederholen läßt. Trotz aller Sympathie für Zadek und meinem Mangel an bedingungsloser Hingabe an diese Arbeit wurde mir immer klarer, warum Zadek mich für diese Rolle engagiert hatte. Jutta Hoffmann, die reine, goldene Herzogin, und ich, die grün beschmierte Nutte. Das war schon an den Kostümen zu sehen, besonders deutlich stand es aber in der von Zadek konzipierten Theaterzeitung, wo über einem hübschen Porträt von mir das fiktive Zitat zu lesen war: »Natürlich bin ich eine gute Nutte.«

Als ich das Heft sah, dachte ich: Wenn ich das wäre, müßte ich nicht an diesem Scheißtheater arbeiten.

Nach einem Besuch beim Anwalt wurde der Satz geändert in »Natürlich bin ich eine gute Nonne.«

Man kann nicht gewinnen!

Der Sommer rückte näher und damit die Geburt meiner Enkel und die Ferien. Zwei Tage vor dem Abflug nach L. A. wurde mir noch im Theater die Handtasche mit absolut allem gestohlen. Ich bekam in Rekordzeit von den Behörden sämtliche Dokumente und schaffte es, ein paar Tage vor dem Geburtstermin in Los Angeles zu sein.

Mein Freund holte mich ab, und wir fuhren in das berühmte »Cedars of Lebanon Hospital«, in dem ich Alex 1964 geboren hatte. Allegra war auch dort. Wir waren beide fasziniert von Alex' Zwillingsbauch und wollten wissen, wie sie sich fühlte.

»Full, but not fulfilled.« (Voll, aber nicht erfüllt.) Ihr trockener Humor hielt aber nur bis zur tatsächlichen Ankunft der Babys an.

Alexandra mit Kindern! Es gibt niemanden, dem Mütterlichkeit natürlicher steht als ihr. Die beiden Mädchen, eineiige Zwillinge, unterschieden sich nur dem Gewicht nach. Dido wog zwei Pfund mehr als Elisabeth.

Dido war, als wollte sie ihrem Namen Ehre machen, die Dickere. Sie lag zufrieden wie eine Made im Speck mit den anderen im Säuglingszimmer, während die dürre kleine Elisabeth in den Brutkasten mußte. Brutkastenbabys sehen erbarmungswürdig aus. Alex weinte immer, wenn sie Elisabeth ansah.

Nach einigen Wochen hatte sie sich aufgefüllt. Sie ist immer etwas zarter geblieben, aber zäher. Von den beiden hat Dido merkwürdigerweise »näher am Wasser gebaut«.

Die Familie – Alex, Mark, Allegra und die Babys – zog in Tonys neues Haus nach Palm Springs, ich ging für ein paar Wochen zu meiner Freundin Justine nach Santa Barbara.

Da ich nun für meine Kinder nicht mehr »lebenswichtig« war, fühlte ich mich zum ersten Mal richtig frei. Ich fand mich oft am Strand sitzend, ohne irgendwelche Gedanken an Pflichten, durch die ich meine Existenz zu rechtfertigen hätte.

Ich war zum ersten Mal unbeschwert.

Mein Freund George und ich hatten uns vorerst getrennt. Er tat mir leid, denn er war, wie ich zu meinen Kindern, voller bedingungsloser Liebe. Etwas, das wenige Frauen erleben. Vor allem über vierzig.

Rilkes Satz beinhaltet viel – oder sogar alles – zu diesem Thema: »Was kümmert's dich, daß ich dich liebe ...«

Justine und ich machten Radtouren, ritten am Strand und tanzten die Nächte durch.

Santa Barbara ist für mich der schönste Ort der Welt. Ich könnte ihn mit verbundenen Augen erkennen. Wie sich die Luft auf der Haut anfühlt, die Duftmischung aus Pinien, Eukalyptus und Meer!

Am Ende meiner Ferien bot die Stadt einen flammenden Anblick. Seit Wochen waren die Temperaturen auf »Hitzewelle« angestiegen. In diesen Zeiten weiß man erfahrungsgemäß, daß Feuerteufel umgehen. Diesmal wurden an zwei verschiedenen Stellen in den Hügeln Feuer gelegt, und zu dem rötlichen Licht des Abendhimmels kam ein echtes USA-Pink. Beide Farben spiegelten sich im Meer, an das viele geflohen waren.

Die Stelle, an die Justine und ich meistens gingen, hieß Butterfly Beach. Eine kleine Bucht mit Überresten eines tempelartigen Gebäudes, das im Lauf der Zeit immer mehr in die See bröckelt.

Als wir abends in Justines weißes Holzhaus gingen, waren wir froh, daß es noch stand. Man kann nie so ganz sicher sein in Kalifornien. Das bebende Paradies!

Justine ist die einzige Frau, von der ich weiß, daß sie

mich liebt, und es gibt keine, mit der Ausgehen soviel Spaß macht wie mit ihr.

Gegen 11 Uhr abends kühlte es genug ab, um den Gedanken an Essen ertragen zu können. Unser Stammlokal war ein »Cajun«-Restaurant mit der typisch ländlichen Küche der Südstaaten, mit feurigen Scampi und scharfen Kellnern, denen es Spaß machte, flirtend das Menü zu deklamieren. Es war so heiß, daß ich nur einen cremefarbenen Unterrock aus den fünfziger Jahren trug, mit einem Gürtel darüber, um ihn als Kleid zu tarnen. Im Restaurant schwitzten alle, bis sich Kleider, Hemden, Hosen untrennbar mit der Haut verbanden.

Am Nebentisch zwei Männer. Bei dem Dunkelhaarigen saßen die Augen bald wie bei einer Flunder, und seine Aufmerksamkeit war störend. Endlich sprach er mich an. Nicht daß ich mich danach gesehnt hätte, nur seine Anspannung versengte fast eine Tischhälfte.

Welches Parfum ich trug?

»Cartier«, et cetera et cetera...

Ich war nicht in der Stimmung, um mich auf irgend jemand einzulassen. Nur tanzen wollte ich; dafür hatte ich Justine und ein paar Jungs in unserem Lieblingslokal. Dort gingen wir nach dem Essen hin, und er verfolgte mich, völlig fasziniert. Er wollte wissen, wie alt ich bin. Vierzig und Großmutter, my dear! Eine erwachsene Frau! Er fand es toll. Wir fuhren an den Strand, wo der Mond die Schatten scharf zeichnete.

Wir liefen um die Wette, und ich gewann. Sein Angebot auf mehr lehnte ich ab. Zu erwachsen, um die Magie des Augenblicks zu zerstören...

Am nächsten Tag fuhr ich mit dem Wagen nach Palm Springs, um noch einige Zeit mit der Familie zu verbringen, bevor ich nach Hamburg ans Schauspielhaus zurück mußte.

Irgendwie hatte ich sogar Lust, wieder in diese muffige Theaterwelt einzutauchen. Doch kaum bei meinen »Nachfahren« angekommen, wünschte ich mir wieder, einen Beruf zu haben, der mich nie auch nur eine Nacht von ihnen wegführen würde.

Tonys Haus in Palm Springs war ganz mit den Dingen eingerichtet, die ich als Achtzehnjährige gekauft hatte. Einer seiner Söhne öffnete. Nicolas sieht aus wie eine schöne Fassung seines Vaters aus der Zeit von *Trapez*. Wenn man sich so etwas vorstellen kann, ohne dabei in Ohnmacht zu fallen!

Und so wahnsinnig nett.

Mark, mein gutaussehender, skurriler Schwiegersohn, empfing mich mit einem aufgeschlagenen Kinderpaß. Darin sein Bild – und tatsächlich, die Mädchen sehen ihm so ähnlich, daß man fast an Cloning glauben könnte. Abends saßen Tony und ich vor dem Kamin. Eines der Babys schlief auf meinem Arm. Es kann natürlich sein, daß ich nur mutmaße, aber ich meinte seinem Blick zu entnehmen, daß wir uns viele Dummheiten hätten ersparen können. Trotz aller notwendigen Änderungen unseres Lebens. Da lag unser Enkelkind. Es war soviel geschehen seit unserem Kennenlernen. Hier war ein kleines Zeugnis dafür, daß wir uns einmal lieb hatten.

Komisch, wie dick Wehmut im Zimmer sitzen kann!

Wie üblich weinten Allegra und ich beim Abschied. In Los Angeles traf ich noch einmal George, der mitten in einem manischen Schub war.

Sein Vater, der zusammen mit seiner Frau eifrig an den geistigen Störungen seines Sohnes gearbeitet hatte, holte mich ab, und wir gingen zu dritt essen.

In Palos Verdes, wo mein Freund im Haus seiner Eltern lebte, ist es paradiesisch und höllisch zugleich. Innerhalb eines Häuserblocks waren vier Töchter heroinsüchtig, bei George drei von fünf Brüdern emotional gestört, und im putzigsten Haus hatte der einzige Sohn die Mutter umgebracht und dann sexuell mißbraucht.

Dagegen war das Schauspielhaus in Hamburg geradezu ordentlich, und ich war froh, wieder im regulierten Wahnsinn zu arbeiten.

Nur noch wenige Wochen trennten uns von der Premiere der *Herzogin von Malfi*, und Zadek arbeitete bis zur letzten Minute sehr intensiv mit Jutta Hoffmann. Die Premiere am 10. Oktober 1985 war kein Erfolg und doch ein Erfolg. Mir hat das Stück die Jahre, in denen es gespielt wurde, immer Spaß gemacht, zuzusehen. Wenn Theater interessant ist, dann so.

Ob Wildgruber, Voss oder Lause, Heinz Schubert und auch Jutta Hoffmann, alle hatten in der Regie lediglich eine Bahn, auf der sie die tollsten Spiele trieben. Zadek ist ein genialer Regisseur. Deswegen ist er nicht im üblichen Sinne gut.

Am Schauspielhaus arbeitete ich drei Jahre; lange genug,

um zu wissen, daß es mir an allem fehlt, was man braucht, um das Theater als das Wichtigste der Welt anzusehen. Die Arbeit bei Zadek trug mir gelegentlich den Titel einer »ernsthaften Schauspielerin« ein, und ich stieg in der Gesellschaft als »erfolgreiche Frau« auf.

Gott sei Dank kam Allegra nach Hamburg. Kalifornien war ihr zu uferlos, und für mich war die Erdung, die ich aus unserer Beziehung immer wieder erfuhr, in jeder Hinsicht ein Labsal. Mit Allegra konnte ich meine eigenen Beobachtungen relativieren. Außerdem gibt es kaum eine Position, die so einsam ist wie die der erfolgreichen Frau. Günter Amendt und Meisy, die einzigen, die als Mitglieder meiner Wahlverwandtschaft immer an mir als Mensch Interesse zeigten, waren vor dem Erfolg da und würden es auch danach sein.

Bald trafen Fernsehangebote ein. Die Frauenfiguren widerten mich an.
Mein einziger Erfolg war die NDR-Talkshow mit Wolf Schneider.
Er hatte mich eingeladen, als Schauspielerin über den Film *Egon Schiele: Exzesse* zu plaudern.
Am Ende der Talkshow sagte er: »Wir haben hier einen Menschen gesehen.«
Durch diesen Satz passierte etwas: Ich wurde tatsächlich immer mehr als Mensch behandelt. Ich frage mich, was ich vorher war.
Ein Unmensch, ein Untermensch, ein Monster?

Die Rollen, die ich im Fernsehen bekam, hatten nicht jene Spanne an Emotionen oder solche Texte, die menschliche Figuren ermöglichen. Es ist üblich, einigermaßen hübsche Frauen so zu typifizieren, daß sie lediglich die tiefste Schwingung der Weiblichkeit darstellen. In Amerika kann ein bekannter Schauspieler, der jahrelang mit eineinhalb Gesichtsausdrücken nur Sätze wie: »Ich will das Öl im Chinesischen Meer« oder »Colbyco wird mein, ich habe alle Anteile hinter deinem Rücken gekauft«, sagen muß, 40000 Dollar die Woche wert sein. Das tröstet sicher über die Stupidität der Arbeit hinweg.

In Deutschland ist das etwas anders. Man wird weder so gut bezahlt wie in den USA, noch so geliebt wie in Frankreich. Der deutsche Star hat's schwer. Er muß durch das Fernsehsieb oder ins ernsthafte Theater. Das gilt nicht nur für mich. Ich bin ja kein Star, sondern lediglich sperrig.

In Hamburg kommt man schnell auf eine Liste, die bei Umfragen durchtelefoniert wird. Einmal rief eine reizende Journalistin an und fragte mich, was ich an meinem Beruf am meisten schätzte.

»Geld.«

Lange, lange Pause am anderen Ende.

»Sie sind aber ehrlich.«

Ihr Kommentar verblüffte mich.

Während der Arbeit am Hamburger Schauspielhaus begann ich an einem neuen Buch zu arbeiten. Der englische Arbeitstitel lautete »Surviving Fame«, der deutsche »Das Gespenst des Ruhms«. Ich machte Interviews mit

Menschen, die mir persönlich bekannt waren. Mein Vater meinte, nachdem er einen Teil meines Manuskripts gelesen hatte: »Berühmt kann man eigentlich nur auf dem Schlachtfeld werden.«
Nun, Hitler oder Napoleon sind tatsächlich berühmter als Hölderlin oder Rimbaud.

Wenn ich das Buch auch nicht fertigstellte – vielleicht weil ich nicht fand, was ich suchte –, so ergaben sich doch aus den Gesprächen viele Einsichten, die meine Beobachtungen, Gefühle, meine kindliche Abwehr bestätigten.
Ich fand es immer interessant, warum Menschen Schauspieler werden.
Männer antworteten oft auf meine Frage mit einer Gegenfrage: »Was hätte ich denn sonst werden sollen?« (Sogar ein so genialer Schauspieler wie Ulli Wildgruber.) Von den Frauen gab Rosel Zech die komprimierteste Antwort: »Ich wollte immer jemand anders sein.«
Bei den meisten war die Triebfeder der Glaube und der Wunsch, mehr zu erleben als im tatsächlichen Leben.
Im Laufe der Gespräche stellte sich immer mehr heraus, daß ich nie ein Buch über dieses Thema machen könnte.
Wie Elizabeth Taylor (wenn auch in Mini-Ausmaßen) wußte ich nicht, wie es war, »nicht berühmt« zu sein.
Wie ein Blinder, der nicht weiß, was Rot für den Sehenden ist. Er hat sein eigenes Rot im Kopf.
Wenn ich nur nach Dänemark fuhr, war ich schon unbekannt, aber im Hintergrund stand doch die Erfahrung des Ruhms. Daher war mir das Lechzen nach Ruhm

unverständlich. Er war mir einfach in den Schoß gefallen.

In meiner Heimat war ich nie normal, das bedeutet, daß man an dem Ort, wo man berühmt ist, nie normal sein kann, sondern höchstens »ent-rühmt«. Mir blieb in Deutschland einzig die Möglichkeit, in die Normalität zu »verblassen«. Das kann man nur mit genug Geld.

Meine Familie war nun in New York und Los Angeles. Allegra hielt das deutsche Wetter nicht aus. Ich wollte das Hamsterrad des deutschen Schauspielerdaseins nicht weitertreten. Nach vielen Ferngesprächen mit den Kindern entschloß ich mich, wieder nach Los Angeles zu ziehen – in einem weiteren Versuch, eine normale Frau zu werden.

Jalta – Moskau

1988/89

Das Schönste an Kalifornien ist umsonst: der Duft des Jasmins, der nur nachts blüht, und die Farbe des Morgens über dem Meer.

Doch um in den Genuß dieser Geschenke zu kommen, muß man eine Menge Geld für die Miete zahlen. Ich hatte eine wunderhübsche Wohnung, das obere Stockwerk eines taubengrauen Holzhauses, früher Hippie, jetzt Yuppie, mit entsprechender Mieterhöhung.

Für mich gab es jedoch weiteren kostenlosen Luxus. In der Früh wusch ich mich, zog irgendein einfaches T-Shirt-Kleid an und lief barfuß um die Ecke, Croissants holen. Auf dem Weg dorthin mußte ich mich nicht in mich selbst verkriechen, aus Abwehr gegen die stumme Überprüfung, ob ich denn identisch sei mit irgendeiner Papierfetzeninformation. Anonymität ist ein Luxus, wenn man das Gegenteil kennt, aber nicht liebt oder braucht.

Für die Menschen, mit denen ich schnell Kontakt geknüpft hatte, war ich Designerin. Das stimmte sogar ein wenig und verursachte keine Verhaltensstörungen, die unweigerlich die Berufsbezeichnung »Schauspielerin« auslöste.

Der kleine Küstenstreifen von Manhattan Beach bis Marineland ist wie Santa Barbara oder teilweise auch San Diego wirklich das Paradies auf Erden. Dahinter hechelt schon die Hölle. Viele höllische Alltäglichkeiten beherrschen das Leben dort. Dem Klima nach ist es mehr eine »mañana«-Gegend. Die Industrie verlangt von den Menschen in diesem paradiesischen Milieu, sehr auf Zack zu sein. Das formt seltsame Typen. Je näher man dem Big Business kommt, desto hektischer und arbeitsamer werden die Leute, denn sie müssen ja hier gegen eine ganze Klimazone antreten.

Probeweise teilte ich mein Quartier noch mit dem Freund aus meiner Hippiezeit vor vierzehn Jahren. Er hatte sich wenig verändert und litt darunter, tagtäglich zu erleben, daß ich mich innerlich wesentlich mehr geändert hatte, als äußerlich zu sehen war.
Ich war nicht mehr das Mädchen, das zufrieden war, bei Mondenschein zu den Klängen seiner Gitarre in einem Orangenhain zu tanzen. Ohne jeden Gedanken an die Zukunft.
Während er noch im Bett lag und vermutlich musikalischen Träumen nachhing, saß ich an meinem toskanischen Schreibtisch und verfaßte Konzepte für einen Broterwerb fernab schauspielerischer Tätigkeiten. Merkwürdigerweise gab es viele Frauen, die gern sofort ein Schönheitsprogramm von mir kaufen wollten, nachdem sie erfahren hatten, daß ich nicht geliftet und mit Freude Großmutter war.

Allegra war sehr froh, mich hier zu haben. Wir hofften beide auf eine Phase, in der ich Mama sein konnte, ohne ständig finanzielle Quellen weit weg von ihr zu erschließen. Mein Bruder hat immer gesagt, ich wäre die ideale Hausfrau, nur ohne Mann. Als mein eigener Mann mußte ich immer an die Front, um als Mutter am Herd meinem Wunsch, die Küken zu pflegen, nachzukommen.

Allegra wollte nicht mit mir am Strand wohnen, es war ihr zu ereignislos. Alles passierte in Hollywood, und ich konnte sie gut verstehen. Sie mußte sich ja mit Gleichaltrigen treffen und in ihrem eigenen Kreis ihr Leben aufbauen.

Wir hadern beide ein bißchen mit dem Schicksal. Es fehlt uns eine Schmusephase, was an der zu plötzlichen Entwöhnung liegt.

Als sie ein Baby war, trug ich sie immer bei mir auf dem Rücken. Das Abstillen dauerte ewig, weil wir ständig nach dieser Kommunikation lechzten. Erst nachdem sie vier Zähne hatte, hörte ich auf – so groß war die körperliche Sehnsucht nacheinander. Wir vermißten die wortlose Nähe. Durch die Hysterie des Schauspielerberufes konnten wir sie nur strähnenweise erleben.

Wann immer sie mich brauchte oder sehen wollte, fuhr ich in ihren Stadtteil. Ein einfaches Abendessen konnte zu einer lebensgefährlichen Angelegenheit werden. Los Angeles wuchs immer mehr in die Beschreibung des Zukunftsromans »Blade Runner«. Die Zulassung des freien Verkaufs von Waffen ist in meinen Augen ein krimineller Akt der Regierung gegen die Bürger. Gepaart mit Beispielen aus Film und Fernsehen verwundert ein kleines Beispiel aus Allegras Leben nicht: Auf der Heimfahrt nach dem Essen mit ihrer koreanischen Freundin überholte sie ein Auto. Der Fahrer ließ ein Fenster runter und schoß. Das Mädchen war geistesgegenwärtig und duckte sich. Die Kugel war durch das hintere Fenster gezischt.

In der Gegend, wo beide wohnten, wurden häufig nachts die Radkappen abmontiert – wenn man Glück hatte. Manchmal fehlte das ganze Auto.

In Amerika kann jeder Job fristlos gekündigt werden, und als ob dies nicht zur Verunsicherung reichte, wurden gerade die »gangshootings«, die bewaffneten Banden, Mode. Bei jeder Fahrt konnte man zufällig erschossen werden. »Sorry, es war nicht persönlich gemeint...«

Die Fahrt vom Strand zu Allegra war ein Wagnis.

Den Höhepunkt einer bizarren »Anmache« erlebte ich von einem Mann in einem grünen SAAB, der mich fast von der Straße abdrängte. Daß Männer das Fenster öffnen und sagen »Sie sind hübsch«, ist normal, aber dieser fuhr bis auf wenige Millimeter an meinen Wagen heran. Es war lebensgefährlich!

Die Verfolgung inmitten des dichten Verkehrs dauerte über eine halbe Stunde. Als ich vom Freeway abfuhr, schnitt er mich, und es stellte sich heraus, daß er mich unbedingt zum Essen einladen wollte. Ich hätte die schönsten Augen, die er je gesehen habe.

Diese absurde Ansammlung von hysterischen Angeboten kann nichts mit Hübschheit zu tun haben. Ich bekam erstaunlich viele Angebote.

Nach einer gewissen Integration und durch die Möglichkeit, andere Frauen zu studieren, wurde mir klar, daß es wohl auch an mir liegen mußte. In L. A. gibt es kaum Frauen in meinem Alter und darunter, die Verletzlichkeit ausstrahlen. In Deutschland war ich immer gleich gewappnet und gepanzert und holte den »Kumpel« aus dem Schrank, um mich dahinter zu verstecken. Hier konnte ich schauen und aufnehmen. Die hiesigen Frauen hatten längst ihr eigenes Schema, nach dem sie die Mann-Frau-Spiele abspulten.

Zu Hause mit meinem Freund wurde es unerträglich. Ich war mit ihm zusammen, weil er mich mit seiner seltsamen psychischen Verfassung an die Grenzen meiner Gefühllosigkeit dem Liebhaber gegenüber brachte. Lust ist nicht Liebe!

Er mißachtete alle grenzverweisenden Signale, wodurch ich mich immer besser kennenlernte. Hätte er nicht parallel dazu alle langweiligen alltäglichen Männerspiele draufgehabt, hätte ich mich ihm nicht entzogen. Die gesellschaftlich akzeptierte Halbherzigkeit war bei ihm nicht anzubringen, und in seiner Verrücktheit lag eine Intensität, die jene Leere auffüllte, welche das Prominentsein in meinem weiblichen Empfinden geschaffen hatte.

Obwohl er in seinen tausend Persönlichkeitssplittern immer ungreifbarer wurde, verband die Ähnlichkeit unserer Haut.

Eines Morgens saß ich wie üblich am Schreibtisch und sah, als Vorboten des Tages, die Yuppiepaare vorbeijoggen. Die meisten sahen einander ähnlich. Wenn auch der echte Kalifornier in der Tiefe seines Herzens am liebsten quietschende Penthouse-Blondinen vögelt, so vollzieht sich der Alltag mit seinen Ritualen doch am besten mit der Jugendfassung seiner eigenen Mutter.

Als das Telefon um sechs Uhr dreißig klingelte, mutmaßte ich einen Anruf aus Deutschland, aber eine seltsam klingende Telefonistin sagte: »Ein Anruf für Mrs. Kaufmann aus Jalta.«

Jalta?

Es stellte sich heraus, daß es sich um ein Angebot für eine Mammutcoproduktion handelte. Ich versuchte, so cool wie möglich zu bleiben und nicht gleich ja zu sagen. Wenigstens nicht, bevor ich mir (wenigstens der Form halber) das Thema und eine Beschreibung der Rolle angehört hatte. Daß die Umstände der Filmarbeit, vorsichtig ausgedrückt, chaotisch sein mußten, konnte ich mir an zwei Fingern abzählen. Ich war für die Hauptrolle vorgesehen und sollte in zwei Tagen in Jalta sein.

Nach meiner geheuchelt zurückhaltenden Zusage wurde ein zweiter Anruf angekündigt, der des Regisseurs Peter Fleischmann. Er erzählte mir den Inhalt der russischen Sciene-fiction-Geschichte *Es ist nicht leicht, ein Gott zu sein* in seiner eigenen, pfälzischen Wildwestart so originell, daß ich eine sehr skurril-spannende Arbeitssituation auf mich zukommen sah.

Zunächst wollte man eine amerikanische Schauspielerin für die Rolle, und ich wurde eher als Ersatz für sie engagiert. In Deutschland hatte ich Wohlwollen und Nettigkeit nur vom Publikum erfahren, so daß mich diese Arbeitskonstellation nicht kränkte.

Mit meiner Agentin, Frau Frank, besprach ich die Vertragsbedingungen. Sie ist eine faire, gescheite Frau, die mir nicht verheimlichte, daß es über dieses Projekt nicht nur positive Berichte gegeben hatte.

Die Chance, jetzt eine Zeit in dieser für die Sowjetunion so wichtigen Phase dort zu verbringen, appellierte zu sehr an meine Erlebenslust. Ich schlug alle Bedenken in den Wind. Außerdem, wann hatte mich Chaos je gestört? Von meinem Freund wurde ich nun all der Dinge bezichtigt, die man normalerweise Männern vorwirft.

Allegra freute sich über das Angebot, auch wenn es schon wieder eine Trennung bedeutete. (Sie hat mein Versprechen, sobald ich es mir leisten kann, nur für sie zu kochen, immer in ihrer Nähe zu sein und mindestens zwanzig Pfund zuzunehmen. Bis dahin ist es ihr lieber, ich verdiene Geld wenigstens mit etwas Interessantem.)

Wir verabredeten uns für den Abend mit einer Freundin: Frances Schoenberger, die Königin der Hollywoodkorrespondenten. Mit Recht. Eine tolle deutsche Nachkriegsfrau, stark und verwundbar. Ihr »Hof« lag streng und gläsern auf einem der Hügel Hollywoods. Die Nacht verwandelt den windigen Stadtteil zu ihren Füßen in eine funkelnde Illusion.

Jan Niklas war gerade ihr Hausgast. Er paßt so gut nach Hollywood. Ein Mann der Tradition der dreißiger Jahre.

Ein einsamer Erbe. Das Gesicht voll gutaussehender Sehnsüchte. Er kam nicht mit zum Abendessen. Wie ich Jan kenne, war ihm alles zu irdisch, obwohl er, wenn man mit ihm allein ist, saukomisch sein kann.

Frances und ich fuhren in ein italienisches Restaurant auf der Melrose Avenue. Dies ist eine der wenigen Straßen, auf der im europäischen Sinne Leben herrscht. Die Stadt ähnelt außer am Strand fast einer Hochburg von Beinlosen mit luxuriösen Rollstühlen. Melrose ist ein wenig wie die Münchner Leopoldstraße. Man trifft Menschen zufällig, eine Welt weg von der organisierten Gettokultur. Mit einem Unterschied: Alles ist bis aufs Zahnfleisch geschminkt. Viele sind beseelt von dieser diffusen Gier, dieser merkwürdigen Krankheit, dem Gefühl, erst dann »jemand« zu sein, wenn man in irgendeiner Form festgehalten, abgebildet ist.

Das Lokal war voll von »I want to be somebody«-s, von Leuten, die gerne »jemand« sein wollten.

Auf Frances wartete eine hübsche Hamburger Journalistin, die über Tom Selleck klagte.

Die amerikanischen Schauspieler tragen ihr Herz nicht auf der Zunge, und wenn sie es tun, wird es nicht mißbraucht. Da helfen ihnen die Gesetze. Es gelten andere Spielregeln. Die freie Marktwirtschaft durchzieht auch die kleinsten Kreise. Prominenz und Journalisten arbeiten zusammen an ihrer Verdienstquelle. Den Illusionslosen gehört die Welt, nur sie können ihre Wünsche durchsetzen. Während des Abendessens sagte der Psychiater, den Francis als Gast eingeladen hatte, ein brüderlicher Freund, beiläufig zwischen Salat und

Hauptspeise, einen Satz von mir kommentierend: »Das ändert sich, sobald wir verheiratet sind.« (?!)

Na gut, übermorgen fliege ich nach Moskau, da ist so ein Satz ungefährlich. Für ihn.

Allegra kam, und ihre vibrierende Ausstrahlung füllte den Raum. Als sie mich wie immer auf den Mund küßte, zeichnete sich in den Gesichtern der anderen Gäste Empörung ab. Das kennen wir schon! Man hält uns für enthemmte Lesbierinnen.

Nach dem Essen mußten wir noch auf Schlüsselsuche gehen (ihre Freundin hatte den Schlüssel verloren). Was natürlich drei Stunden Fahrt bedeutete. Danach brachte sie mich noch an den Strand. Ein wehmütiger Abschied mit ein wenig Wut über das Schicksal, das uns immer wieder trennt, woran wir uns aber aktiv beteiligen. Sie ist wie ich auch nomadisch veranlagt. Ich hätte sie gerne mitgenommen, aber es ging nicht, es hätte ihren Lebensfluß aufgehalten. Ich liebe sie zu sehr, um sie in ihrer Entwicklung, weg von »der Tochter von...«, zu hemmen.

Im Blütenduft der Nacht schlief ich neben meinem mittlerweile ungeliebten Freund ein. Bald weckte mich meine Kindheitsbegleitung, die Angst, auf.

Allein in die Sowjetunion, ob das gutgeht?

Schlimmstenfalls ist es ein Erlebnis.

Mein Gegenargument ließ mich beruhigt einschlafen.

Am nächsten Morgen, wie um den Abschied schwerer zu machen, zeigte sich die Stadt von ihrer schönsten Seite. Am Schalter der Lufthansa kannte mich fast das gesamte

Personal. Vor allem die Frauen meines Alters. Wir waren gemeinsam älter geworden, und sie hatten viel von meinem bewegten Leben aus der Flughafenperspektive miterlebt. Viele Ankünfte, viele Abschiede. Viele Zustände.

Auf dem Weg zum Flugzeug ein kleines Rudel deutscher Mädchen. Eine drehte sich um und sagte: »Sie kenne ich doch?!«

Sie guckten und lachten, aber nett. Das mochte ich gerne, wenn ich behandelt wurde wie eine vertraute Person. Es ist anders als das »Berühmtsein«, das sich wie ein Schatten über einen stülpt.

Im Flugzeug gab ich mich meinen Phantasien über die Sowjetunion hin. Wie sehr würde sich dieses große Land von dem unterscheiden, in dem ich gerne lebte! Die Sowjetunion entbehrte doch jeglichen Glamours, dessen Schattenseiten die Wirklichkeit in immer weitere Ferne rücken, und Trauer, Schwäche, Alter aus dem Alltag verbannen.

Nach achtzehnstündigem Flug hatte sich mein Kleid merkwürdigerweise in einen Mini verwandelt, und nach dem Umsteigen in Frankfurt schien es mir, als ob meine Haare gewachsen wären. Überhaupt beschlich mich das Gefühl, außer den Stewardessen die einzige Frau zu sein. Zwei ausnehmend nette Herren, die schon »sowjeterprobt« waren, verwickelten mich in ein Gespräch. Daraus erkannte ich, daß ich absolut nichts wußte, was mir den Weg zu meinem Bestimmungsort bahnen würde. Weder das Hotel in Moskau noch das in Jalta.

Eigentlich wußte ich nur, daß ich mit Peter Fleischmann einen Film drehte. Am Flughafen würde mich jemand abholen. Wahrscheinlich.
An sich wäre leichte Panik angebracht gewesen, es geschah jedoch nichts dergleichen.

Der Moskauer Flughafen ist unglaublich schick. Von italienischen Architekten erbaut. Das flirrende, halbdunkle Neonlicht machte es fast unmöglich, die Koffer zu unterscheiden. Ich nahm einfach die übriggebliebenen. Alles dauerte ewig. Doch mein Visum, das ein absurd glamouröses Bild von mir enthielt, muß einen magischen Inhalt gehabt haben, denn ich kam wie durch einen Windstoß durch die Kontrollen, nur um zu bemerken, daß kein Abholer mit dem Zeichen »Mrs. Kaufmann« oder ähnlichem ausgestattet war.

Während der Wartezeit Beobachtungen, frei von jeglicher politischer Relevanz.
Nach 45 Minuten trat ein Herr mit dem Namen eines Wodkas auf mich zu. Herr Smirnoff.
Mein Abholer.
Das hier sind die männlichsten Männer, die ich je gesehen habe. Die Frauen, bis hin zu einem gewissen Alter, sind von kapriziöser, aber unverkäuflicher Schönheit. Sie sind auf eine besondere Art reizend, die ich im Westen noch nie gesehen habe. Woher dies kommt, werde ich sicher im Laufe der Arbeit herausfinden.

Herr Smirnoff und ich fuhren durch das nächtliche

verschneite Moskau. Nachdem ich Bulgakovs »Meister und Margarita« vierzehnmal gelesen hatte, war dies auch eine Fahrt durch verwirklichte Buchseitenträume. Wie oft bin ich mit Margarita auf dem Besen durch den Arbat geflogen!

Ich fragte Smirnoff, wo der Patriarchenteich sei. Er lächelte mich an. Das Buch war bis vor kurzem verboten. Er könnte auch eine Figur aus diesem Roman sein. Mit Schiebermütze und Schlitzaugen.

Es liegt vielleicht an der Kälte, die keinen Hautkontakt zur Außenwelt zuläßt, daß hier die Empfindungen über ganz andere Kanäle rutschen. Nicht nur die Farbe der Luft, der rote Stern am Nachthimmel und die stabile, sich durch die Stadt windende Mauer... Später, später wird es sich erklären.

Aus der Nacht in eine neonbeleuchtete Hotelhalle aus weißem, auf dem Boden mit schmierigen Schneespuren durchzogenem Marmor. Während Smirnoff mit meinen Papieren endlos mit putzigen, runden Frauen verhandelte, merkte ich, daß sich eine Art Rausch meiner bemächtigte. Ausgelöst durch die im Neonlicht irrwitzigen Farben der Telefone. Schrill ist gar kein Ausdruck. Wie auf LSD. Das Hotelzimmer hingegen hat die Muff-Farben einer deutschen Wohnstube schlimmster Art.

Das Muffzimmer hat aber eine Sicht auf die Kremlmauer, und der große Fernsehapparat zeigt lauter Menschen, die so fest in sich ruhen wie ein Kind im Bauch der Mutter.

Ich schlief schlecht.

Am nächsten Morgen um fünf Uhr im Taxi zum Flughafen. Ohne Begleitung. Mit nur wenigen Rubel in der Tasche.

Merkwürdigerweise verstand ich viel. Das war mir beim ersten Besuch vor zwanzig Jahren auch so gegangen. Meine Russischkenntnisse basierten auf einer Woche Berlitz in London, wo mir mein Lehrer (das fiel mir erst jetzt auf!) eigentlich nur »Sie haben schöne Augen« beigebracht hatte. Das würde mir aber kaum den Weg zum Flughafen bahnen.

Ich zeigte dem Fahrer das Ticket. Es gibt zwei Flughäfen. Auf dem richtigen angelangt, setzte ich mit der Simplizität eines Höhlenmenschen meine Reise fort. Wie die Stadt heißt, in die ich soll, weiß ich auch nicht. Sei's drum.

Ich gelangte doch irgendwie in die richtige Aeroflot-Maschine. Dort lernte eine sehr hübsche, mit dem Fuß stampfende Stewardeß meinen eisernen Willen kennen. Sie wollte nämlich, daß ich mich nach hinten setze.

Meine Flugangst läßt das aber nicht zu. Hinten wackelt es am meisten. Eine klassische Babuschka und ich saßen ganz vorne. Sie weinte während des ganzen Fluges. Ich durfte sie nicht ansehen, schon kullerten auch bei mir die Tränen. Die Müdigkeit hatte meinen Panzer aufgeweicht. Erst gegen Ende des Fluges wandte sie sich mir zu, weil ich sie am Arm streichelte. Ich verstand ein bißchen von dem, was sie sagte, konnte aber nicht antworten, höchstens mit »Sie haben schöne Augen«, das stimmte aber im Moment nicht, eher »Sie haben rote

Augen«, doch fiel mir das Wort für »rot« nicht ein. Außerdem wußte sie das sicher selbst. Vielleicht vermißte sie ihre Enkel. Ich meine auch.

Wir landeten nach dem völlig ruhigen Flug so elegant auf dem mit unglaublichen Schlaglöchern durchsetzten Rollfeld, daß ich sofort in dieses Land ziehen wollte. Wie dies möglich ist, wird mir ein ewiges Rätsel sein.

Sowerostopol hieß der Ort. Aha. Wieder niemand da, der mich abholte. Eine Horde russischer Taxifahrer umzingelte mich aufgrund meines ratlosen Blickes. »Intourist« muß ich!

Das Ganze spielt sich in einer Art gefrorener südamerikanischer Kulisse ab. Endlich, nach einer Stunde erscheint jemand, der mich abholt. Auf dem Weg zum Intouristbüro sehe ich einen Mann, der aussieht wie ein Schauspieler. Richtig. Fillipenko hieß er. Ein tolles Gesicht, wie ein Totenkopf mit gelben, gesprenkelten Augen, aus denen Humor und Wissen strahlen.

Thomas, der wunderschöne ungarische Regieassistent, unser Abholer, stellt uns vor. Wir haben dieselbe Art von Humor.

Das Hotel ist wie fast alle modernen Gebäude in kommunistischen Ländern extrem häßlich. Das berühmte Jalta (Roosevelt usw.) ist, denke ich, der einzige Ort der Welt mit Tannen am Strand. Er hat etwas von einer tristen Fassung des Gardasees.

Mir ging noch das Gespräch mit Fillipenko durch den Kopf. »Wer ehrlich ist, braucht keine Sprache.« Mit fünf

58 Allegra als Punk in Lavendel und Schwarz, 1981 ◁

59 Mein ganz persönlicher Gainsborough: Alexandra, von mir in München fotografiert, 1981 ▷

60 Am Strand von Santa Barbara mit Alexandras Zwillingen Dido und Elisabeth, 1987

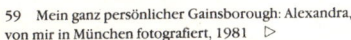

61–64 In meiner Wohnung im Münchner Lehel mit dem von mir entworfenen Tisch. – Mitte: Mit Meisy, Günter und Allegra in Hamburg, Weihnachten 1987. – Rechts: Mit Alexandra und ihren Kindern in New York, 1989. – Unten: Zu Besuch bei Theo, 1989

65 Vermummt am ersten Drehtag des Peter-Fleischmann-Films »Es ist nicht leicht, ein Gott zu sein«, Jalta 1989. In der Mitte mit langen Haaren mein Partner Fillipenko

67–69 Folgende Seite ▷ ▷
Oben links: Offensichtlich verliebt: Drehpause zu »Es ist nicht leicht, ein
Gott zu sein«. Schnappschuß in Kostüm und Maske, Kiew, 1989. – Oben
rechts und unten: In Rainer Boldts Film »Der Geschichtenerzähler« nach
Paricia Highsmith, 1989. Einer meiner Partner: Peter Sattmann

Zwischenstation in Moskau, 1989
▷

Worten Englisch und Russisch besprachen wir alles, von Kindererziehung bis zum russischen Theater der Gegenwart.

Wir trafen uns in der Früh am Set. Das ganze Team faszinierte mich, weil die Menschen eine Form der Kommunikation hatten, die der meinen hundertprozentig entsprach. Abwartend und vibrierend irgendwie.

Dann der Vorhang runter.

Einige Vorhänge waren schon sehr eisern, wie ich bemerkte.

Der Regisseur war den Sowjets in seiner Art nicht verständlich.

Die Frauen waren warm. Die Chefmaskenbildnerin Galia erinnerte mich an meine Großmutter. Ihre Augen hatten schon viel gesehen.

Die Frauen stehen ihren Mann, und deshalb besteht eine authentische Solidarität unter ihnen. Ich komme aus derselben Tradition, Mutter und Meme waren auch so. Darin fühle ich mich zu Hause.

Die Eigenartigkeit der Hübschheit klärt sich auf: Erstens ist es nicht so wichtig. Zweitens gelten viele Dinge als hübsch. Es gibt ja nicht diesen Standard, der sich bei uns aus der Werbung entwickelt hat. Man mißt Frauen nicht an der Werbewelt. Es gibt keine Plakate an allen Wänden, auf denen das (bedrohliche) »ideale Paar« prangt: Sie, sehr jung, sehr blond, sehr langbeinig. Er, schlank, sportlich, vom Sonnenbett in den Porsche!

Es existiert also nicht die parallele Welt der Werbung,

die einen ständig daran erinnern soll, was man nicht hat oder nicht ist.

Der Drehort selbst war abenteuerlich. Durch die Gegenwart der Soldaten verstärkte sich der Eindruck einer Kriegssituation. Das Science-fiction-Gebäude mit all den Komparsen beeindruckte mich. Die Realitäten waren allerdings, praktisch gesehen, sehr desolat. In Eiseskälte bis zu den Knöcheln im Schlamm, keine Garderoben, von Wohnwagen ganz zu schweigen. Das Kantinenessen bot Suppen, Geschmacksnote »gekochte Socken«. Es gab eigentlich gar keinen Komfort.

Nur eines wird mich süchtig werden lassen, weil ich es in dem Maß vorher noch nie erfahren habe: menschliche Wärme!

Richtig! In den Drehpausen war immer jemand da, der mir die Hände rieb, mir Handschuhe überstülpte und so weiter. Sie machten das auch untereinander. Die Frauen umarmten sich, die Männer auch.

Es hatte nichts mit dieser frustrierenden, sexualfixierten, gefühllosen, blöden Flirterei zu tun, die sonst auf Sets herrscht. Ich fühlte mich wie bei meinen erwachsenen Töchtern und ihren Freunden, da war auch so eine Kommunikation. Wortlos und direkt.

Fillipenko und ich spielten eine Szene, er russisch, ich englisch. Er ist ein toller Schauspieler, und wir hatten keinerlei Probleme. Wir fingen die Situation bioelektrisch ein. Über die zu spielenden Texte beschwerten wir uns vergeblich.

Schon vom ersten Tag an war mir klar, daß mir das Weggehen von hier sehr schwerfallen würde. Zum erstenmal in meinem Leben wurde ich nicht als »Person des öffentlichen Interesses« registriert, sondern als Frau, die innerhalb eines Arbeitsprozesses ihren Platz behauptete.

Ich hatte keinen sonst üblichen »Illustrierten-Rattenschwanz« im Gefolge. Glück und Ruhe sind für mich eins, daher war ich seit langer Zeit wieder einmal glücklich.

So eine Reise ist für eine alleinstehende Frau schon ein Wagnis. Es hat sich gelohnt. Die Amis und Russen haben etwas gemeinsam: Die Größe und Weite ihres Landes macht sie toleranter. Beide sind offen.

Beim Abendessen saß ich am West-Tisch. Fleischmann war sympathisch, konnte jedoch sicher tückisch sein. Ein schöner, lästiger Georgier saß bei uns. Er war so in sich und seine sonore Stimme verliebt, daß er jede Frau bedrängte, um sich in ihr zu spiegeln. Er war aber die Ausnahme.

Die Männer sind sehr souverän und aus ihrer Ruhe heraus männlich.

Die nächsten Tage vergingen wie im Traum.

Mein *jetlag* verzerrte und verschärfte zugleich meine Wahrnehmung. Dennoch fühlte ich mich wohl. Meine französische Kollegin gab mir eine Schlaftablette, anscheinend litten hier alle an Schlaflosigkeit.

Bevor das ganze Team nach Kiew übersiedelte, flog ich

mit Birgit Doll über Wien nach München. Sie ist mir so angenehm. Eine aparte Frau, die mit samtweicher Stimme Kluges und Witziges sagt.

Ein paar Tage in München. Ich wohnte bei meinem Jugendfreund Frank Burger. Er gab ein Essen, bei dem ich wieder meine europäischen Freunde traf. War ganz stolz, sie zu kennen. Sie haben Niveau und sind sehr herzlich.
Leider endete der Abend mit einer sexuellen Bedrängung, von der ich einen Magenkrampf bekam. Ich war durch die schmerzliche Erfahrung noch immer zu empfindlich, um mich auf so etwas einzulassen.
Ich vermißte meine Kinder.

Meine Erscheinung auf dem Moskauer Flughafen war die eines schicken Packesels. Schminke von Lauder für Galia (Marie von der Leyen hat sie gestiftet), Cassetten, Senf, Zigarren, Zeitschriften.
Ich kam mit blauen Striemen auf den Schultern an. Herr Smirnoff holte mich ab. Diesmal ausgeschlafen, war ich ganz kirre.
Es tobte ein Schneesturm. Ich wollte nicht nach Kiew, also mußte ein Hotel besorgt werden.
Prächtiger Bau, aus der Stalinzeit.
In der Halle lauter Bulgakov-Erscheinungen.
Smirnoff stellte mich einem in die USA emigrierten Russen (Vladimir) vor, der sich anscheinend zwischen den Säulen dieses Monumentalhotels durchs Leben wand.
Er lud mich zum Essen ein.

Mein Zimmer war traumhaft, wunderschönes Holzparkett. Wie in letzter Zeit immer häufiger, hatte ich Schönheitsutensilien (Burger) vergessen, meine Haare daher in einem sehr extremen italienischen »Vogue«-Stil frisiert.

Im braunen Alaia in die Halle, wo Vladimir bereits wartete.

Ich erklärte ihm, um alle Mißverständnisse zu beseitigen, daß ich Enkel hätte, und kehrte die Kumpelfrau heraus. Er sagte, wie übrigens den Rest des Abends auch: »You've got to be kidding.« (Du machst wohl Scherze.)

Im gigantischen Speisesaal, wo zwischen Prachtsäulen wunderschöne Stoffe mit naiven Rosenmustern hingen, gab es Perestroika-Entertainment. Das sagte Vladimir, ich verstand den Inhalt der Lieder nicht.

Am Morgen weiter nach Kiew, ich fühlte mich bereits als Sowjet-Reiseexpertin. Ein lästiger Mann saß neben mir. Er starb, schien's, vor Neugierde, weil nur Deutsche hinter uns im Flugzeug saßen. Eine Reisegruppe, die Bilder von mir machte und Autogramme wollte. Sie waren nett, vor allem die älteren Damen.

Den Mann wurde ich los, indem ich in meinem Wörterbuch verbissen den Satz »Ich bin verheiratet« suchte und fand.

Wieder beim Team, konnte ich mit den Geschenken viel Freude bereiten. Meine geliebte Galia reagierte genau wie ich in solchen Fällen. Sie zeigte nichts nach außen.

Die Kostümfrauen waren ganz froh über die schöne weiße Seide, aus der sie phantastische Kleider schufen.

Das Kiewer Studio war viel mehr Science-fiction-Ort als die Ausstattung des Films. Zum Beispiel regnete es rein. Auf dem Boden wuchs Moos. Eine Hundefamilie lebte in verschiedenen Dekorationen. In der Kantine trugen die Frauen turmhohe, weiße Mützen aus steifem Windelmaterial. Es gab nie ein falsches Lächeln, was mir sehr gefiel. Bis man sich nicht als würdig erwiesen hatte, wurde nicht gelächelt. Wunderbar!

Es gab hier einen Mann, mit dem ich seit einigen Wochen arbeitete. Der Assistent von Pascha, in den ich verliebt war. Mischa. Ich wurde bei seinem Anblick fast ohnmächtig, weil er eine Figur aus meinen Kindheitsträumen war. Er löste in mir das aus, was sich vermutlich als romantische Liebessehnsucht beschreiben läßt. An sich ist mir so etwas fremd. Vielleicht kommt es »extra« bei einem Sowjetaufenthalt. Ich wurde nie müde, ihn anzusehen. Er beachtete mich nicht. Galia lächelte über meine Verfärbung, wenn er an mir vorbeiging. Er war stolz, ohne eitel zu sein. Es muß ihm sehr lästig gewesen sein, meine Augen – wenn auch im Rahmen des Anstands – auf sich zu spüren. Er hatte mich nur ein einziges Mal angesehen. In Jalta, wo er neben der Kamera das Licht auf mich richtete. Ich bin in diese Augen gefallen. Später, in Kiew, mußte ich weggehen, wenn er einen der Aufenthaltsräume betrat. Ich konnte nicht einmal in einem Zimmer mit ihm sein.

Dann kam eine Szene, die wahrscheinlich im Film einen unerklärlichen Reiz ausstrahlen wird. Eine Frau in Pein!! Wir drehten eine sehr witzige, aber auch leidenschaftliche Liebesszene. Leidenschaftlich, weil Edward, mein Liebespartner, eine Rüstung trug und mir die Eisenhaken teilweise tief in die Haut drangen. Die Szene war ungewöhnlich konzipiert. Eine seltsame Verführungsszene, die bis zu einem gewissen Punkt Spaß machte.

Fleischmann wollte zwar, daß wir Karnickelbewegungen machten, aber ich lehnte dies ab. Edward und ich waren gut befreundet. Es machte mir nichts aus, wenn er an meiner Brust leckte. Er war wie ein Kind. (Ein Teil der Szene mußte in München noch mal gedreht werden.) Die Einstellung von oben auf mich. Ich sollte die Kamera ansehen wie einen Partner, mit dem ich schlafe. Direkt neben der Kamera Mischas königliches Gesicht. Rätselhaft. Fleischmann wollte mit gutem Recht auch einige Bewegungen und daß Edward mir die nackten Brüste streichelte. Ich konnte es nicht und starb vor Scham. Stand auf und hielt einen Vortrag, daß dies nicht sein müßte. Es mußte reichen, wenn wir uns küßten und wälzten. Ich konnte nicht auch noch meine Augen preisgeben. Die Szene wurde etwas geändert. Mischa sah mich selten an, doch wenn er es tat, war es überprüfend. Nicht das Aussehen, sondern das Wesen.

Seitdem ich ihn das erste Mal gesehen hatte, waren sechs Wochen vergangen.

Am ersten Drehtag hatte ich auch Burt kennengelernt. Ich ging zu ihm, und meine Zuneigung strömte ihm wie heiße Lava entgegen. Er konnte sich gar nicht entziehen. Ich sagte zu ihm: »Ich will dich als Freund. Nicht Sex. Wir werden immer Freunde bleiben, ich spüre es. Sag ja.« Burt, ein Amerikaner russisch-jüdischer Herkunft, ist mir wesensverwandt. Seine Antwort war »Ja«.

Er wurde zum untrennbaren Teil meines Lebens. Ihm konnte ich meine Gefühle für Mischa mitteilen. Er verstand auch, daß ich nicht mit Mischa »gehen« wollte, sondern mir das Magenflirren und Aufsaugen seines Anblickes reichte. (Jedenfalls, solange Mischa sich mir nicht zuwandte.)

Im Film wird mir die Kehle aufgeschnitten, als Strafe für den Verrat, den ich aus Liebe begehe.

Das surreale Kiewer Studio war voller Schutthaufen. Wenn eine Kulisse aufgebaut werden sollte, so kehrte man einen Teil des Schutts etwas weg. In den ausgekehrten Freiraum wurde meine Sänfte gestellt, die meiner Rolle der Mätresse entsprechend prächtig war. In ihr lag ich nun, tot, sehr spärlich bekleidet, mit aufgeschlitztem Hals und großzügig mit Blut getränkt, was die Kleidung durchsichtig machte. Totenstarre.

Mein Halspuls war aber nicht abzustellen, und mit drapiertem Haar wurde das letzte Lebenszeichen abgedeckt. Es war kalt, und die Einstellung dauerte ewig. Während ich professionell das Leben aus mir weichen ließ, fühlte ich mich verdammt ungeschützt. In diesem Augenblick der Verlassenheit legte Mischa seine Jacke auf mich, an der sein Geruch haftete. Kein Parfum. Erst nachdem er die Jacke und seinen Geruch wieder weggezogen hatte, bekam ich Sehnsucht nach seiner Berührung.

Es vergingen wieder Wochen. Dann passierte etwas, das den Bann auf lustige Weise brach. Eine große komplizierte Massenszene war geplant. Eine Art Gelage (wie *Ben Hur*), in dem 70 Komparsen, Gesang, Tanz und all die komplizierten Abläufe (die jeder haßt) mühsam in die Reihe gebracht werden müssen.
Ganz am Ende der Szene hatte ich einen Auftritt, mußte Edward was ins Ohr flüstern und mit mehrdeutigem Blick in die Kulisse verschwinden. Mein Auftritt war von rechts. Die Sklavinnen hatten getanzt, die Ansprache – ein Streitgespräch schwierigster Art – war gehalten worden und mein Zeichen für den Auftritt gefallen.
Nur Mischa hatte mich angesehen, ganz lange, und ich vergaß alles. Es gab keinen Film, keinen Auftritt, es gab gar nichts mehr, nur das Gesicht des Mannes, den ich liebte.
Fleischmanns Geduld war sehr groß. Normalerweise bekommt der Regisseur bei solch einer Gelegenheit einen Tobsuchtsanfall.

Die Dreharbeiten bekamen durch die Ankunft von Pierre Clementi einen zusätzlichen surrealen Reiz. Pierre ist durch den Film *Belle de Jour* bekannt geworden. Er hat eine eklige Schönheit. Aber auch eine verletzte Seele, die er mit Verdorbenheit panzert. Er war lange Zeit heroinsüchtig. Unser Hotel in Kiew glich während seines Aufenthaltes einem Hochspannungsrevier.

Pierre behauptete, mich schon seit Jahren zu lieben. (Was mir Werner Schroeter schon berichtet hatte.) Ich fand ihn lieb und rührend.

Während der Arbeit war er umwerfend. Sein Spiel von seinem eigenen Lebensschmerz gezeichnet. Mehr ein Happening als eine gespielte Szene.

Im Hotel konnte man wie überall in der Sowjetunion beim Essen tanzen. Es ist nicht sentimental, wenn ich sage: Ich habe mich immer nach dieser Art gesellschaftlicher Kommunikation gesehnt. Dort tanzen alle Menschen miteinander. In Paaren und Gruppen. Die Babuschkas, die Kinder, die Hochzeitspaare. Alle. Hat man eine Art zu tanzen, die gefällt, vermittelt man diese und gibt die Schritte weiter. Es ist liebevoll. Keiner wird verachtet für seine Art der Freude. Die Frau fordert auch mal den Mann zum Tanzen auf, der ihr gefällt.

Burt und ich tanzten oft Indianertänze. Wir wurden nur einmal strafend angesehen und mit blöden Kommentaren verurteilt. Es waren Deutsche. West oder Ost weiß ich nicht, aber Deutsche waren es.

Es gab eine Live-Band mit einem Sänger, der eine wunderbar ausgebildete Stimme hatte.

Abgesehen vom Tanzen gab es abends eine Aufgabe, die wir erfüllen mußten: Pierre Clementi einzuschläfern, weil er sonst, verrückt vor Einsamkeit, vollkommen nackt durch die riesigen Flure des Hotels wanderte. Die französische Schauspielerin Anne hatte ein großes Depot von Rohypnol, das nun von uns (Thomas, Burt und ich) in Eiscreme zerdrückt wurde. Achtsame Augen überprüften, ob Pierre sein Eis auch brav aufaß. Wenn er den beruhigten Blick bekam, führte ihn meist Thomas ins Zimmer, wo er ruhig einschlief.

Werner Herzog traf ein, und es wurden komplizierte Szenen gedreht, die viel Disziplin erforderten.
Trotz der vielen Probleme mit der Filmarbeit hatte ich das Gefühl, daß sich Magie entfaltete. Nichts würde glatt sein. Wie gut!

Eines Tages, völlig unerwartet und vermutlich etwas angetrunken, kam Mischa mit Lena, der jungen Übersetzerin, wie ein Stier auf das rote Tuch auf mich zu. Ich fühlte mich »gestellt«. Er wollte mich sprechen. Oh.
Ich entschuldigte mich, rot und haspelnd, ihn so angestarrt zu haben, aber er sei ein früher Kindheitstraum von mir. Am nächsten Tag lagen zum erstenmal seit zwanzig Jahren echte Rosen, in Zeitungspapier gewikkelt, auf meinem Schminktisch. Alle meine Frauen grinsten.
»Für mich?«
»Da!«
»Mischa?«
»Da, da!«
Großes Lächeln.
Es war Ostern, und Victor, ein wunderbarer Freund, Übersetzer, fragte mich, ob ich Lust hätte, ihn zur

Messe zu begleiten. »Ja«, und könnte er bitte fragen, ob Mischa auch mitkommt?

Peter Fleischmann, Pierre und ich saßen im Restaurant. Pierre fragte nach dem Grund meiner Unruhe.

Meine Augen durch die Scheiben auf den Platz vor dem Hotel gerichtet, wollte ich den Mann nicht verpassen, auf den ich wartete.

Einer Vorahnung folgend, lief ich hinunter.

Er war da. Das war kein Ashley, kein Imitat eines männlichen Vorbildes. Das war ein Mann mit Würde. Er sprach plötzlich etwas Deutsch.

Als wir zusammen an Fleischmanns Tisch erschienen, meinte Pierre: »Ah, *ihn* liebst du!«

Victor, Mischa und ich fuhren in eine wunderschöne Kirche, wie man sie von Bildern kennt. Weniger oft fotografiert sind die Nonnen, die wie schwarze, wehende Vierecke ihre Bahnen durch die andächtige Menge ziehen. Ihr Gesichtsausdruck zeigt, daß es für sie keine Auflehnung gibt. Die russischen Bäuerinnen trugen ihre traditionellen Kopftücher mit Rosenmustern, und im matten Kerzenschein sahen sie von hinten wie ein wogendes Blumenfeld aus. Eine unerbittliche, vom reinen Geist inspirierte junge blonde Frau intonierte zweieinhalb Stunden lang liturgische Gesänge.

Victor sagte plötzlich: »Oh, ich habe vergessen, meine Uhr umzustellen. Es ist noch eine Stunde bis zur Messe!«

Im Gegensatz zu den hiesigen Großmüttern war ich nicht faltig, aber meine Standfestigkeit konnte ihnen nicht das Wasser reichen. Ich war mit Mischa und Victor zu einem Osteressen bei einem polnischen Regisseur eingeladen. Victor blieb in der Kirche, Mischa und ich gingen. In der Wohnung der Gastgeber herrschte die wunderbar trunkene, großzügige Stimmung, die jeder Besucher der Sowjetunion, der dort willkommen ist, kennt.

Die Frau des Regisseurs, eine wunderschöne ältere Frau, sehr elegant, sehr wissend, sah Mischa und mich lange an und meinte, wir sähen aus wie Geschwister. Ich traute mich nicht, dies aus nächster Nähe zu überprüfen. Victor kam von der Messe zurück, und es wurde spät. Ich fragte Victor, ob wir zusammen ins Hotel fahren wollten. Die wissende Polin schaltete sich ein: »Vergessen Sie nicht jemanden?«

Oh, alle wußten, wie es um meine Sehnsucht stand. Trotzdem wand ich mich aus dem Taxi und ging in mein Hotel.

Am nächsten Morgen stand Mischa, als hätte er alle Mauern durchschritten, in meinem Zimmer.

Ein geliebter Mann löscht die Erinnerung an alle Vorgänger. Er hatte sich für mich entschieden, verhielt sich nie banal und nahm mir die Notwendigkeit, ständig die Kontrolle zu behalten. Weder himmelte er mich an, noch verachtete er mich für meine Hingabe.

Wir erlebten viel. Er war immer normal in seiner Reaktion. Wenn ich mich entzog und zickig wurde, sagte er mir so direkt seine Meinung, daß ich völlig begeistert war.

Nun war also zu den beiden Menschen, nach denen ich mich sehnte, ein dritter gekommen.

Alex in New York. Allegra in Los Angeles. Mischa in Moskau.

Wie soll eine einfache Frau das alles in die Reihe kriegen? Meine Sehnsüchte überspannten die Kontinente. Zeit, Liebe und Geduld müßten mir helfen.

Als die Dreharbeiten vorbei waren, verabschiedete ich mich von niemandem. Ich hätte die Stadt mit Tränen überschwemmt. Ich flog nach Hause. Redondo Beach.

Eines Abends saß ich mit meinem amerikanischen Freund vor dem Fernsehapparat. Wir schauten uns das Video *Heartburn* an. Zwei Wochen nach meiner Rückkehr aus der UdSSR. Unsere Beziehung war zu Ende. Ich hatte ein echtes Gefühl für einen Mann erlebt. Da mein Strandfreund mich jahrelang durch vorsichtig geplante, kleine, aber tückische Seitenblicke auf Frauen verunsichert hatte, war der Film *Heartburn* etwas, das er gerne vermieden hätte. Das Thema Untreue und Betrug ordnete er in seiner sehr primitiven Form von Machismo der Phantasie der jeweiligen Partnerin zu. Seine Anspannung zu Beginn des Films wandelte sich über Verwunderung zu Empörung. Ich fand den Film höchst komisch.

Er sah mich lange an und fragte plötzlich: »Warum hast du jeden Tag geweint, seit du von deinem russischen Film zurückgekommen bist?«

»Weil ich mehrere Leute liebe und mich dort völlig normal gefühlt habe.«

Er meinte, das würde schon vergehen, hier bei ihm.

»Du verstehst nicht. Ich liebe auch einen Mann. Er heißt Mischa.«

Allegra war von der Geschichte begeistert. Sie konnte meinen Freund nicht ausstehen. Wir bekamen gleichzeitig Angebote aus Europa und nahmen an. Ich besuchte noch Alex in New York.
Das war mein erstes Ziel: sie dort mit Mann und Kindern wegzuholen!

In Europa lebte ich monatelang aus Koffern, bis mich Otto Schenk ans Theater in der Josefstadt nach Wien holte. Er und seine Frau sind reizende Menschen. Leider war ich in dem von ihm inszenierten Stück nicht sehr gut. Ihn und die Stadt mochte ich von Tag zu Tag mehr.

Lebendige Ordnung

1989

Meine Erfahrung hat mir bis jetzt immer gezeigt, daß ein Wunsch erfüllbar ist, wenn sich mehr als pure Gier dahinter verbirgt. Wenn man so will, muß der Wunsch in kosmischem Einklang stehen.

Ich habe eine Wohnung in Europa. Dort, wo meine Wurzeln sind. In Österreich, hier bin ich geboren.
Meine Tochter Alexandra, Mark und die Enkel ziehen hierher. Ich kann ihnen ein Heim bieten, ohne sie als Lebensinhalt zu brauchen.
Meine Tochter Allegra wohnt bei ihrem Vater auf Hawaii. Sie ist sehr glücklich, die gestreßte Beziehung in eine verstehende verwandelt zu haben.

Bald kommen die Filme *Es ist nicht leicht, ein Gott zu sein* und *Der Geschichtenerzähler* auf den Markt. Auch dieses Buch. Ich würde mich freuen, wenn sich diese Arbeiten als Erfolg erwiesen. Wenn nicht, würde dies auch nichts an meinem Leben ändern.

Ich will nur noch sechs Jahre als Schauspielerin arbeiten.

Dann sind es 43 Jahre! Da hat auch jeder normale Mensch ein Recht auf Pension. Es gibt so vieles, worauf ich mich freue. Mein Ziel ist es, wohlhabend und unbekannt zu werden. Nur noch als Person bekannt. Kein Image. Kein Symbol.

Was ich unter Glück verstehe, ist sehr weit weg von dem Lied »Don't worry, be happy«. Nur die Anerkennung der Wirklichkeit ermöglicht mir einen Weg zur Freude. Als kleiner Kinderstar hatte ich es verlernt, Vorfreude zu empfinden, aus Angst, jemand könnte die Weichen umstellen.

Ich wollte nie jung sterben, um hübsch zu bleiben in der Erinnerung anderer. Ich möchte alt und grau werden mit der Würde, die jedem Menschen zusteht, auch wenn er ein Kinderstar, eine Skandalnudel oder einfach eine Frau ist, der man den Lebensinhalt weggenommen hat. Die, um ihn zurückzuerobern, um das Glück gekämpft hat. Für mich habe ich gewonnen. Es ist genug stilles Glück in mir, daß ich auch morgen sterben könnte.

Ich habe vieles versucht, einiges ist mir gelungen.

Gestern abend war ich mit Allegra und ihrem Vater Sushi essen. Sehr ungemütlich im Hyatt Hotel in Waikiki.

Irgend etwas in meinem Mutterbauch hatte mich dazu getrieben, Hals über Kopf diese endlose Reise zu unternehmen, nur für einen Moment in ihrem Gesicht zu lesen, ob es irgend etwas gibt, was ich ihr geben kann. Etwas, was sie braucht.

Am Flughafen weinten wir wie üblich, nur etwas besser, nämlich unverschämt. Allegra brachte mich in das Haus ihrer Freunde, der »Du Barrys« (echte, von Madame abstammende), wo ich freundlich als Hausgast aufgenommen wurde. Tony hatte gesagt, ich dürfe nicht in sein Haus, um dann doch sofort nach meiner Ankunft eine Einladung zum Abendessen auszusprechen.

Hawaii ist ein seltsamer Ort. Grün, schön und feucht, nicht unbedingt in dieser Reihenfolge. Mein Domizil ist ein wunderschönes, aus dunkelbraunem Holz gebautes, zur Landschaft passendes Haus. Tonys Heim steht in einem Viertel, das, wie so oft die Wohnanlagen der Reichen, wie aus dem Boden oder vielmehr in den Boden gestampft wirkt. Ein merkwürdiges, mausoleumartiges Ding. In diesem Teil der Insel hat man das Gefühl, daß es sich um eine Besetzung des Paradieses handelt. Besetzt, aber nicht zerstört. Diese Insel wird es noch geben, wenn die Gebäude, denen man die Kurzlebigkeit ansieht, längst zerfallen sind. Die schweren Wolken saugen alles auf, der ständige Wind erhält alles lebendig.

Allegra ist glücklich hier, und es ist viel ungefährlicher als in Los Angeles. Ich bin froh, daß sie sich hier wohl fühlt. Sie hat schon soviel erlebt, und in dieser Ruhe kann sie die inneren Tumulte ordnen.

Im Mausoleum steht mein unbewußter Peiniger und begrüßt mich, so freundlich es sein Verfolgungswahn zuläßt. Um ihn immer noch die Möbel, die ich mit achtzehn gekauft habe. Überall sind seine Ölbilder, die sich sehr gut verkaufen lassen. Zwischen allem steht aber der Teil von ihm, den er der Öffentlichkeit verbirgt, das einzige, bei dem mich weder Trauer noch eine seltsame Form von Widerwillen befällt: seine Holzkästchen. Gefüllt mit Gegenständen. In diesen Schachteln ist Geist, Witz und Trauer enthalten, was sich nur durch Gefühl festhalten läßt. Kunst eben. Dafür kann ich ihn lieben.
Den liebenswertesten Teil seiner Person, der wenig mit dem sonst angeschalteten Charme zu tun hat, den hat er in diesen Schachteln festgehalten. Als ob er die Hand ausgestreckt, etwas aus dem Kosmos eingefangen und dann in diese Holzwelt gesteckt hätte. In dieser Welt zeigt sich, was hinter dem mittlerweile isolierten, fast bösartigen Einzelgänger steckt. Am liebsten steckte er die ganze Welt in diese Schachteln nach seinem Gutdünken.

Der alte Magier, unser Kind und ich fanden beim Essen keine Möglichkeit zu einem Gespräch. Er ist zu mißtrauisch mir gegenüber. Wittert ständig Verrat und Ausbeutung, vielleicht weil ich gegangen bin, ohne Geld oder seinen Namen mitzunehmen. Er kämpft immer um die uneingeschränkte Macht, und ich mit meiner Lebensweise bestätige die Möglichkeit eines Gegenteils.

Eine junge Frau kam an den Tisch, um ein Autogramm zu erbitten. Er sagte: »Gern, wenn ich dafür eine Umarmung kriege.«
Sie gab ihm eine mit starkem erotischem Beigeschmack und sagte dazu selig lächelnd, sie wäre gerade auf Flitterwochen – und er, dies würde er gern bei dem Autogramm berücksichtigen, nur, wie schreibt man »married«. Es wäre bei ihm schon so lange her...

Auf der Heimfahrt sprechen wir darüber, wie froh ich bin, daß Alex mit den Babys und Mark aus dem gefährlichen New York nach Wien kommt. Es folgt ein unerträglicher Vortrag, daß die Kinder nicht zu Europäern werden sollen, und ein mir widerliches, blind patriotisches Gefasel über die »wunderbarste Nation« der Welt. Ich überlege kurz, ob ich ihn bitten soll, das Auto anzuhalten, denn ich kann mir sehr wohl eine Heimfahrt selber finanzieren, aber dann denke ich, daß ich seine Perspektive verstehen muß, außerdem – wer weiß, ob wir uns je wiedersehen. Einlenkend sage ich ihm, daß es in Wien schön ist, und zähle die Vorteile auf. Zuletzt, daß Alex immerhin dort auch das Normale, nämlich eine liebende Großmutter, zur Seite haben wird. Daraufhin dreht er sich empört um, die halbglänzenden Augen weit aufgerissen, und fragt aufgebracht: »Welche Großmutter?«

Ich muß lachen, sein Gesichtsausdruck ist wie vor fünfundzwanzig Jahren nach unserer Heirat. (»Wo ist hier
der Teenager?«)
Wohl wissend, daß meine Antwort ihn an etwas erinnert,
das außerhalb seiner Schachteln lebt, erwidere ich: »Tja,
mein Lieber, ich habe dabei an mich gedacht...«

Namenregister

Bildnachweis

Rosemarie Clausen, Hamburg: 50; Common Film Produktion GmbH, Berlin (Foto: Alfred Raschke): 68, 69; Conda, München: 17; Bildarchiv Engelmeier, München: 52, 54; Filmdokumentationszentrum, Wien: Vorspann 1, 2, 5 | 12, 13, 19, 20, 21, 51; Rosa Frank, Hamburg: 57; Roswitha Hecke, Hamburg: 55, 56; Archive Christine und Johannes Kaufmann: Vorspann 3, 4, 6, 7, 8 | 1, 2, 3, 4, 5, 7, 8, 9, 10, 11, 14, 15, 16, 18, 22, 23, 24, 25, 26, 27, 28, 29, 30, 31, 32, 33, 34, 35, 36, 37, 38, 39, 40, 41, 42, 43, 44, 45, 46, 47, 48, 49, 53, 58, 59, 60, 61, 62, 63, 64, 65, 66, 67; Ursula Röhnert, Berlin: 6

Der Verlag konnte in einzelnen Fällen die Inhaber der Rechte an den reproduzierten Fotos nicht ausfindig machen. Er bittet um Mitteilung bestehender Ansprüche.

Bitte beachten Sie
die folgenden Seiten

Maria Schell

Die Kostbarkeit des Augenblicks

Gedanken – Erinnerungen

Ullstein Buch 20724

Maria Schell, international anerkannt als eine der großen Schauspielerinnen der Gegenwart, schildert ihr Leben und ihre Karriere in Impressionen, Erlebnissen und Begegnungen – ein ungewöhnliches Künstlerleben im Spiegel der eigenen kritischen Beobachtungen und eine wache Auseinandersetzung mit den Themen unserer Zeit.

ein Ullstein Buch

Ich, Romy

Tagebuch eines Lebens

Herausgegeben von
Renate Seydel

Ullstein Buch 22420

»In diesen authentischen
Texten entsteht ein anderes
Porträt als in den Klatschspalten… Romy Schneiders
Aufzeichnungen erhellen ein
außergewöhnliches Künstlerleben und bieten zugleich ein
faszinierendes Bild der Kul-
turwelt unserer Zeit.«
Welt am Sonntag

ein Ullstein Buch